学級経営

のすべて

イラストで見る
全活動・全行事の

中学校2年

橋谷由紀・植村裕之 編著

東洋館出版社

はじめに

新しく学級担任になられる方、また初めての学年を担当される方、経験を積んでこられ、さらによい学級経営をするためにちょっとしたコツを知りたいと思っていらっしゃる方、ぜひ本書をご活用いただきたいと思います。

これまでにたくさんの初任の先生方や教員を目指している学生と出会ってきました。彼らの多くが不安に思っていることが、学級経営でした。中学校の教員は、自分の専門とする教科については、ある程度の知識も自信もあります。しかし、学級経営については、着任した学校や出会った生徒によって対応が異なります。また、教員自身が経験したことのない課題を突きつけられることもあります。「学校現場は、ブラックだ」と言われるたびに、学級担任としてちゃんとやっていけるのか不安になることも多いのでしょう。年度当初の学級は、単なる個の集まりです。もちろん、課題を抱えた生徒が多い学級、穏やかで真面目な生徒が多い学級もあるでしょう。しかし、そのままの姿が年度末の姿ではありません。教員の学級経営の力によって、学級の姿は変わってきます。

今、日本の教育は海外からも注目されています。日本の教育は、認知的能力と非認知的能力をバランスよく育てています。認知的能力とは、知識や思考力などの力を指します。非認知的能力とは、他者との協働、目標の達成、感情のコントロールといった力を指します。つまり、日本の教師は、授業だけでなく、朝の会から給食指導、家庭学習の仕方、健康や安全、生徒同士の人間関係づくり、学習指導以外の多くのことを指導しているのです。日本の教員が、大変優秀であると言われるのは、学習指導だけでなく学級経営においても素晴らしい力を発揮してるからではないでしょうか。

本書は中学校の学校現場で、生徒が幸せな学校生活が送れるような学級経営をしたいと思っている学級担任の先生方が、イメージをもってすぐに使える本をと考え、作成したものです。と同時に、さらに新たな視点をもって実践をしていきたいと考えられている方に向けた本でもあります。

第１章が理論編、第２章が事例編の２部構成となっております。理論編では、基礎となる考え方を簡潔に説明し、事例編は学級担任として○月には、何をすべきか、どのような工夫をしたらよいかなどをコンパクトにまとめています。まずは「やってみよう」と挑戦してみてください。本書が望ましい学級経営を通して健全な生徒を育てようと、取り組まれている先生方の一助になれば幸いです。

最後になりましたが、本書の刊行に当たりご尽力いただいた東洋館出版社の石川夏樹氏、学校現場でご活躍され、素晴らしい実践を寄せてくださった大野由希子先生、ともに編集にあたっていただいた植村裕之先生に心より御礼を申し上げます。

2023年１月31日

橋谷由紀

本書活用のポイント

本書では、４月から３月まで毎月どのような学級経営を行っていけばよいか、各月の目標・注意事項を解説しています。また、学級経営の具体的なアイデアを、イラストをもとに、どのクラスでも運用できるような形で紹介しています。是非、ご自身のクラスでも実践してみてください。

本書の見方

月初め概論ページ

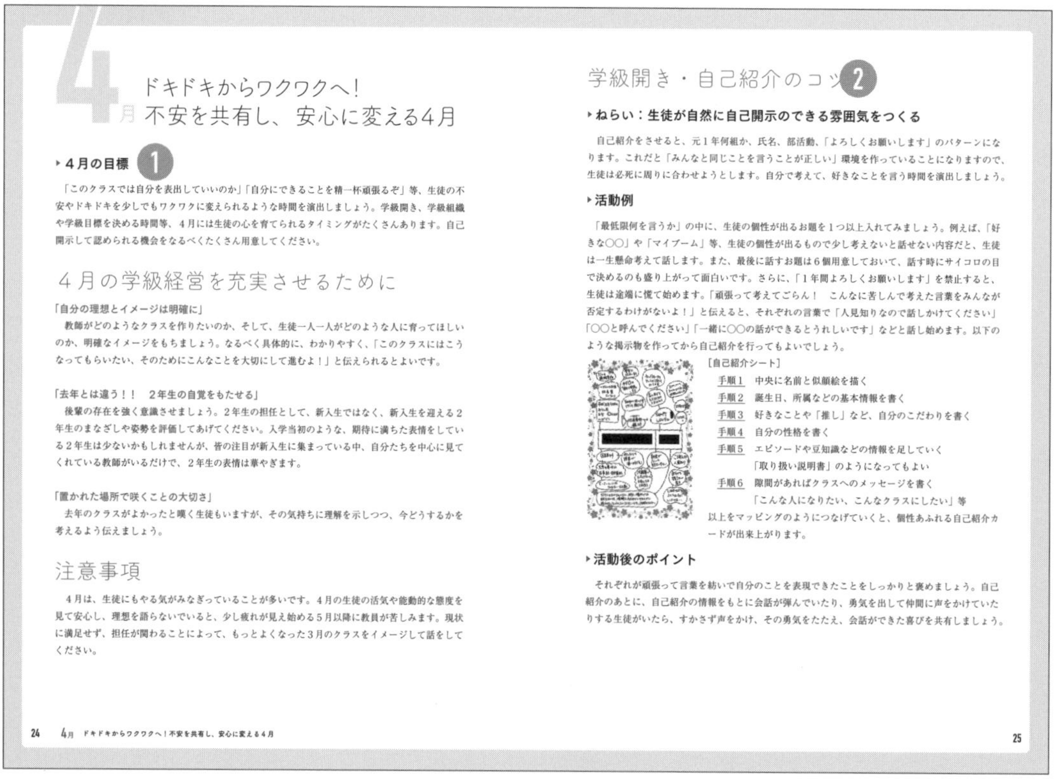
4月 ドキドキからワクワクへ！ 不安を共有し、安心に変える4月

▸４月の目標 1

「このクラスでは自分を表出していいのか」「自分にできることを精一杯頑張るぞ」等、生徒の不安やドキドキを少しでもワクワクに変えられるような時間を演出しましょう。学級開き、学級組織や学級目標を決める時間等、４月には生徒の心を育てられるタイミングがたくさんあります。自己開示して認められる機会をなるべくたくさん用意してください。

４月の学級経営を充実させるために

「自分の理想とイメージは明確に」

教師がどのようなクラスを作りたいのか、そして、生徒一人一人がどのような人に育ってほしいのか、明確なイメージをもちましょう。なるべく具体的に、わかりやすく、「このクラスにはこうなってもらいたい、そのためにこんなことを大切にして進むよ！」と伝えられるとよいです。

「去年とは違う！！　２年生の自覚をもたせる」

後輩の存在を強く意識させましょう。２年生の担任として、新入生ではなく、新入生を迎える２年生のまなざしや姿勢を評価してあげてください。入学当初のような、期待に満ちた表情をしている２年生は少ないかもしれませんが、皆の注目が新入生に集まっている中、自分たちを中心に見てくれている教師がいるだけで、２年生の表情は華やぎます。

「置かれた場所で咲くことの大切さ」

去年のクラスがよかったと嘆く生徒もいますが、その気持ちに理解を示しつつ、今どうするかを考えるよう伝えましょう。

注意事項

４月は、生徒にもやる気がみなぎっていることが多いです。４月の生徒の活気や能動的な態度を見て安心し、理想を語らないでいると、少し疲れが見え始める５月以降に教員が苦しみます。現状に満足せず、担任が関わることによって、もっとよくなった３月のクラスをイメージして話をしてください。

24　4月　ドキドキからワクワクへ！不安を共有し、安心に変える４月

学級開き・自己紹介のコツ 2

▸ねらい：生徒が自然に自己開示のできる雰囲気をつくる

自己紹介をさせると、元１年何組か、氏名、部活動、「よろしくお願いします」のパターンになります。これだと「みんなと同じことを言うことが正しい」環境を作っていることになりますので、生徒は必死に周りに合わせようとします。自分で考えて、好きなことを言う時間を演出しましょう。

▸活動例

「最低限何を言うか」の中に、生徒の個性が出るお題を１つ以上入れてみましょう。例えば、「好きな○○」や「マイブーム」等、生徒の個性が出るもので少し考えないと話せない内容だと、生徒は一生懸命考えて話します。また、最後に話すお題は６個用意しておいて、話す時にサイコロの目で決めるのも盛り上がって面白いです。さらに、「１年間よろしくお願いします」を禁止すると、生徒は途端に慌て始めます。「頑張って考えてごらん！　こんなに苦しんで考えた言葉をみんなが否定するわけがないよ！」と伝えると、それぞれの言葉で「人見知りなので話しかけてください」「○○と呼んでください」「一緒に○○の話ができるとうれしいです」などと話し始めます。以下のような掲示物を作ってから自己紹介を行ってもよいでしょう。

［自己紹介シート］

手順１　中央に名前と似顔絵を描く
手順２　誕生日、所属などの基本情報を書く
手順３　好きなことや「推し」など、自分のこだわりを書く
手順４　自分の性格を書く
手順５　エピソードや豆知識などの情報を足していく
「取り扱い説明書」のようになってもよい
手順６　隙間があればクラスへのメッセージを書く
「こんな人になりたい、こんなクラスにしたい」等

以上をマッピングのようにつなげていくと、個性あふれる自己紹介カードが出来上がります。

▸活動後のポイント

それぞれが頑張って言葉を紡いで自分のことを表現できたことをしっかりと褒めましょう。自己紹介のあとに、自己紹介の情報をもとに会話が弾んでいたり、勇気を出して仲間に声をかけていたりする生徒がいたら、すかさず声をかけ、その勇気をたたえ、会話ができた喜びを共有しましょう。

25

1 目標・注意事項

その月の学級経営での目標、考え方、注意事項を紹介しています。月ごとに何をやるべきなのかを学年で共有する際、このページが参考になります。１年間というスパンで子ども・クラスの成長を捉える中で、月ごとにPDCAを回していきましょう。

2 月のねらいに合わせた実践例

ここでは、その月のねらいを達成するために、オリジナルの実践例を紹介しています。教師の言葉かけから、ゲームなど幅広い内容となっています。自身の学級経営にマンネリを感じてきたら、是非、ここでのアイデアを実践してみてください。

1年間を見通した学級経営を！

学級経営アイデア紹介ページ

APRIL 4

4月 5月 6月 7月 8月 9月 10月 11月 12月 1月 2月 3月

春休み中の準備

▶ねらい

周りは慌ただしく動いているのに、自分は何をすればよいのだろうかと不安に思う先生もいることでしょう。春休み中に最低限やっておくべきことは何か、整理します。

▶指導のポイント

春休み中に考えるべきこと、準備しておくべきことはたくさんあります。ただ、準備しても思い通りにいかないのが学級経営です。そのことを念頭に置き、校長がどのような学校を創ろうとしているのか（学校目標）、学年主任がどのような学年を経営しようとしているのか（学年経営目標）、をしっかりと把握しましょう。その上で、①どのようなクラスが理想か　②どのような生徒を育てたいか　を明確にしましょう。

▶学校目標

校長が語る学校の理想。

例）大きなテーマ「心豊かな人になろう」

それを支える具体的な姿

・自分のよさを伸ばそう
・知識を求め、追究しよう
・思いやる心をもとう
・心身ともに鍛えよう

▶学年経営目標

学年主任が掲げる学年の理想。校長の思いを受けて、学年経営目標がつくられます。

例）「やわらかでたくましい生徒の育成」

▶学級経営目標

担任が描くクラスの理想。

例）「置かれた場所で咲く勇気をもてる人になろう」

自分の立場を受け止め、その中で最大限の努力ができる人を目指します。

4

［目指す学年像］

学年経営目標の会議では、学年主任から「こんな学年にしたい」「こんなことを大切にしたい」と語られます。

これらを担任として学級へどうつなげるのかを考えます。例えば、「社会性を身につけた礼儀正しい生徒を育てる」ために「日頃から挨拶の大切さを伝え続ける」ことが学年経営目標の一つとして掲げられている場合は、生徒が楽しく挨拶できるようにするためにクラスの雰囲気作りをするには、生徒が心の底から「挨拶は大切だ」と感じられるようなきっかけを作るには、と担任目線で考えるのです。

このように、学年主任の想いをもとに、学級経営目標をつくります。

［学級経営目標の立て方］

学級経営目標を決めるときは、クラスの生徒が3年生に進級する際にどうなってほしいかをイメージして、短い言葉でまとめます。

02に書いたように、「挨拶をちゃんとする」「学校のルールを守る」では、経営目標になりません。大切なのは、挨拶をすることではなく、仲間に声をかけたくなるような個人の温かさや優しさを育てることです。

「互いに声を掛け合える、温かさ溢れる人になろう」等、人としてどう育ってほしいかを見いだせるとよいです。

イメージをも 3

01 学校目標はその学校の理想

4月の最初の職員会議で、校長が必ず話す内容です。教室に掲示されている学校も多いかもしれません。私たち学級担任は、この学校目標を念頭に置いた上で、学級経営目標を考える必要があります。学級経営目標を達成するためにどのような手立てを講じ、実践していくかを考えるのが担任の仕事です。

例えば、学校目標の中にあるキーワードを抽出して（たくましさ、優しさなどの言葉が多いでしょうか）、学級経営目標にするときにはそれを具体的な生徒の姿にするとわかりやすくなります。たくましさだったら、「何にでも挑戦する勇気」、優しさだったら「誰かの痛みをわかってあげられる人」等です。

02 学年経営目標

同じく4月の最初に行われる学年会で、学年主任が掲げるのが「学年経営目標」です。特に2年生は、前年度の反省と発達の段階による中学生特有の不安定さも目立ってくることから、より明確かつ思いのこもった学年経営目標を提示することでしょう。

学年経営目標にもキーワードが多くありますので、抽出して学級経営目標に生かすとよいです。抽出する際は、「挨拶」「制服の着こなし方」というような実務的な内容は選ばない方がよいです。「こんな人に育ってほしい」という学年主任の思いを感じられる言葉を選びましょう。

03 学級経営目標

学校目標と学年経営目標が明確になったところで、クラスの理想像を思い描きます。ここで大切なのは、自分の個性やこだわりをもちながら、学年や学校の目標に沿った理想像を思い描くことです。

すぐに理想像が描けない場合は、生徒一人一人に、①どのような「心」をもってほしいか　②どのように学習に取り組んでほしいか　③どのように人と関わってほしいか　の3点を軸に考えてみましょう。そして、そのような個人が集まったらどのような集団ができあがるか、考えてみましょう。自然と理想のクラスが思い描けるはずです。

04 生徒情報は参考程度に

2年生のクラスを受け持つ時には、受け持つ生徒がどのような生徒なのかという情報ももらえます。生徒のことをある程度知っておくことは大切ですし、特別な配慮を要する生徒に関しては前の担任からしっかりと引き継ぐ必要があります。

しかし、新しいクラスで生徒が情報通りの姿を見せるかというと、そうではありません。生徒は「今」を生きています。その時にその生徒を取り巻く環境で、表情も、考え方も、大きく変わります。私たちの仕事は、今目の前にいる生徒としっかり向き合うことです。情報にとらわれすぎることなく、生徒が有意義な時間を過ごせるような手立てを考えて、新年度を迎えてください。

26　4月 春休み中の準備

27

4月

3 活動の流れ

紹介する活動について、そのねらいや流れ、指導上の留意点をイラストとともに記しています。その活動のねらいを教師がしっかりと理解することで、教師の言葉かけも変わってきます。この一連の活動で、その月の学級経営の充実を目指していきます。

4 中心となる活動・場面など

紹介する活動において、中心となる活動や場面、教材、板書例などに焦点を当て、活動の大切なポイントを解説しています。その後のゴールのイメージをもつ際に役立ちます。学級経営では、生徒の発言を受け止める、つぶやきを大切にする、温かな言葉かけが大切です。

もくじ

第2学年における学級経営のポイント

1

中学校の学級経営

1 学級経営とは

学級経営の定義や意義については、様々な考え方がありますが、本書では、学級経営は、学校における児童・生徒の基本的な活動単位である学級を教育的な目標に即して組織化し、教育活動を充実させていく教師の仕事とします。ですから、生徒理解、生徒指導、教育相談、学習指導、教室環境等の整備、学級事務などのすべてが含まれると考えます。

学級は、生徒にとって、学習や生活など学校生活の基盤となる場です。生徒は、学校生活の多くの時間を学級で過ごすため、学級における自分と友達との関係や、自分と学級集団の関わりの在り方は、学校生活そのものに大きな影響を与えます。そこで、学級経営の中でも学級集団としての質の高まりを目指したり、教師と生徒、生徒相互のよりよい人間関係を構築しようとしたりすることを、その中心的な内容とします。

学級経営＝教育活動を充実させる教師の仕事

- 生徒理解
- 生徒指導
- 教育相談
- 学習指導
- 教室環境等整備
- 学級事務 など

2 中学生の発達の段階における課題

中学校段階の生徒の主な特徴として挙げられるのは、思春期に入り発達は個別に異なりますが、急激な身体的発達、精神的発達の時期を迎えるということです。自分には、家族や周りの友達と異なる独自の内面の世界があること、また、周りの友達にもそれぞれ内面の世界があることに気づき、大人との関係よりも友達との関係が自分にとって大きな意味をもつと感じてきます。さらに反抗期を迎え、親などの大人に対してコミュニケーションがとりにくくなることもあります。友達からの評価を強く意識し、自分自身に対する意識と客観的事実との違いに悩み、様々な葛藤の中で自らの生き方を模索し始めます。また、性意識や異性などへの興味・関心も高まります。未熟ながらも体も心も大人に近づき、大人の社会と関わる中で、大人もそれぞれ自分の世界をもちつつ、社会で責任を果たしていることに気づくようになる時期でもあります。

また、学校生活においては、小学校までとは違う新しい友達との出会いや、教科担任制や部活動などでの多様な教師との出会い、社会的な視野の広がり、そして進路の選択など新しい環境や課題に直面していきます。そうした中、生徒は、現在及び将来における自分の生き方について考え始めますが、価値観が多様化し、生き方にも様々な変化や課題が生じている現代の社会にあっては、すべての生徒が望ましい生き方を自覚し、これを深められるとは限りません。中には、自分の生き方に不安を抱き、挫折や失敗によって、自信や意欲を失っている生徒も少なくはありません。学級経営の中で、自己肯定感を高め、将来を肯定的に捉えられるようにすることも中学校教師の大事な仕事なのです。

3 学級経営の充実と特別活動

このように中学生の時期には、自我の目覚めや心身の発達により自立への要求が高まります。そこで、生徒の自発的、自治的な活動を可能な範囲で尊重し、生徒が自らの力で組織をつくり、活動計画を立て、協力し合って学びに向かう集団づくりができるように導くことが大切になります。

特別活動は、教育課程全体の中で、特別活動の各活動・学校行事における資質・能力を育む役割だけではなく、全教育活動を通じて行われている学級経営に寄与します。学級経営は、特別活動を要として、計画され、更なる深化が図られます。そしてそれが、学びに向かう集団づくり、各教科等での「主体的・対話的で深い学び」を実現する授業改善の上での基盤となるのです。

中学校学習指導要領には、 第５章 特別活動の第３の１の（３）に次のように示されています。

> 学級活動における生徒の自発的，自治的な活動を中心として，各活動と学校行事を相互に関連付けながら，個々の生徒についての理解を深め，教師と生徒，生徒相互の信頼関係を育み，学級経営の充実を図ること。その際，特に，いじめの未然防止等を含めた生徒指導との関連を図るようにすること

学級活動は自治的な活動であり、よりよい学級の生活を築き学級の文化を創造するため、集団として問題発見や話し合いを通しての合意形成や、話し合いで決まったことを協力して実践することが中心となる活動です。学級での話し合い活動は、学級活動や生徒会活動の中心となるものですが、学校行事の充実のために、学級における提案や取り組みの在り方などについて、合意形成をする上でも重要な機能を担っています。自発的、自治的な活動の充実は、休み時間、放課後などにおいても、生徒の人間関係等によい影響をもたらします。

現行の学習指導要領では、これまで小学校学習指導要領の総則及び特別活動のみに記述されていた「学級経営の充実」が中学校学習指導要領の総則及び特別活動にも示されています。これは、中学校の学習や生活においても、その基盤となる学級としての集団の役割が、重要であると認識されてきたためでしょう。学級活動を通して、生徒は、学級への所属感や規範意識を高め、学級を安心して学習できる居場所にします。また、一人一人の生活の課題を解消し、自己実現に向け、学ぶ意義の理解を深めたり、自分の進路を考えたりしながら、学習に主体的に取り組むことができるようになっていくのです。

教師の姿勢が学級をつくる

1 教師の願い

学級担任であれば、誰もが共通に願うのは、楽しく豊かな学級生活を築き、質の高い学習を展開し、どの子も健やかに成長できるようにすることでしょう。だからこそ、学級担任は生徒たちや保護者と好ましい関係をつくるとともに、生徒同士のよりよい人間関係を築くために努力するのです。

年度当初の学級は、単なる個の集まりであり、教育効果が高まる学級にはなっていません。どのクラスも同じようなものです。もちろん、課題を抱えた生徒が多くいる学級、穏やかで真面目な生徒が多くいる学級など、いろいろあることでしょう。ところが、ひと月も過ぎると少しずつ差が出てきます。年度末には、「進級してもクラスのみんなと別れたくない」というクラスと、「早くこのクラスの人と別れたい、このクラスにはいたくない」という声が聞こえるクラスがあります。学級経営には、学級担任の人間としての生き方や人間性が深く関わっています。

2 教師が心がけたいこと

中学生は、生徒の自主性が高まるとはいえ、生活体験や社会体験はまだ少なく、教師の適切な指導や個別的な援助などが必要です。そのためには、個々の生徒をよく理解するとともに、集団の場面における指導や個別的な援助の在り方の工夫に努め、生徒の自主的、実践的な活動を促していくことが大切になります。学級経営において、教師が心がけたいこととして７つ挙げます。

○温かい雰囲気をつくって生徒に安心感を与える。
○人権に反する言動には厳しく戒め、思いやりや優しさの行動には積極的に認め、賞讃する。
○安全に関わる指導を徹底し、教室に秩序と規律をつくる。
○一人一人の生徒とじっくり関わったり、保護者と信頼関係を築いたりし、個々の生徒のよさや可能性、課題を把握し、個に応じた指導をする。
○生徒を励まし信頼し、生徒が自ら考え挑戦することを奨励し、失敗した時も寛容の心で許し、積極性を育てる。
○どの生徒にも、役割があり、活躍できるようにするとともに、すべての生徒が安心して過ごせる教室環境と居場所をつくる。
○自分の学級の学級経営だけでなく、学年の教師が互いに協力し合う学年経営の充実を図る。

3 学級づくり

教室には、その学級特有の空気感があります。「温かい」、「明るい」、「楽しそう」反対に、「冷たい」、「暗い」、「苦しそう」などですが、学級風土は、生徒たちの学校生活に大きく関わっています。そこにいるだけで、安心して何事にも取り組め、主体的で協働的な学びができ、いじめ等を未然に防ぐこともあれば、緊張し、やる気をなくし、いじめ等を生み出すこともあるのです。前者が支持的風土（支え合い認め合う関係）、後者が防衛的風土（監視し合い批判し合う関係）です。その学級風土には、生徒の構成や教師のタイプなどが影響しています。木原孝博氏は、教師のタイプを受容的態度（A/a）と要求的態度（D/d）のそれぞれの強さをもとに、「adタイプ」「Adタイプ」「aDタイプ」「ADタイプ」の４つに分け、受容的態度も要求的態度も強い「ADタイプ」を、理想としています（木原孝博著『学級社会学』）。教師が、受容ばかりの優しさだけでは、学級の規律やルールが守れませんし、要求ばかりの厳しさだけでは、生徒の気持ちが離れてしまいます。優しさと厳しさをバランスよく兼ね備えることで、学級に支え合い、認め合える人間関係が育みやすいのです。

教師のタイプ

強度	強い	弱い
受動的態度 (accepting attitude)	A	a
要求的態度 (demanding attitude)	D	d

［参考：『学級社会学』］

次に学級づくりに必要なものを考えていきます。まずは学級の目標です。学級の目標は、教師が意図をもって、生徒たちと話し合いながら決めていく学級のよりどころとなるものです。教師と生徒たちみんなでつくり、全員が共通理解しておくことが大切です。次に学級の規律です。一人も取り残すことなく、学級の全員が安心して生活するための基本的なルールが必要です。そして、もちろん、安心して本音を言い合えるような人間関係も欠かせません。さらに、係、当番、学級委員会、班など学級内の組織や共有する価値意識、行動様式などの学級の文化も挙げられます。

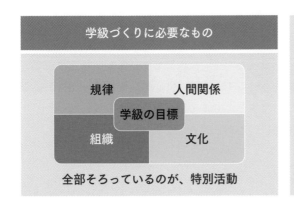

学級づくりに必要なもの

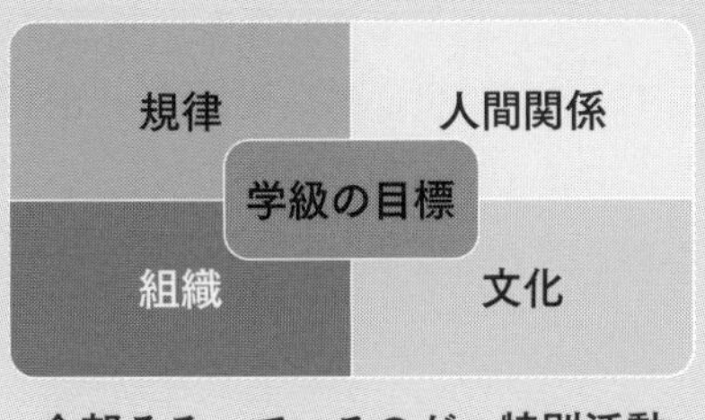

全部そろっているのが、特別活動

- **学級の目標**
  どんな学級にしていきたいか
- **規律**
  集団で安心して生活するための基本的なルール
- **人間関係**
  安心して本音を言い合えるような人間関係
- **組織**
  係、当番、学級委員会、班など学級内の組織
- **学級文化**
  雰囲気、共有する価値意識、行動様式

2年生の担任になったら

1 2年生の特徴

新年度を迎えると、生徒はそれぞれ新しい目標を掲げ、心機一転活躍したいという気持ちをもっています。特に2年生は、先生や上級生から手取り足取り教わりながら過ごしてきた1年間の中学校生活の経験から、少し見通しをもつことができ、さらに、初めての下級生となる新入生が入学してくることで、その思いは一層強くなります。教師にとってみると、「また1年間が始まる」といった毎年のサイクルでルーティーンワークのように思えてしまうこともあるかもしれませんが、生徒はそうではありません。新たなスタートを楽しみにしています。

しかし、その一方で、身体的にも精神的にも子どもから大人への移行期であり、心が揺れ動く不安定な時期でもあります。もちろん個人差はありますが、人間関係の悩みやトラブルも多くなり、なぜ勉強しないといけないのか疑問に感じたり、社会や大人への信頼が揺らいだり、将来に対する不安感やいらだちなど、複雑な思いを抱きながら学校生活を送ることもあります。このようなことから、学ぶことの意義や働くことの意義について考えたり、自分の将来や進路について考えたりして、前向きに生活を送ろうとする意識を高めていくことが大事になる時期でもあります。自己の在り方生き方について、道徳との関連も踏まえつつ適切に指導・支援し、生徒が自分自身と向き合うことができる時間を大切にしていきたいものです。

2 2年生学級担任としての心構え

2年生は、前述のとおり、1年生の経験を踏まえて心機一転取り組もうと意欲に燃える一方、心が揺れ動く時期であり、個人差はあるものの思春期真っただ中で反抗期もあり難しい発達段階です。だからこそ、生徒のエネルギーを健全な方向に発揮させる工夫や手立て、適切な指導・支援が必要です。そこが学級担任としての力の発揮のしどころであると考えます。揺れ動く生徒の思いや困り感に寄り添い、誠実に関わっていくことが信頼関係につながっていきます。

(1) 自主性・主体性を引き出す

2年生では、次年度に向け、生徒が学校のリーダーとして自主的・主体的に取り組むようになるための意識づくりが大切になります。生徒が自分たちの手で少しずつできるように経験を積ませて自信につなげていくことが重要です。そして、所属学年の仲間を大切にするとともに、リーダーを支えるフォロワーを育てるために「頑張っている人を大事にしよう」という心を大切に指導したいと考えます。３年生は学校の顔であり、２年生は３年生を支える大切な役目です。また、初めての後輩となる１年生を正しく導くことができるようリーダーシップを発揮できる力を身に付けていかなければなりません。２年生がしっかりしていると学校が締まるという意識を高めていきたいです。

しかし、１年生のときと異なり、不安定な時期で生徒指導が思うようにいかず、「学級が落ち着いていない」と周りの先生方から指摘されて困っている学級担任もいるかもしれません。特に経験の浅い教師にとっては、「後ろ指を指されないようにしたい」「他のクラスや先生方に迷惑をかけないようにしたい」という気持ちが働き、生徒の管理に力が向いてしまうこともあります。それにより、生徒との関係が悪化してしまうこともあるかもしれません。また、生徒はとても敏感で大人の気持ちや考えを察知します。学級担任の意識が管理に向いてしまうことで、クラスのリーダー的立場の生徒が学級担任の意向を反映して「小さい先生」のような動きや役回りをすることになってしまい、クラスの生徒から反感を買ってしまうこともあります。リーダーが一生懸命クラスのために力を尽くそうとしても、クラスは重たい空気になり、リーダーが「みんなが言うことを聞いてくれない」と苦労することになるかもしれません。

（２）生徒から学ぶ姿勢で接する

学級担任というのは、常に迷いが生じるものだと思います。「このやり方でよいのだろうか」「自分が求めているのはこの方法ではない」など、生徒のためによりよい指導・支援の在り方を追求すればするほど迷うのは当然です。しかし、生徒と接していていつも感じるのですが、答えは生徒が教えてくれます。一生懸命に生徒のために力を尽くそうとする教師の姿勢に、生徒は必ず応えてくれます。逆に教師が手を抜けば、生徒はすぐにそれを見抜きます。ときに、生徒はこちらの出方を試すこともあります。学級担任として、**生徒の発達の段階や特性、持ち味などをよく理解し、常に生徒から学ぼうとする姿勢**でいることが大切であると考えます。

学級担任は、何を目指すのかしっかりとした方向性をもちながらも、柔軟でおおらかに指導・支援にあたることができるかが大切です。学級担任が、毎日楽しみながら笑顔で元気いっぱい明るく生徒に接していれば、生徒も笑顔になり活気が出てきます。教師にとっても生徒にとっても楽しく充実した生活になるのではないでしょうか。問題は起こって当たり前です。その時こそ指導のチャンスであり、生徒が成長できる場面です。日々生徒の反応を楽しみながら、共に成長していける教師でありたいものです。

3 計画的な学級経営

どんな業務であっても見通しをもって取り組むことは大切です。特に学級担任は学級の経営者であり、学級という組織をまとめ、よりよい成果を求めて経営努力をしなければなりません。学級経営の成果とは、組織の一員である生徒一人一人の個性や能力を伸長し、自律・自立した一社会人へと成長するよう力を高めるとともに、その生徒が互いに高め合える学級風土を醸成してよりよい学級集団をつくっていくことになります。学級担任は、どのような学級経営を目指すのかビジョンをもち、目標の達成に向けて計画的に進めていくことが必要です。私たち教師がやるべきことは人を育てることなので、年間の取り組みの中でどの生徒をどの場面で生かしていくのかなど、方向や方針を明確に押さえておきつつ、生徒理解に基づいた柔軟な取り組みが求められることになります。

また、学級担任はときに壁となり、生徒に壁を乗り越える厳しさを味わわせることも、生徒にとっては力を伸ばす機会となります。生徒の弱い気持ちや甘えに流されることなく、生徒が自分の役割を最後までしっかり責任をもって取り組むことを徹底させるなど、生徒の成長のために厳しく対峙する姿勢をもつことは必要です。指導方針をしっかりともち、生徒の性格や能力等を把握し、そのうえでどのような力をどのように身に付けさせるのか考えて指導・支援にあたりましょう。

どのような方針で学級経営にあたるのかを視覚化するために、「学級経営計画」(p.172付録１)を作成するとよいと思います。その際、全体を見通せるように、「３年間の学級指導構想」(p.172付録２)や「学級活動年間指導計画」(p.173付録３)などを作成し、それを踏まえて自分なりに必要な情報を入れて作成するとよいでしょう。

4 積極的な生徒指導

積極的な生徒指導とは、問題行動等が起こったときに対応したり、対症療法的な指導をしたりするというのではなく、生徒が生き生きと自主的・主体的に学習や活動に取り組むことで、問題行動等を未然に防ぐことにつながる指導を言います。生徒組織を機能させ、単なる指示やルール順守に注力した指導ではなく、生徒によく考えさせる指導が効果を生みます。一般的に、１年生は中学校生活に新鮮な気持ちで前向きに取り組み、３年生は行事を行うときにも常に「最後」という意識が働いて、学校を引っ張る立場として意欲的に取り組みます。その点では、２年生こそ教師による指導の効果が発揮されるのではないかと考えます。

さて、自主的・主体的な学級づくりを実現するためにはどのような手立てを講じたらよいでしょうか。一部の声の大きい生徒によって学級の動きが決められたり、自分の思いや考えを出さず指示待ちになったりするようなことにならないよう、学級組織を機能させ、民主的な取り組みによって学級活動を進めていくことが大切であると考えます。生徒が、自分たちで考えたことを自分たちの手で行っていく経験を大切にしたいです。教師が「どうせ無理だろう」などと決めつけず、ぶれない経営方針・指導方針の下、失敗しても根気強く生徒とともに考え、とにかくやってみるということを大事にしたいものです。その取り組みの中で教師が適切に指導・評価を行い、寄り添い励ますことで、生徒の自主性や主体性が育まれるのではないでしょうか。自主性や主体性は「やれ」と言われて身に付くものではありません。生徒の手による活動の保障と教師の粘り強い指導・支援によって培われるものです。

学級組織としては、学級活動の企画原案を考えたり、学級の諸課題について問題提起したり、学級会の議題の原案を作成したりなど、学級のリーダー育成につながる組織をつくります。構成メンバーは、「学級委員＋生徒評議員＋班長」「学級委員＋班長」「班長」「学級委員＋希望者」など、学級担任の考えや学級の実態に即して決めればよいでしょう。組織の名称は、「プログラム委員会」

「企画委員会」「班長会」など、構成メンバーに合わせて学級の中で定着する名称をつけましょう。
昨今校則の在り方について報道等で話題になることも多くなりました。学校のルールについても疑問に感じ始める生徒が出てくるのは当然のことだと思います。誰もが安全安心に生活を送ることができるために、ルールは必要であり、集団の一員としてそれを守るものですが、そもそもルールは何のためにあるのか、ルールの在り方、大切さなど、自分たちの頭で考え、よりよい学校生活のためにどうすべきかについて、生徒が疑問に感じたときは、指導のチャンスであり、教師も一緒に考える時間を大切にするとよいと思います。それにより、自分の頭でしっかり考えることのできる自立した生徒の育成につながります。２年生は、中学校生活２年目で学校のことが理解されてくるので、少しずつ学校全体を考えられるように、自分で考える力、友達と一緒に考えて解決していくことができる力を身に付けていきたいものです。なお、当然のことですが、生徒の自主性を生かすことと、任せっぱなしは違います。機会を捉えて適切に指導・支援していくことが大切です。

5 道徳教育の推進

２年生は、思春期のため、心のバランスを崩したり、社会や大人に対する不信感を抱いたりなど、様々な葛藤が起こる時期です。自分の価値観だけでなく、お互いの思いや悩みを聴き合い、自己の在り方生き方についてじっくり悩み考え、自分と向き合うことのできる時間を大切にしたいです。そのためには道徳の時間を有効に活用することもおすすめです。年間計画等により、授業で扱う題材は学年で統一されていると思いますが、その時その時の生徒の状況や学級の課題等について一番理解しているのは学級担任です。適切な時期に適切な指導を講じることが望ましいので、道徳の題材・教材の扱いは柔軟に考えてよいと思います。どのテーマで生徒に考えさせるのか、どの生徒に焦点を当てて発言を引き出すのかなど、学級担任として道徳の授業をマネジメントしましょう。また、道徳の授業では、深く考えずに建前論を述べる生徒がいます。特に頭の回転がよく、教師がどのような発言を求めているか察知する鋭い生徒は、模範的な発言をし、それに対してクラスの生徒ももっともだと考え、それ以上議論にならないということも見かけます。道徳の授業では、価値観を揺さぶることで、深く考えさせることが大切です。教師の発問によって、生徒にとって、友達の考えを聴くことが楽しい、深く考えることが楽しいと思える、より豊かな道徳の授業の実践を目指しましょう。
学級の話し合い活動が活発なクラスは、道徳や教科の授業でも安心して自分の意見を言える雰囲気がつくられます。逆に、話し合いのできないクラスでは、自主的・主体的な取り組みはできません。生徒が自由に自分の思いや考えを発したり、表現したり、そして、友達の意見をしっかりと受け止めようとすることを大切に指導していきたいものです。また、学級に起こっている様々な課題や、人間関係によるトラブルなど、道徳の資料を活用しながら考えさせることも有効です。学級内で起きている諸問題に対して、直接その課題に向き合うのではなく、あくまで道徳の教材を介して客観的に考えさせることで解決を図ります。生徒は自分たちの身の回りに起きている問題に近い題材を通して、自らの行動やふるまいについて考えるようになります。

6 進路への意識づくり

学習指導要領第５章「特別活動」の学級活動の内容（３）では、一人一人のキャリア形成と自己実現について指導をしていきます。社会の中で自分の役割を果たしながら、自分らしい生き方を追求していくことの意義や、自分の課題を見いだし、将来に向けて今の生活や学習の在り方について見つめ直すなど、社会的・職業的自立に向けて自己を高めていこうとする学習を行います。

進路というと、進学か就職かという話になりがちですが、大事なことは、どのような生き方をするかということです。何のために学ぶのか、何のために働くのか、どんな働き方があるのか、どんな学ぶ道があるのか、どんな自分になりたいのか、社会とどう関わっていくのか、そのために今何をなすべきなのか、…など、自己の在り方生き方について深く考えることができるような学習をしていくことが大切です。働いている人の話を聞いたり、社会で活躍する様々な人の生き方に触れたり、実際に自ら職場で体験をしたりなど、様々な人と関わりながら体験的に学ぶことができる機会を用意することが一層効果的です。学級活動の時間は、よく行事の準備等に割かれてしまうことがありますが、学習指導要領の特別活動の目標にも明記されているように、「人間としての生き方についての考えを深め、自己実現を図ろうとする態度を養う」ために、活動内容に対して計画的に取り組み、生徒を指導していく必要があります。３年生になると、より具体的に取り組むことになるので、２年生の時期の学習が大切になります。

7 地域・保護者との信頼関係づくり

生徒を育てるのは、家庭だけでも教師だけでもありません。地域も一体となって力を合わせて生徒を見守り育てていくことが、健全な成長につながり、自立に導いていくことができます。生徒には、自分のことだけでなく、周囲に目を向けさせ、自分たちが安心・安全に生活できること、見守られていることへの感謝の気持ちや、地域社会に参画して貢献しようという心を大事にしたいです。平成29年の「地方教育行政の組織及び運営に関する法律」の改正により、地域とともにある学校づくりの推進に向けてコミュニティ・スクールという仕組みが整えられました。国や自治体が制度として枠づくりをしていますが、大切なのは制度そのものより、子供たちをどう育てていくかという心です。学校や地域の実情と照らし、整えられた制度を有効に活用しながら、地域の子供たちを中心に据えてビジョンを共有し、一緒に育てていこうとする思いで取り組むことで、地域と学校の信頼関係が構築され、よりよい学校づくり、地域づくりにつながっていくのではないかと考えます。

２年生では、キャリア教育や進路学習の一環として職場体験学習などを実施する学校が多いと思います。事業所の確保など、学習の受け皿を見つけるために、教師は地域にお願いをしにあちこち連絡を取るのではないかと思います。地域は学校のために協力してくれますが、ここで教師側の意識として大事にしたいことは、用のあるときだけお願いをしても決してよい関係をつくることができないということです。日頃から地域に足を運び、地域のために力を尽くしていくことで、巡り巡って学校が困ったときに力を貸して助けてくれるような信頼関係がつくられていくのではないかと考えます。日頃の地道な取り組みが大切です。

8 同僚性の構築と生徒との信頼関係づくり

生徒は多様です。性格や特性だけでなく、様々な家庭事情や生活経験が背景にあり、同じ指導をしても、教師が思っているとおりに、みんな同じように考えたり行動したりしてくれるものではありません。例えば、校外行事の注意事項について説明をするにしても、教師の話だけで理解できる生徒もいるかもしれませんが、中には音声の指示だけで理解することが難しい生徒もいます。プリントやICTを活用して説明するなど、生徒の状況を捉えて適切な対応をすることが求められます。学級担任は、常に生徒理解に努め、その生徒に応じて支援の仕方を工夫しなければなりません。しかし、担任はスーパーマンではありません。思ったとおりに物事が進まないことがたくさん起こります。そのときには決して一人で解決しようとせず、助けを求めることが大切です。学級担任として責任をもって力を尽くそうとすることはもちろん必要です。しかし、特にいじめなどの大きな事案に対しては、学年主任や生徒指導担当、内容によっては管理職への報告・連絡・相談を行うとともに、同僚とコミュニケーションを取り、解決に向けて一緒に悩み、考えることが大切であると思います。一緒に取り組むことで同僚性が一層育まれ、それが生徒への指導体制に大きな影響を与えるものだと考えます。教師同士が仲良く、理解し合っていることは、生徒にも伝わり、安心感にもなるものです。

生徒は誰もが教師から認められたいと願っているものです。生徒にとっては、不公平感が一番反感につながります。「あいつは怒られないのに」「自分ばかり怒られる」という気持ちが悶々とし、素直に指導に従うことができなくなります。はじめは小さな事柄でも、このような不満が積もり積もって学校が荒れるきっかけにもつながることがあります。そのような状況は避けなければなりません。教師は生徒にとっていつもいてくれる存在、いつも話を聞いてくれる、思いを受け止めてくれる存在でありたいものです。私自身も、よく生徒のトラブルの場面には、真っ先に向かって対応や指導にあたっていました。生徒からは「先生はいつもいてくれる」と言われました。私は特に意識して行動していたわけではありませんが、生徒はそのように私を見て評価してくれていたのだと思います。

生徒をよく見て、励まし支えていくことが大切です。教師がその視線で生徒を見ていると、教師の姿勢が生徒に伝わり、生徒同士もよいところをお互い認め合える関係になります。大切なことは、誠実に生徒の成長のために力を尽くそうとする教師の姿勢です。２年生のときに、生徒とこのような信頼関係が育まれれば、次年度、進路に向けて歩み始める３年生を担当するときには、生徒は教師との良好な関係の中で、安心して学校生活を送ることができることでしょう。

保護者とつながる学級経営

1 保護者との信頼関係

近年、学校や学級の業務の中で、多くの手間と時間を使わざるを得ない状況を生み出しているのが、保護者対応です。本来であれば、学級担任や学校にとって保護者は、生徒の豊かな成長を支えていくための、最も重要なパートナーです。しかし、価値観の多様化、近所付き合いの減少、少子化の進行で、子育て経験に乏しく、相談するところもない保護者の存在に困惑することが多々あるのが現状です。自分の子供との向き合い方がわからない保護者、保護者との向き合い方がわからない教師によって様々な問題が起きているというのが、学校と家庭が連携する上での大きな課題となっています。

すべての生徒にとって楽しく安全でなければならない学級、学校で、生徒は様々な危機に直面しています。学級内での人間関係のトラブル、進級や転校などによる友達関係の変化、成績や受験のストレスなど、生徒には対処を迫られる様々な課題があります。このような課題に対して、うまく対処できなかったり、未解決のまま、大きな問題に発展したりすると、保護者も大きな不安に襲われ、担任や学校に対して不信感を募らせることがあります。保護者の理不尽な要求の背景には、保護者との信頼関係が大きく影響しているものもあると考えられます。生徒の問題に悩む保護者を共感的に理解し、生徒の成長とともに、保護者の成長も期待し、信頼関係をつくっていくことが必要です。

2 基本の保護者対応

保護者と交流する機会として、基本的には次のようなものが挙げられます。

通常の連絡

電話、手紙、メール、学級通信、通知表

対話の場面

個人面談（三者面談）、家庭訪問、授業参観、
学級懇談会・保護者会、PTAとの関わり、学校行事

3 保護者対応の基本

多様な価値観をもつ保護者の中には、なかなか理解しにくい言動をとる方もいますが、保護者は、ともに生徒の豊かな成長を支えていくための最も重要なパートナーである、ということをいつも意識し、その上で日頃の対応において、心がけたいことを考えていきましょう。

○謙虚な態度で接する

問題が起きたときだけではなく、普段から謙虚で誠実な対応を積み重ねておきましょう。

○気持ちを受け止める

共感的に話を聴き、言葉の裏にある保護者の気持ちを受け止められるようにしましょう。

○正確に事実を把握する

正確な事実把握を行い、保護者の話の内容を客観的に整理しましょう。

○わかりやすく丁寧に説明する

学校で把握している事実を丁寧に伝え、保護者と共通理解の上で話せるようにしましょう。

○組織で対応する

事前に、学年主任や生徒指導担当などと連携して、学校として対応できるようにしましょう。

○生徒にとってよいことを最優先にする

保護者や教師の立場を優先するのではなく、生徒のよりよい成長のためになる方法を優先しましょう。

4 保護者を理解する

保護者と良好な関係を築くためには、保護者を理解することは重要なポイントの一つです。学級担任は普段の保護者との会話から、保護者が生徒にどんな期待や不安を抱いているのか把握しておくことが大切です。相談があれば、学校と家庭が協力して生徒の成長を見守っていくことを伝えておきたいものです。中には、自分の教育観をそのままぶつけてくる保護者や、我が子の実態も把握せずに苦情を言う保護者、理不尽な要求をする保護者などがいます。しかし、このことを批判するだけでは問題はこじれるばかりです。

学校は保護者にとってまだまだ敷居の高いところです。それでも、保護者が、学校に何かを訴えてくるということは、保護者なりの事情があると考えられます。まず、保護者の話を、途中で遮ったりせず、しっかり聞き、経緯を把握しましょう。そして、保護者が何を不安に思っているのか、何を根拠にしているのか、何を知りたいのか、どうしてほしいのかを理解することが大切です。保護者は感情的に多くのことを学校や学級担任に求めてくることもありますが、事実と臆測、保護者が一番要求していることを、保護者自身がわかるように整理することも担任の役目です。

学校行事を学級経営に生かす

1 学校行事とは

生徒たちの学校生活の思い出の中で、常に上位に挙げられるのは、学校行事です。修学旅行や体育祭、合唱コンクールなどで経験したことは、大人になってもそのときの感動とともに思い起こすことができることでしょう。学校行事は、特別活動の中の内容の一つであり、教育課程として位置づけられています。

学校行事は、全校あるいは学年の生徒で協力して行う体験的な活動です。この活動を通して、生徒は、学校や社会への所属意識をもち、多様な他者を尊重し、協働してよりよい生活づくりに参画しようとする態度を身に付けます。また、生徒の学校生活に張りをもたせ、学校の文化や伝統及びよりよい校風をつくり、愛校心を高めることにもつながります。学校行事は、学校が計画し実施するものであるとともに、生徒が積極的に参加し協力することによって充実する教育活動です。他の教育活動では容易に得られない教育的価値を実現することができます。

2 学校行事で育てるもの

（1）儀式的行事

入学式、卒業式、始業式、終業式、修了式、立志式、開校記念に関する儀式、新任式、離任式などがあります。

人生や学校生活の節目に自分は多くの人に生かされている、これからも希望や目標をもって共に生きようと実感できるように、出会いや別れを大切にし、儀式ごとに、成長の喜び、感謝、決意を表す体験を作りあげることが大切です。

（2）文化的行事

文化祭、学習発表会、音楽会（合唱祭)、作品発表会、音楽鑑賞会、映画や演劇の鑑賞会、伝統芸能等の鑑賞会や講演会などがあります。

友達と共に、美しいもの、よりよいものをつくり出し、自他のよさを見つけ合う喜びを感得するとともに、多様な文化や芸術に親しみ、美しいものや優れたものに触れることで豊かな情操を育てられるようにします。

（3）健康安全・体育的行事

健康診断、薬物乱用防止指導、防犯指導、交通安全指導、避難訓練や防災訓練、健康・安全や学校給食に関する意識や実践意欲を高める行事、運動会（体育祭）、競技会、球技会などがあります。

健康安全では、生徒が自分の発育や健康状態について関心をもち、心身の健康の保持増進に努めるとともに、身の回りの危険を予測・回避し、安全な生活を送ることができるようにします。また、体育的なものとしては、運動に親しみ、楽しさを味わえるようにするとともに体力の向上を図ります。

（4）旅行・集団宿泊的行事

修学旅行、移動教室、集団宿泊、野外活動などがあります。

家を離れ、わがままを抑えて友達と寝食を共にする不安と緊張の「非日常」体験では、自分をさらけ出すこともあります。生活習慣の違いを乗り越え、互いに互いを深く知る中で、よりよい人間関係を築く体験を通して、所属感、連帯感を実感することで、生徒は共に生きることへの自信を深めます。

（5）勤労生産・奉仕的行事

職場体験活動、各種の生産活動、上級学校や職場の訪問・見学、全校美化の行事、地域社会への協力や学校内外のボランティア活動などがあります。

校内外での協働体験は、働くことや協力することの大切さ、自然を大切にする心、自然の恵みに感謝する心を育てる道徳的実践の場となります。

学校行事の教育的価値　＝　成功体験

◆学校行事の特質

“全校又は学年を単位として、学校生活に秩序と変化を与え、学校生活の充実と発展に資する体験的な活動を行うこと。”（学習指導要領より）

◆学校行事のねらい

教師の意図的・計画的指導	生徒による自主的・実践的活動
系統性を考えた指導計画の作成 各内容のねらいと指導を充実	非日常的な秩序と変化
各教科との関連	学級活動、生徒会活動との関連

第2学年の学級経営

2

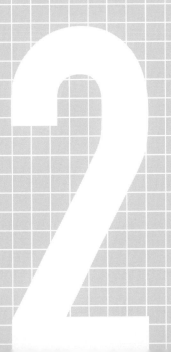

4月 ドキドキからワクワクへ！ 不安を共有し、安心に変える4月

▸4月の目標

「このクラスでは自分を表出していいのか」「自分にできることを精一杯頑張るぞ」等、生徒の不安やドキドキを少しでもワクワクに変えられるような時間を演出しましょう。学級開き、学級組織や学級目標を決める時間等、4月には生徒の心を育てられるタイミングがたくさんあります。自己開示して認められる機会をなるべくたくさん用意してください。

4月の学級経営を充実させるために

「自分の理想とイメージは明確に」

教師がどのようなクラスを作りたいのか、そして、生徒一人一人がどのような人に育ってほしいのか、明確なイメージをもちましょう。なるべく具体的に、わかりやすく、「このクラスにはこうなってもらいたい、そのためにこんなことを大切にして進むよ！」と伝えられるとよいです。

「去年とは違う！！　2年生の自覚をもたせる」

後輩の存在を強く意識させましょう。2年生の担任として、新入生ではなく、新入生を迎える2年生のまなざしや姿勢を評価してあげてください。入学当初のような、期待に満ちた表情をしている2年生は少ないかもしれませんが、皆の注目が新入生に集まっている中、自分たちを中心に見てくれている教師がいるだけで、2年生の表情は華やぎます。

「置かれた場所で咲くことの大切さ」

去年のクラスがよかったと嘆く生徒もいますが、その気持ちに理解を示しつつ、今どうするかを考えるよう伝えましょう。

注意事項

4月は、生徒にもやる気がみなぎっていることが多いです。4月の生徒の活気や能動的な態度を見て安心し、理想を語らないでいると、少し疲れが見え始める5月以降に教員が苦しみます。現状に満足せず、担任が関わることによって、もっとよくなった3月のクラスをイメージして話をしてください。

学級開き・自己紹介のコツ

▶ねらい：生徒が自然に自己開示のできる雰囲気をつくる

自己紹介をさせると、元１年何組か、氏名、部活動、「よろしくお願いします」のパターンになります。これだと「みんなと同じことを言うことが正しい」環境を作っていることになりますので、生徒は必死に周りに合わせようとします。自分で考えて、好きなことを言う時間を演出しましょう。

▶活動例

「最低限何を言うか」の中に、生徒の個性が出るお題を１つ以上入れてみましょう。例えば、「好きな○○」や「マイブーム」等、生徒の個性が出るもので少し考えないと話せない内容だと、生徒は一生懸命考えて話します。また、最後に話すお題は６個用意しておいて、話す時にサイコロの目で決めるのも盛り上がって面白いです。さらに、「１年間よろしくお願いします」を禁止すると、生徒は途端に慌て始めます。「頑張って考えてごらん！　こんなに苦しんで考えた言葉をみんなが否定するわけがないよ！」と伝えると、それぞれの言葉で「人見知りなので話しかけてください」「○○と呼んでください」「一緒に○○の話ができるとうれしいです」などと話し始めます。以下のような掲示物を作ってから自己紹介を行ってもよいでしょう。

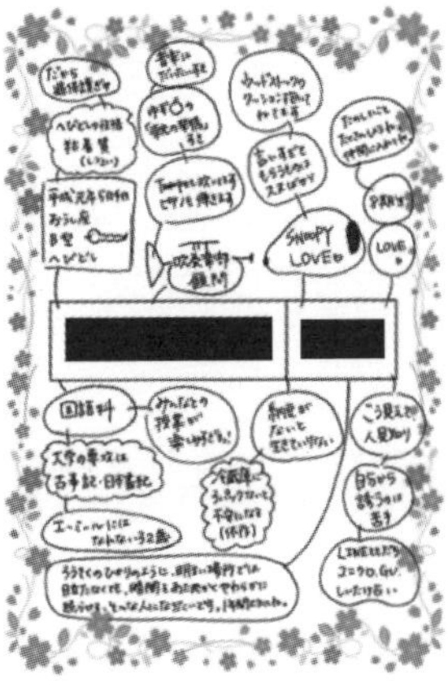

［自己紹介シート］

手順１　中央に名前と似顔絵を描く
手順２　誕生日、所属などの基本情報を書く
手順３　好きなことや「推し」など、自分のこだわりを書く
手順４　自分の性格を書く
手順５　エピソードや豆知識などの情報を足していく
　　　　「取り扱い説明書」のようになってもよい
手順６　隙間があればクラスへのメッセージを書く
　　　　「こんな人になりたい、こんなクラスにしたい」等

以上をマッピングのようにつなげていくと、個性あふれる自己紹介カードが出来上がります。

▶活動後のポイント

それぞれが頑張って言葉を紡いで自分のことを表現できたことをしっかりと褒めましょう。自己紹介のあとに、自己紹介の情報をもとに会話が弾んでいたり、勇気を出して仲間に声をかけていたりする生徒がいたら、すかさず声をかけ、その勇気をたたえ、会話ができた喜びを共有しましょう。

春休み中の準備

ねらい

周りは慌ただしく動いているのに、自分は何をすればよいのだろうかと不安に思う先生もいることでしょう。春休み中に最低限やっておくべきことは何か、整理します。

指導のポイント

春休み中に考えるべきこと、準備しておくべきことはたくさんあります。ただ、準備しても思い通りにいかないのが学級経営です。そのことを念頭に置き、校長がどのような学校を創ろうとしているのか（学校目標）、学年主任がどのような学年を経営しようとしているのか（学年経営目標）、をしっかりと把握しましょう。その上で、①どのようなクラスが理想か　②どのような生徒を育てたいか　を明確にしましょう。

学校目標

校長が語る学校の理想。

例）大きなテーマ「心豊かな人になろう」

それを支える具体的な姿

・自分のよさを伸ばそう

・知識を求め、追究しよう

・思いやる心をもとう

・心身ともに鍛えよう

学年経営目標

学年主任が掲げる学年の理想。校長の思いを受けて、学年経営目標がつくられます。

例）「やわらかでたくましい生徒の育成」

学級経営目標

担任が描くクラスの理想。

例）「置かれた場所で咲く勇気をもてる人になろう」

自分の立場を受け止め、その中で最大限の努力ができる人を目指します。

イメージをもつ

01 学校目標はその学校の理想

４月の最初の職員会議で、校長が必ず話す内容です。教室に掲示されている学校も多いかもしれません。私たち学級担任は、この学校目標を念頭に置いた上で、学級経営目標を考える必要があります。学級経営目標を達成するためにどのような手立てを講じ、実践していくかを考えるのが担任の仕事です。

例えば、学校目標の中にあるキーワードを抽出して（たくましさ、優しさなどの言葉が多いでしょうか）、学級経営目標にするときにはそれを具体的な生徒の姿にするとわかりやすくなります。たくましさだったら、「何にでも挑戦する勇気」、優しさだったら「誰かの痛みをわかってあげられる人」等です。

02 学年経営目標

同じく４月の最初に行われる学年会で、学年主任が掲げるのが「学年経営目標」です。特に２年生は、前年度の反省と発達の段階による中学生特有の不安定さも目立ってくることから、より明確かつ思いのこもった学年経営目標を提示することでしょう。

学年経営目標にもキーワードが多くありますので、抽出して学級経営目標に生かすとよいです。抽出する際は、「挨拶」「制服の着こなし方」というような実務的な内容は選ばない方がよいです。「こんな人に育ってほしい」という学年主任の思いを感じられる言葉を選びましょう。

[目指す学年像]

学年経営目標の会議では、学年主任から「こんな学年にしたい」「こんなことを大切にしたい」と語られます。

これらを担任として学級へどうつなげるのかを考えます。例えば、「社会性を身につけた礼儀正しい生徒を育てる」ために「日頃から挨拶の大切さを伝え続ける」ことが学年経営目標の一つとして掲げられている場合は、生徒が楽しく挨拶できるようにするためにクラスの雰囲気作りをするには、生徒が心の底から「挨拶は大切だ」と感じられるようなきっかけを作るには、と担任目線で考えるのです。

このように、学年主任の想いをもとに、学級経営目標をつくります。

[学級経営目標の立て方]

学級経営目標を決めるときは、クラスの生徒が３年生に進級する際にどうなってほしいかをイメージして、短い言葉でまとめます。

02に書いたように、「挨拶をちゃんとする」「学校のルールを守る」では、経営目標になりません。大切なのは、挨拶をすることではなく、仲間に声をかけたくなるような個人の温かさや優しさを育てることです。

「互いに声を掛け合える、温かさ溢れる人になろう」等、人としてどう育ってほしいかを見いだせるとよいです。

03 学級経営目標

学校目標と学年経営目標が明確になったところで、クラスの理想像を思い描きます。ここで大切なのは、自分の個性やこだわりをもちながら、学年や学校の目標に沿った理想像を思い描くことです。

すぐに理想像が描けない場合は、生徒一人一人に、①どのような「心」をもってほしいか　②どのように学習に取り組んでほしいか　③どのように人と関わってほしいか　の３点を軸に考えてみましょう。そして、そのような個人が集まったらどのような集団ができあがるか、考えてみましょう。自然と理想のクラスが思い描けるはずです。

04 生徒情報は参考程度に

２年生のクラスを受け持つ時には、受け持つ生徒がどのような生徒なのかという情報ももらえます。生徒のことをある程度知っておくことは大切ですし、特別な配慮を要する生徒に関しては前の担任からしっかりと引き継ぐ必要があります。

しかし、新しいクラスで生徒が情報通りの姿を見せるかというと、そうではありません。生徒は「今」を生きています。その時にその生徒を取り巻く環境で、表情も、考え方も、大きく変わります。私たちの仕事は、今目の前にいる生徒としっかり向き合うことです。情報にとらわれすぎることなく、生徒が有意義な時間を過ごせるような手立てを考えて、新年度を迎えてください。

学級開き

ねらい

学級に１年間の方向性を示します。担任の人柄や思い、考え方を生徒に知ってもらいましょう。また、同じように生徒同士が他者のよさを認め合える自己紹介を計画しましょう。

指導のポイント

春休み中に考えてきたことを生徒に伝える時がやってきました。じっくりと語れるのは、この時が最初で最後です。①どんな人になってほしいのか　②そんな人が集まったらどのような集団になるのか　③そんな集団だとどんなよいことがあるのか　④そのために、担任として何を心がけてどのような努力をするのか　の４点をしっかりと語りましょう。そして、同じように生徒自身が「自分語り」できる自己紹介を企画しましょう。

掲示物の活用

自己紹介の時間をどう演出するかは前のページで述べましたが、自己紹介の掲示物を作ってから自己紹介を行う方法もあります。自己紹介の時間が思うように取れない時、話すのが苦手な生徒が多いと感じる時は、話す時間を少なめにして、掲示物を見る時間をしっかり取っても構いません。自己紹介掲示物は、誰もが見られる場所に貼りましょう。掲示物の内容は、生徒の実態に合わせて、何を書くかが決まっているフォーマットを使ってもよいですし、真っ白な画用紙に好きなことを書かせてみても構いません。

右のイラストは、画用紙に、自分についてマッピングさせて作った「自分の取扱説明書」の例です。生徒全員が同じものを作成し、廊下に掲示したところ、想像以上に皆興味津々に見ていました。

本時の展開

01 心をほぐし、自分を魅せる

中学２年生。まだまだかわいげはあるものの、心が少しずつ大人になってきて、大人に対して反抗的な態度をとったり、素直に自分を表現できなかったり……いろいろな方法で「自分」を出してきます。

生徒からしてみたら、新しい担任は「得体の知れない大人」です。そんな大人にいきなり語られても、「何か言っているな」くらいで終わってしまいます。語る前には、きちんと生徒の心をほぐしてあげましょう。

無理してコミュニケーションを生徒同士でとらせるよりも、先生自身が「自分の事」をたくさん話してみてください。そして、生徒から質問がきたら、冗談を入れながら答えてみてください。

02 自分のことを語る

生徒とのやりとりを大切にすることで、生徒は先生が何者かが少しずつわかってきます。すると、不思議なことに生徒の表情は穏やかになり、少しずつこちらに興味をもってくれます。

少し落ち着いたところで、「さて……」と少し表情を変えて、先生がどれだけこのクラスを愛そうとしているのか、理想を語ってみてください。「さっきまで少しふざけながら、楽しいことをたくさん話していたのに、こんな真面目に私たちのことを考えてくれていたのか」と気づく生徒が出てきます。

このように、自分の強みや考え方をどう示すかも、学級開きのポイントです。

自己紹介掲示

似顔絵は苦手な生徒も多いので、好きなキャラクターやシンボルマークなどを好きに描かせて構いません。左のようにレイアウトに凝ったり、右のようにとにかく情報を入れ込んだり、同じ指示をしても生徒によって個性が出るところが、自由に書かせる時の面白さです。

03 生徒に語らせる

先生が自分のことをたくさん話すと、自己紹介で生徒もたくさん話します。「さらけ出してもいいクラス」ということを、先生自ら証明してくれているからです。まずは、先生の自己紹介から始めると教室の雰囲気は和みます。

生徒の自己紹介の内容で、生徒の個性が出そうな内容は、生徒が決められるように設定するとよいです。①１年生の時のクラス　②自分の名前　③誕生日　は、どの生徒も確実に言える内容なのでこちらで指定して構いません。その他に、「好きな○○」「最近はまっていること」等、話す生徒によって個性が出そうな内容をこちらでいくつか用意します。

04 個性あふれる時間に

何を話すかは生徒に決めさせましょう。いくつか用意してあげることで、話すのが苦手な生徒でも自分で話題を選べるので、少しハードルが下がります。

また、最後には「クラスのみんなに一言」を設け、さらに「１年間よろしくお願いします」を禁止すると、生徒は何を言おうか考えてから話をします。こう呼んでほしい、人見知りだけどみんなと仲良くなりたい等、生徒の願望が表れることによって、より形式的でない自己紹介を行うことができます。生徒が、「自分という存在に興味をもってもらえる」ことを感じられるような自己紹介にしましょう。

新入生歓迎会

ねらい

「２年生になった」と実感させることで、「頼れる先輩」をイメージさせ、生徒の気持ちを一つ成長させましょう。

指導のポイント

進級時からずっと、新しいクラスはどんなクラスか、仲が良いあの子とは同じクラスになれるだろうか等、自分のことだけで精一杯だった生徒が、「２年生」を意識し、同時に「先輩になった」ということを意識できるチャンスの一つが、新入生歓迎会です。いきなり「もう先輩なのだから」と言っても、頭が混乱するだけです。新入生歓迎会の日の朝で構いません、少しだけ「去年を思い出す時間」を設けてください。

学校紹介冊子

新入生が学校の様子に早く馴染めるように、２年生が学校紹介の冊子を作ってあげるとよいでしょう。学校紹介冊子に入れる内容は、次の３つがおすすめです。

[学校の１年間の流れ]

年間行事の他に、その行事の特徴や魅力を記事にしましょう。また、１年生特有の行事があれば、その情報も掲載しましょう。２年生としての感想などを入れるのもよいでしょう。

[生徒会活動（委員会活動）]

学校がどのような組織で動いているのか、委員会の仕事内容ややりがいを３年生にインタビューして記事にしましょう。大抵、新入生歓迎会の後に学級組織を決めますので、その時に１年生が冊子を見ながら考えられるとよいです。

[部活動]

部長やキャプテンなどにインタビューをし、どれくらいの頻度でどのような活動をしているのか記しましょう。

本時の展開

01 自分に目を向けた後に「後輩」

生徒にとってクラス替えは１年間を左右する大きな行事です。「もう心配しなくてよいのか！」という安心感を得られなければ、後輩のことなど考えられません。そのためにも、学級開きで自分のことを大切にしてよいと思える雰囲気をつくってあげてください。

もし、自己紹介より前に新入生歓迎会が行われるような日程だったら、クラス替えの緊張感のまま「先輩になったのだ」ということを伝えてよいです。先輩として見せたい姿（03参照）を生徒に聞き、「こんなにすぐに１年生のことを考えられるなんて、さすが２年生だ」と、２年生としての意識を先に芽生えさせてください。

02 必要な心構えを端的に

新入生歓迎会当日の朝、少しだけ１年前の自分を思い出させましょう。「どう？」と聞くと、必ず、「不安だった」という声があります。その言葉をきちんと拾って、「みんな去年１年間頑張ったんだね」と伝えると、生徒が少しずつ自分ごととして捉え始めます。

新入生向け冊子の紹介

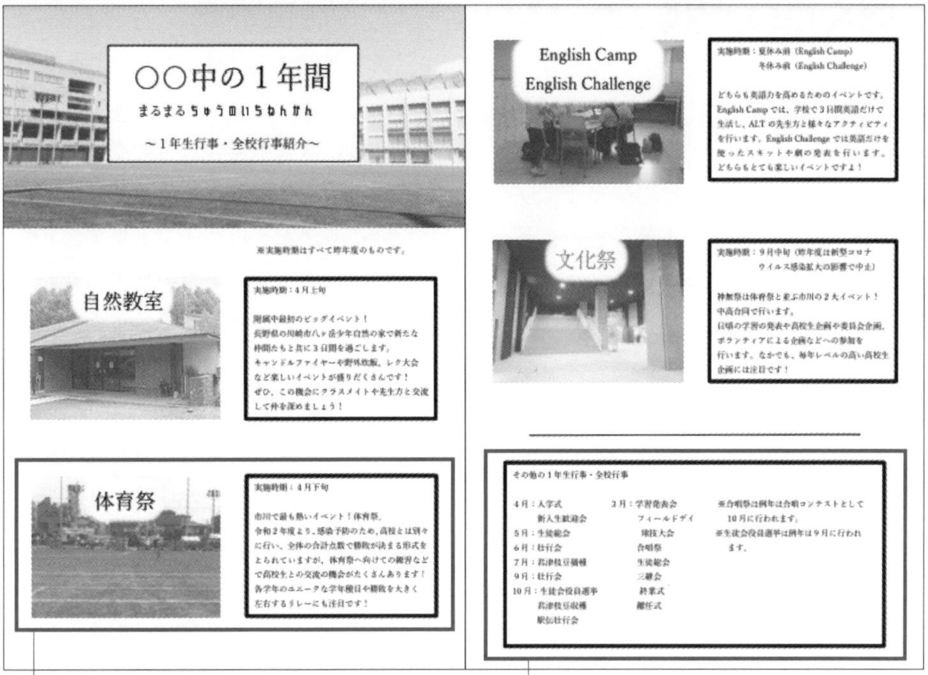

〇〇中の１年間
まるまるちゅうのいちねんかん
〜１年生行事・全校行事紹介〜

※実施時期はすべて昨年度のものです。

自然教室

実施時期：４月上旬

附属中最初のビッグイベント！
長野県の川崎市八ヶ岳少年自然の家で新たな仲間たちと共に３日間を過ごします。
キャンドルファイヤーや野外炊飯、レク大会など楽しいイベントが盛りだくさんです！
ぜひ、この機会にクラスメイトや先生方と交流して仲を深めましょう！

体育祭

実施時期：４月下旬

市川で最も熱いイベント！体育祭。
令和２年度より、感染予防のため、高校とは別々に行い、全体の合計点数で勝敗が決まる形式をとられていますが、体育祭へ向けての練習などで高校生との交流の機会がたくさんあります！
各学年のユニークな学年種目や勝敗を大きく左右するリレーにも注目です！

English Camp
English Challenge

実施時期：夏休み前（English Camp）
冬休み前（English Challenge）

どちらも英語力を高めるためのイベントです。
English Camp では、学校で３日間英語だけで生活し、ALT の先生方と様々なアクティビティを行います。English Challenge では英語だけを使ったスキットや劇の発表を行います。
どちらもとても楽しいイベントですよ！

文化祭

実施時期：９月中旬（昨年度は新型コロナウイルス感染拡大の影響で中止）

神無祭は体育祭と並ぶ市川の２大イベント！
中高合同で行います。
日頃の学習の発表や高校生企画や委員会企画、ボランティアによる企画などへの参加を行います。なかでも、毎年レベルの高い高校生企画には注目です！

その他の１年生行事・全校行事

4月：入学式
新入生歓迎会
5月：生徒総会
6月：社行会
7月：君津校豆播種
9月：社行会
10月：生徒会役員選挙
君津校豆収穫
駅伝社行会

3月：学習発表会
フィールドデイ
球技大会
合唱祭
生徒総会
三雛会
終業式
離任式

※合唱祭は例年は合唱コンテストとして10月に行われます。
※生徒会役員選挙は例年は９月に行われます。

行事の開催時期と、生徒目線の
行事のポイントを紹介する

年間の行事予定も入れる

03 １年生の不安を減らす姿

不安だったなぁと思い出す生徒が増えてきたら、どのような姿を見せたら不安が減るか、一緒に考えましょう。優しそうな姿、真面目に取り組む姿、楽しそうに過ごす姿等、意見が出てきたら、今日はどんな自分を歓迎会で「魅せる」のか、選ばせてみましょう。

［1年生に魅せる姿］
・優しそうな姿
・真面目に学習に取り組む姿
・友人と楽しそうに過ごす姿
・一生懸命部活や行事に励む姿
・授業と休み時間のメリハリがある姿
・給食の準備や清掃をテキパキと行う姿

04 終わったら褒める

歓迎会が終わって教室に戻ってきたら、すかさず「1年生ではなくて、君たちを見ていた！」と、どのような様子がどのように立派だったか、伝えましょう。その際は、学級開きで話した理想の個人と理想の集団に沿ってお話しできるとよいです。

学級組織決め

ねらい

自分たちでやるべきことを見つけ出す、２年生を目指しましょう。誰か一人の大きな努力では、学級は動かないことを学級にわかってもらうチャンスです。

指導のポイント

①どの係も必要であること　②言われたことや決まっていることだけでなく、よいと思ったことはどんどんチャレンジしてほしいということ　の２点は伝えましょう。やりたいことしかやらないという生徒も学級内には必ずいますが、この２つを教師が伝えるだけで、役割にとらわれず何でも頑張れる生徒の心が救われます。学級は、置かれた立場でひたむきに努力をする生徒の力で動きます。そんな生徒を大切にできる言葉かけが必要です。

ねらいは明確に

学級を組織するにも、「どのような個人であってほしいか」「どのような集団になってほしいか」という教師側のねらいが明確である必要があります。ただ「決めるだけ」の学級活動にしないことが大きなポイントです。

ねらいによって、組織の仕方も変わります。まずは生徒の居場所をつくってあげたいと思うのならば、教科係と委員会活動以外に一人一役仕事を設けます。よく周りを見て動ける個人を目指すのならば、委員会と教科係で全員役割に入れるよう組織し、その他は生徒の自主性に任せてみる等、手法は様々です。どんな方法をとったとしても、「決まったからには自分で頑張れ」と放置するのではなく、働き方やその生徒なりの工夫、配慮の仕方等をきちんと見て、よいと思ったことは伝えましょう。

指導の留意点

01 組織決めの流れ

組織の形も、決め方も、本当にさまざまです。学級委員（学年委員、代表委員等、学校によって名称も様々）を推薦で決めるのか立候補で決めるのかでも、学級組織決めの時間の使い方が変わってきます。学級委員だけは、学級組織決めの前に誰を推薦するかアンケートを取っておいたり、立候補者を募っておいたりしましょう。組織決めの時には、推薦の場合は結果発表から、立候補の場合は決意表明と投票から始められるとよいです。また、どの係がどのような役割を担うのか、具体的な仕事内容の一覧のプリントを作っておくと、生徒が考えやすくなります。

02 生徒の意識を高める

役割が決まったら、クラスのためにどのように貢献するのか、どのような気持ちでその役割を全うするのか等、係への思いを生徒に話してもらいましょう。「頑張ります」の一言で終えてしまうのでは、意味がありません。「頑張るという言葉は禁止ね！」等と冗談っぽく言うと、生徒はあれこれ言葉を探し始めます。言葉を探すうちに、思いが具体的になり、後々「あの時こう言ったからな……」と自分の述べた言葉を励みに役割を全うしようとする生徒が現れます。言葉はできる限り書き留め、生徒が頑張っている時に「有言実行だね！」と声をかけると効果的です。

係決めの際の配布物の例

委員会の種類・決め方について

① 各委員会２名ずつ選出します。ただし、保健委員は男女１名ずつとします。
② 新聞委員になった生徒は、前後期通して務めます。
③ 前期各種委員と、体育祭実行委員、文化祭実行委員、選挙管理委員は兼任できません。
④ 後期各種委員と、送別会実行委員は兼任できません。
⑤ 主に後期に活動する送別会実行委員は、後期の各種委員と兼任がないようにするため、後期の委員会決めで決定します。
⑥ 体育祭実行委員、文化祭実行委員、選挙管理委員を務めた生徒が、後期に送別会実行委員を務めることは可能です。
⑦ 体育祭実行委員と体育祭応援団は兼任しない方が望ましいです（やむを得ない場合は可）。
⑧ **昨年度の体育祭実行委員は、今年度の体育祭にも関わります**（別の係、委員会に所属してもよい）

●各種委員会

委員会名	主な条件	番号	名前	番号	名前
学年委員	２名				
新聞委員	２名＊通年				
図書委員	２名				
文化委員	２名				
風紀委員	２名				
管理防災委員	２名				
保健委員	男女１名ずつ				

学級組織は学期ごとに決め直すのが一般的だと思いますが、委員会の特性に応じて通年で同じ生徒に割り当てる場合もあります。途中で変更ができませんので、その生徒が大きな負担とならないよう、その委員会の仕事を手伝う生徒を募集するなど、クラス全体でサポートする体制を整えましょう。

保健委員会など生徒の健康安全に関わる係活動は、男女１名ずつにすると生徒の急な体調不良にも対応しやすくなります。
同じく、男女で異なる種目を行う場合があるので、体育係や体育委員も男女１名ずつにすると係活動が円滑に進みます。

●特別委員会

委員会名	主な条件	番号	名前	番号	名前
体育祭実行委員	２名 応援団兼任△				
文化祭実行委員	２名				
選挙管理委員	２名				
送別会実行委員	後期に決定します				

行事に関わる委員会は、行事前後に忙しくなります。
選出する際は、１年間のどの辺りで忙しくなるのか、忙しくなる時期には何が重なるのか（定期テストや部活動の大会など）を伝えるとよいです。

クラスの係を一人一役設けてもよいし、生徒会活動（委員会）と学級活動（クラスの係）で分けてもよいです。掲示物は、委員会もクラスの係も平等に掲示すると、すべて必要な役割なのだと生徒が実感できます。

学級目標決め

ねらい

クラス全員が、クラスのことを考える大切な時間であることを、全員が自覚して臨めるようにしましょう。

指導のポイント

クラスの在り方や理想を決める大切な学級活動です。

学級活動には目的やねらいに応じていくつか種類がありますが、学級組織決めが「決めるための学活」だとするならば、学級目標決めは、「考えるための学活」です。「何に決まるか」より、全員がクラスのことを考えるという空間と時間を大切にしたいです。どんなクラスにしたいかをじっくり考える時間の貴重さ、大切さを伝えましょう。

建設的な話し合いにするために

各班に一台ずつ、小さなホワイトボードを用意すると、班の意見を整理するのに役立ちます。

この話し合いが、進級後初めてのきちんとした話し合いとなります。「みんながクラスのことを考えて話していることを意識する」「それぞれのよい意見を合体させたり改良したりしてさらによい意見にする」等、安易に多数決にもっていくのではなく、合意形成（互いの意見を納得のいく形で一致させること）を目指して話し合わせるとよいです。

指導の留意点

01 どのようなクラスだと心地よいか

「考える時間が大切」と言っておきながら、学級目標を決めるための学級活動の時間はそんなに多く取れないのが実情です。せっかくクラス全体で考えるのですから、個人で考える内容は宿題にしたり朝登校した人から簡単なアンケートに答えてもらったりして、なるべく全体で考える時間を多く取れるよう工夫をしましょう。

アンケート内容は、「どのようなクラスだと居心地がよいか」「どのようなクラスにしたいか」等、生徒の漠然とした思いを書くような、簡単なもので構いません。GIGA端末が自由に使用できる環境であれば、Google フォームなどを使ってアンケートを行ってもよいでしょう。

02 目標の中に入れたい想いは？

アンケートを取ったら、その結果を一覧にして生徒に提示できるととてもよいです。データで集計する場合は、「AIテキストマイニング」というWEBサイトを使用すると、生徒はクラスにどのような雰囲気を求めているかが、簡単にわかります。じっくりと見ながら、「さあ、ここからどうやって学級目標を決める？」と問いかけると、「この言葉が多いから、この想いを学級目標に入れよう」「みんなの想いをもとに、合言葉にしやすい学級目標を作ろう」という生徒の新たな想いが少しずつ挙がってきます。そこで改めて、学級目標にどのような理想や想いを込めるのかを個人で考え、班で共有します。

目標決めのフォームの活用例

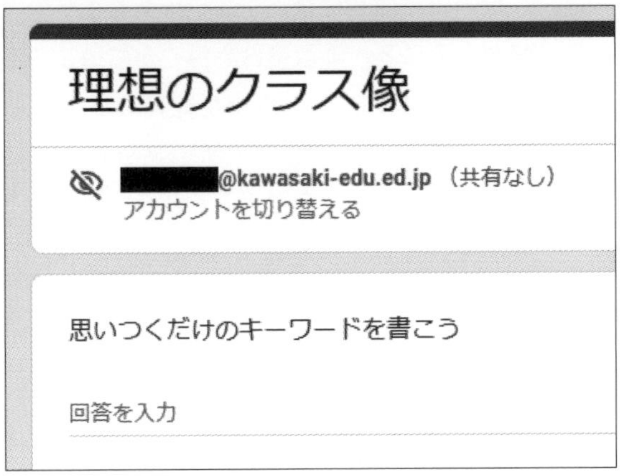

紙でもGIGA端末でのオンラインアンケートでも構わないので、最初から形になっているものを求めるのではなく、キーワードを挙げさせるだけにすると、あまり時間がかかりません。皆で考える時間を多く取りましょう。

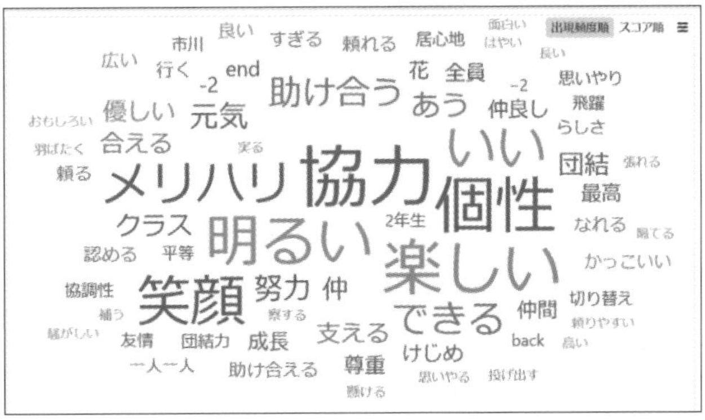

「AIテキストマイニング」というWEBサイトに、アンケート結果を貼り付けると、どのような言葉が多いかが文字の大きさで表されます。これを全体で共有し、理想のクラス像のイメージを統一させるとよいです。

03 班で案を出さなくてもいい

「班で１つ意見を出しましょう」という流れをよく聞くと思いますが、あくまでも考える学活なので、決めなくてもよいです。「班で意見が１つになりそうなら決めてみましょう。でも大切なことは１つではないはずですから、絞れなくてもよいです。大切だと思うことを共有して、いいなと思ったことをすべて教えてください」と声をかけると、「実は素敵な意見」が消されません。

また「班で決める」となると、班での時間を多く取らなければいけなくなりますが、共有程度にすることで、個人の意見が残り、全体の時間を取ることもできます。考える学活は時間がかかりますが、工夫次第で時間は捻出できます。

04 相互尊重と合意形成

全体の話し合いを行う際は、「悪い意見などない」という気持ちをもって、「みんなが少しずつ譲り合ってよりよい学級目標にしよう」という合意形成の形を取れるとよいです。

最初から「わかりやすく、覚えやすい」学級目標を求めてしまうと、そうではない案がダメな案となってしまいます。本当はどの案よりも生徒全員の意見を反映しているかもしれないのに、です。そのようなことが起きないよう、生徒が大切だと思っていることを聞きながら黒板に書き、そこから全体で言葉の意味を比較し、少しずつまとめ、その想いが入れられるような言葉を選びながら、学級目標を決めましょう。

掲示物作り

ねらい

教室は、「生徒の学習の場」であり「生徒にとって心安らぐ場」であるべきです。掲示する場所、色使いなど、必要なことは生徒に伝えましょう。

指導のポイント

掲示物作りも学級でできる活動の一環です。学級活動は、どうしても生徒の自主的な活動に重きを置きがちですが、自主的な活動イコール完全に生徒任せではありません。そこには、教師側の意図的かつ計画的な指導があり、その上で生徒をいかに自主的に活動させるかということを考える必要があります。

掲示物の基本

掲示物に関しては、①教室はあくまで学習の場であること　②教室は心穏やかに過ごせる場所であること　の２点を生徒にしっかりと示し、その上で掲示物のデザインを考えさせたり、基調となる色を選択させたりする必要があります。また、学級としての掲示物のテーマ（例えば海など）を話しあって決めてから、テーマに沿って作る方法もあります。

もちろん全員で掲示物を作るのが理想ですが、デザインを全員に強制したり、高度な技術が必要なことを全員に要求したりするのは、生徒にとって苦痛です。生徒が無理なく楽しく参加できるように調整しましょう。「あの紙は僕が切ったんだ」「あれは私が塗ったの」等、自分が関われた何かがあるだけで、その生徒の自尊心は保たれます。また、「切ってくれたからこの掲示物が完成したんだよ」「デザインがとっても素敵だから頑張れたよ」等、互いを認め合えるような会話ができたら、最高です。

指導の留意点

01 情報配置は適切に①

掲示物は、「情報」です。情報にはわかりやすさと見やすさが必要であり、掲示物で言うと、どこを見れば何がわかるのかという「秩序」も必要です。生徒に掲示物のデザインを考えさせる前に、教室のどの位置にどんな情報を配置するかを、ある程度考えておきましょう。

例えば、黒板周りの掲示板に多くの情報があると、授業に集中できない生徒がいます。黒板周りは、なるべく必要最低限の情報だけにする、年間を通して変化の少ないものにする、授業の時は隠せるようにするといった工夫や、ユニバーサルデザインの考え方も必要です。

02 情報配置は適切に②

給食のエプロンを保管するところに一緒に献立表がある、学級組織一覧を掲示するところにその係や委員会からのお知らせを掲示できるようにするなど、情報の配置の仕方にある程度統一感をもたせておくと、生徒に情報が伝わりやすくなります。掲示物のデザインを考えてくれる生徒と話しながら、①掲示物を全員が活用できること　②授業に集中できる配置と色　の２点を話しながら一緒に配置やデザインを決めていきましょう。２年生の時にこのようなことを話しておくと、３年生になった時に、機能性と学習のしやすさを考えた掲示物のデザインを考えてくれるようになります。

[学級目標のデザインの依頼例]

学級目標のデザイン案を作る際は、担任のイメージをしっかりと伝えましょう。

例えば、この左のデザインを生徒につくってもらった時は「学級目標の言葉そのものはあってもなくてもいい」「みんなのコメントが入っていてほしい」「立体がいい」と伝えました。

デザインを募集する際は、クラス全体に考えさせる方法、特定の生徒にお願いする方法などがあります。クラスの実態に応じて、どちらにしても構いません。

[学級目標の実物]

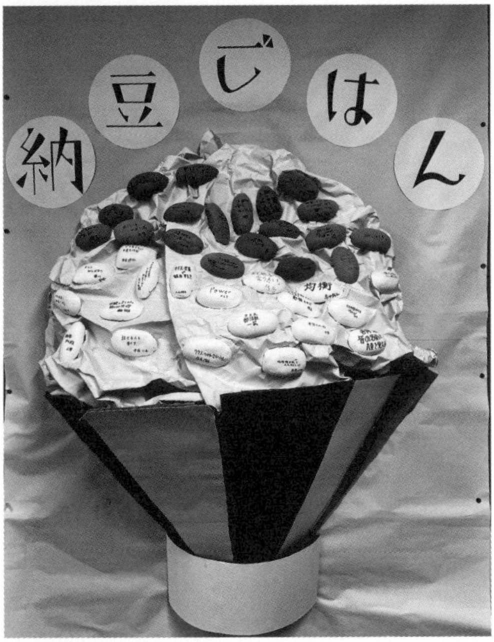

実際に作る際は、なるべく生徒全員が取り組める要素があるとよいです。

「1人ずつクラスへの思いを書かせ、それを文字の形に貼る」「全員の手形で文字を作る」などが考えれられます。この2つの発想は生徒から出てきたものです。生徒にアイデアを聞いてもよいでしょう。

給食の指導

ねらい

給食は、中学生に必要な栄養を考えて作られている理想的なバランスの食事です。食べることは良いこと、食べるって楽しいと思わせる時間の演出をしましょう。

指導のポイント

食事の指導は、本当に難しいです。2年生になると、体重を増やしたくない、学校でトイレに行くのが嫌、たくさん食べると5時間目に眠くなってしまう等の理由で給食の量を減らす生徒が現れます。最初は普通に食べていた生徒も、友達のそういう意見を聞いて、影響を受ける場合があります。この場合、生徒もSNS等で情報を得て実行している場合が多いです。自分の適量をバランスよく食べることの重要さを伝え続けましょう。

エプロン使用ボード

何番のエプロンを誰が使用しているのか、自分で名前を書かせるとよいです。

洗濯して持ってきたら、自分で名前を消すように伝えると、自分たちで気をつけたり声をかけたりするようになります。

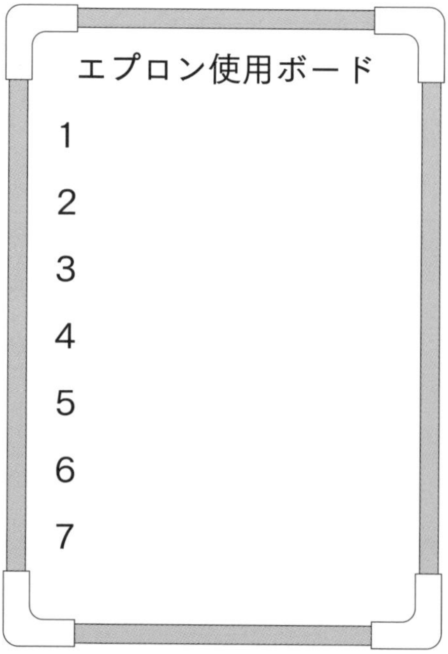

指導の留意点

01 食べることの大切さ

食べる量に差があったり、好き嫌いがあったりもしますが、「給食はバランスを考えて作られている食事だということを伝え続けること」が大切です。「健康の基本は食事から！」と声をかけ、食べることの大切さを伝えましょう。

02 担任が給食を楽しむ

「今日は○○さんの好物が出るよ！　献立表見た？」等、給食のメニューをコミュニケーションのツールにしてもよいでしょう。教員自身の苦手なものが出る日も、隠す必要はありません。「苦手なんだよな、でも一口」。そんな教師の姿を見ることを楽しみにしている生徒もいます。

給食の栄養バランスの例

11日（金）	ごはん　とり肉のしょうが煮 にんじんしりしり　豚汁　牛乳　（乳）		
●ごはん		じゃが芋	20
精白米	100	豆腐（冷）	20
		赤みそ	5.5
●とり肉のしょうが煮		白みそ	5.5
とり肉（皮なし）	80	長ねぎ	10
水			
酒	1		
砂糖	3.6		
しょうゆ	5.4		
しょうが	0.9		
たまねぎ	30		
片栗粉	1.8		
●にんじんしりしり			
まぐろフレーク	22		
にんじん	40		
砂糖	0.8		
塩	0.2		
しょうゆ	1		
白いりごま	1.4		
●脚汁			
油	0.6		
豚肉（もも）	12.5		
豚肉（肩）	12.5		
ごぼう	15		
にんじん	20		
大根（市内産）	20		
水			
こんにゃく	15		
エネルギー	841kcal	たんぱく質	42.7g

給食係や給食委員などに、給食を適正量で配膳した様子を、写真に撮ってもらい掲示すると、食べる量のイメージをしやすくなります。

学校給食は、適正量が決まっています。例えば、「ごはんはお茶碗に書いてある下の線までの量は食べましょう」「表のようにひとつひとつの食材の栄養が計算されて献立ができあがっています」「それぞれを適正量盛れば、野菜も肉も炭水化物もバランスよく摂取できます」という言葉をかけ、実際に左の表のような数値を見せるとよいです。学校給食は教育委員会のホームページに詳細が掲載されていることが多いです。

03 昼休み確保のために

準備にも片付けにも時間を要する給食。「早くする方法は？」と生徒に尋ねると、色々な案が出てきます。どの案が一番良いか判断するために配膳の速さを計測すると、その流れで生徒が急ぎ始めるので、楽しく早く準備できます。何事も楽しむ姿勢が必要です。

［配膳を速くする方法のアイデア］

- ご飯はしゃもじ１回半等、盛る量を固定する
- 配膳台の前に机を置き、盛られたお皿から順番に机の上に置き、並んだ生徒が取る
- 給食当番の分を配膳する係をつくる
- エプロンをすばやく着る方法を伝授する
- 準備が速い生徒はスープやご飯、遅い生徒は配膳の数が決まっているおかずを担当する

04 エプロンの管理

意外なことに、エプロンの管理に苦労する場合があります。生徒が洗濯のために持ち帰ったまま持って来ず、しばらくたってから気づき、その時には誰が持ち帰ったかわからなくなっていることも。ホワイトボードに名前を書かせる等の工夫をしましょう。

学級懇談会

ねらい

保護者の方は、大切な我が子を私たち担任に預けています。どんな思いで生徒と接するのか、教師として、人として、語れるようにしましょう。

指導のポイント

保護者の心をつかめば、生徒の心をつかんだと言っても過言ではありません。「学級開き」のページで、「生徒にとって先生は得体の知れない大人」と書きましたが、それは保護者にとっても同じです。「一体、この先生はどんな先生なのだろう」という、期待半分、不安半分で担任を見ています。どんな個人にしたいのか、どんな集団にしたいのか、保護者の方に向けてもしっかりと語りましょう。

学級懇談会のレジュメ

４月の保護者会のレジュメには、学校目標、学年経営目標、学級経営目標の３点を明記しましょう。どのような学級経営を行うかは、箇条書き程度で簡単に示し、詳しい内容は口頭で伝えます。「どのような考え方で学級経営を行うのか」「そのために、どのように生徒と接するのか」が伝わるように説明するとよいです。年間行事予定は教務部から配られることがほとんどですが、学年に大きく関わる行事や、保護者の方にお仕事を調整していただきたい時はレジュメにも記しておくと親切です。

> ４月８日（金）
>
> ２年２組　学級懇談会
>
> ●学校目標　「心豊かな人になろう」
> ・自分のよさを伸ばそう　・知識を求め、追究しよう
> ・思いやる心をもとう　・心身ともに鍛えよう
>
> ●学年経営目標　「やわらかでたくましい生徒の育成」
>
> ●学級経営目標　「置かれた場所で咲く勇気をもてる人になろう」
> 自分の立場を受け止め、その中で最大限の努力ができる人を目指します。
>
> ●年間行事予定
> ４月　始業式（６日）　学級懇談会（11日）
> ５月　体育祭（９日）
> ６月　中間テスト（２日～４日）　総合体育大会開会式
> ７月　職場体験（19日～21日）

保護者に伝えるために

01 事前準備

学級開きで話したことをもう一度整理しておきましょう。同じことを伝えると言っても、相手は生徒ではなく保護者です。ふさわしい言葉遣いで、一体何をしたいのか、生徒にどう寄り添うのかを強調した内容にできるとよいです。

02 生徒の様子をしっかり見る

学級懇談会までの間、生徒は何をどう頑張っていたのか、クラスはどのような様子なのか、しっかりと観察して保護者に報告できるようにしておきましょう。写真や動画を残しておいて、実際に掲示しながら様子を伝えることも考えられます。

学級懇談会の流れ

本日の流れ

1. 担任自己紹介
2. 保護者の皆様自己紹介
   お子様のお名前と、お子様のよいところ１つ
3. 学年経営目標、学級経営目標
4. 進級して２週間たち……
5. 年間行事予定、中学校の決まりについて
6. PTA役員選出
7. 質疑応答

懇談会では、次の３点を必ず意識します。

①担任の人柄と考え方を知ってもらうこと

②今のクラスの状況を知ってもらうこと

③保護者が自分の子について話す時間を設けること

また、プロジェクターやテレビに懇談会の流れを掲示しておくと、参加者が見通しをもててよいです。

03 感謝を伝える

生徒のことを一番知っているのは、保護者です。２年生の学級懇談会では、前年度から学校や学年に理解を示してくださっていることへの感謝を忘れずに伝えましょう。また、学校と家庭で一緒に生徒を見守り、ともに育てていきたいという思いを伝えましょう。

04 遊び心と余力

「懇談会」なので、担任が一方的に話すのでは意味がありません。保護者の方がお話しする機会もきちんと設けましょう。４月の学級懇談会では、保護者の方の自己紹介にプラスして「お子様のよいところを１つ」などとお題を設けると、和やかな雰囲気になります。

遅刻・欠席・早退対応

ねらい

何かが起こってから動くのでは遅いです。ひょっとしたらSOSのサインかも。「私は君のことが心配なんだ」という思いを、生徒に対しても、保護者に対しても示しましょう。

指導のポイント

通知表に記載され、場合によっては入試でも使用する情報です。ミスのないよう、毎日きちんと記録しましょう。また、遅刻や欠席が何日も続いたり、発熱以外の症状（腹痛、頭痛等）での遅刻や欠席が多いと感じたりする場合は、注意が必要です。悩みや苦しみを抱えており、それが欠席や遅刻につながっているかもしれません。電話連絡で様子を聞いたり声のトーンを確かめたりしながら、いつも近くにいるよ、ということを伝えましょう。

教室での欠席者の掲示

中学校は教科担任制で、他学年の先生が教科を担当することもあります。どの先生にもわかるよう、教室の黒板に遅刻・欠席・早退を掲示してもよいですが、不登校傾向の生徒や低血圧傾向で朝起きられない生徒の名前がずっと黒板に貼られているのはよくありません。たとえ毎日欠席だったり遅刻だったりしても、黒板に貼りっぱなしにせずきちんと毎朝貼って帰りの会後にはがすことを徹底しましょう。

日々の忙しさで上記のことが徹底できない、または欠席者を掲示することに抵抗のある先生は、黒板に貼らなくても構いません。個人情報の観点からも、授業を行う先生だけがわかればよい情報です。右の写真のように職員室に欠席者一覧を記せるようにしたり、背面黒板を利用して授業をする先生だけが確認できる位置に貼ったりするとよいです。

必ず確認

01 欠席

どのような理由で欠席なのか、きちんと把握しましょう。また、家庭連絡をして保護者の方から１日の様子を伺ったり、本人と話せる場合は少しお話をしたりするとよいでしょう。心配しているよ、明日は待っているねというメッセージが伝えられるとよいです。

02 遅刻

家庭から連絡がなく、出席確認の時刻に学校に来ていない場合は、すぐに家庭連絡しましょう。クラスの朝の会がありすぐに動けない場合は、副担任の先生にお願いしましょう。「寝坊かな？」という思い込みが、大きな事件や事故につながることもあるのです。

■欠席管理ボード

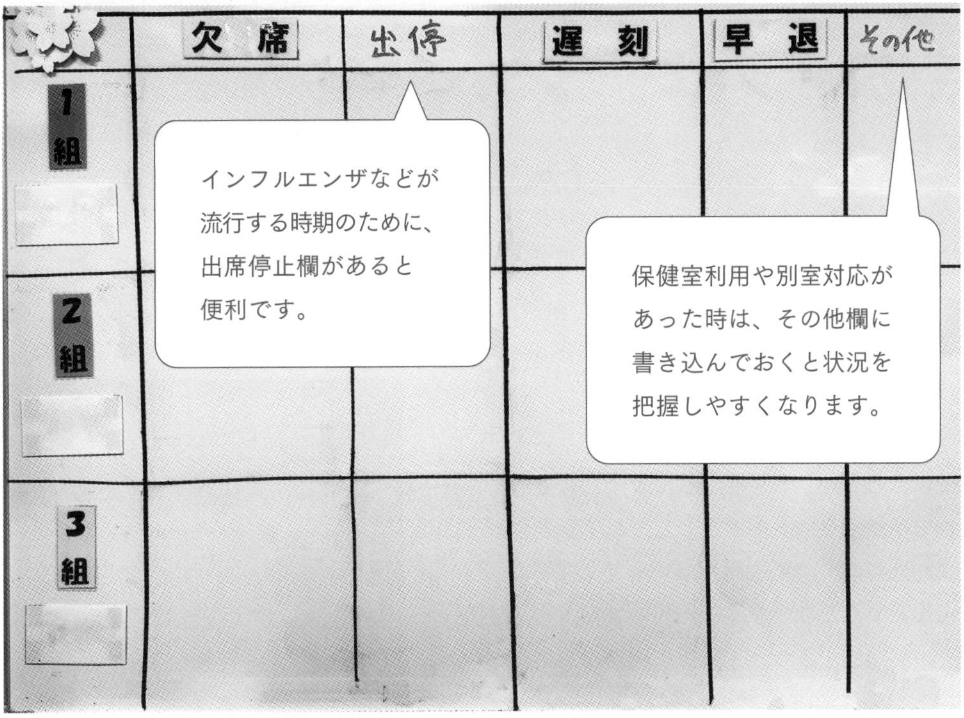
欠 席
出停
遅 刻
早 退
その他
1組
2組
3組
インフルエンザなどが
流行する時期のために、
出席停止欄があると
便利です。
保健室利用や別室対応が
あった時は、その他欄に
書き込んでおくと状況を
把握しやすくなります。

職員室などに学年ホワイトボードを設置すると、遅刻早退欠席の該当者が多くても一目でわかり、担任でなくても対応した先生が書き込めるので、重宝します。

03 早退

養護の先生と連携を取り、生徒が安全に下校できるよう速やかに手配しましょう。教科の授業で自分が動けない場合は、副担任の先生や養護の先生に任せても大丈夫ですが、そのままにしておくのではなく、家庭連絡して下校後の様子を保護者に聞くとよいです。

04 忌引

忌引は生徒と亡くなった方の続柄によって該当の日数が異なります。保護者には、「心よりご冥福をお祈りいたします」というお悔やみの言葉を、生徒には「いつでも心の中に亡くなった人はいる」「ご家族をしっかり支えてあげて」等、寄り添いや励ましの言葉をかけましょう。

[お悔やみの言葉がけ]

お悔やみの言葉の例としては、「このたびはお悔やみ申し上げます」「このたびはご愁傷様です」「哀悼の意を表します」「ご冥福をお祈りします」などがあります。しかし、キリスト教や浄土真宗などでは「ご冥福」は使えません。宗派を選ばない言葉を選びましょう。また、ご高齢の方が亡くなった時に使う「大往生」は、身内だけが使える言葉ですので、注意しましょう。

学級通信・黒板メッセージ

ねらい

慌ただしい毎日、全部話して伝えるのはとても大変です。だからこそ、学級通信や黒板でのメッセージを利用しましょう。どんな生徒に育ってほしいか、語るチャンスです。

指導のポイント

生徒に思いを伝える手段として、また保護者に学校での様子を伝える手段として、学級通信は大変効果的です。１週間の振り返りや翌週の予定を掲載するだけでなく、担任のコラムのようなものを掲載するなど、随所に担任の思いが垣間見られるような学級通信を目指しましょう。もしどうしても作る時間が取れないという場合は、黒板にメッセージを書いてもいいでしょう。

行事の時のメッセージは特別

学級通信や黒板メッセージは、１年間続けることが大切ですので、先生が思ったことや感じたこと、考えたことをつづったり、道徳等の振り返り用紙から生徒の言葉を引用したりして紙面や黒板を構成すればよいのですが、行事の時は内容を行事仕様にできるといいです。例えば、体育祭なら学年種目で勝つ秘訣を、合唱コンクールなら自由曲が作られたいきさつなどを書くと、生徒はぐっと引き込まれます。

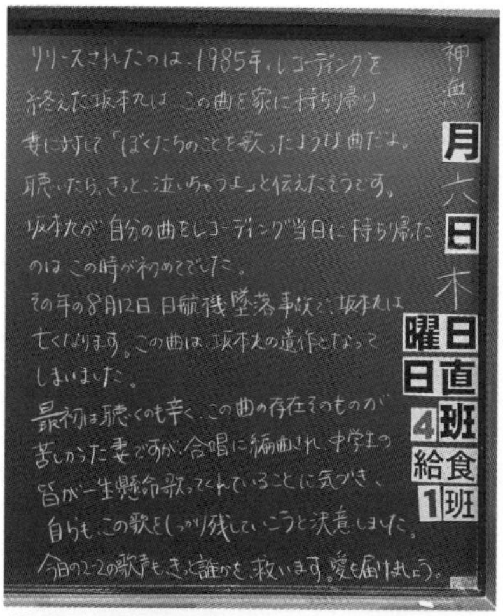

（参考：柏木由紀子オフィシャルサイト）

伝えるために

01 学級通信は見やすく

学級通信の題名は、学級目標でも、担任が大切にしている言葉でも、そのクラスらしさが出るものであればなんでも構いません。また、手書きでも、文書作成ソフトでも、思いがあればどちらで作成しても構いませんが、読みやすさ、見やすさは重視しましょう。

内容は、「何のためにこの学級通信を出しているのか」をよく考えるとよいです。その際、ただ情報を羅列するのでは先生の思いは伝わりません。翌週の連絡も、時間割も大切ですが、その週に生徒のどのような様子が見られたのか、その時担任として何を思ったのか、メッセージを伝えましょう。

02 学級通信の続け方

教員はよく、生徒に対して「継続することの大切さ」を伝えます。自身の教科の授業を思い出してみてください。「一夜漬けでいいよ」などと言う先生は滅多にいないのではないでしょうか。コツコツ行うことを求めていませんか。学級通信も、コツコツを目指しましょう。自分のことを棚に上げて生徒にとやかく言うのは、生徒の大人への不信感が募るばかりです。

では、コツコツってどれくらいなのでしょうか。それは、先生が１年間継続できる頻度で構いません。張り切り過ぎて途中で終わってしまうより、細くてもよいので長く続けられるように、１年間頑張れる量を模索しましょう。

黒板メッセージ

プロジェクターのスクリーンがある場合は、すぐ使えるようにセットしておくと教科担任の先生の手間を減らせます。
黒板の４分の１くらいをメッセージ、４分の１をその日の連絡に使うとよい。
教科からのお知らせや、絶対に見てほしい掲示物などは、朝黒板に貼っておくと、生徒が情報を得やすくなります。
雑談と見せかけて読みながら考えられる内容を書けるよう毎日意識する。

03 黒板メッセージ

生徒に伝えたいことがあるけれど次の学級通信まで待ってしまうと間延びしてしまう、そのような場合は黒板にメッセージを書いてもよいです。生徒が登校する前（前日の放課後でも、当日の朝でも構いません）に、伝えたいことを黒板に書いておくのです。内容は事務的なことだけでなく、毎日生徒を見ていて思っていること、帰り道にふと考えたこと、日々大切にしていること等を、先生の言葉で、心を込めて記しましょう。

先生の思いに素直に応える生徒はなかなかいませんが、実は先生のメッセージを楽しみにしてくれる生徒もいます。黒板メッセージを話題にして、会話を楽しんでもよいでしょう。

04 全員平等に

普段話すことと、学級通信や黒板メッセージの内容に一貫性がなければいけません。「学級通信ではいいこと書くのに、話すことは……」とならないよう、あくまでも生徒との日常の会話を大切にしながら、プラスアルファで伝えたいこと、考えてほしいことを書くイメージがよいでしょう。

また、学級組織の紹介や行事における生徒の感想を掲載するときは、何回かに分けても構わないので、全員分を掲載します。保護者にとって、学級通信に自分の子どもの名前が載ることは、うれしいことだということを忘れないでください。また、名前を掲載する際は、字が合っているか必ず確認しましょう。

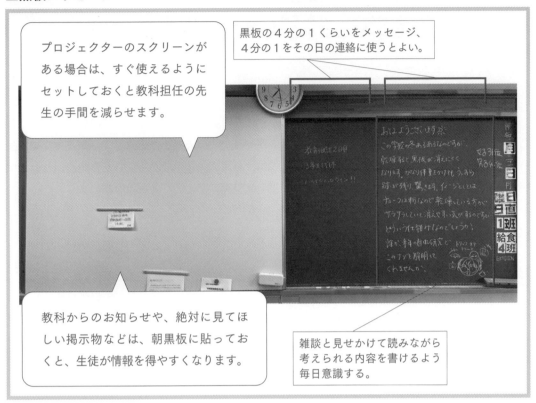

5月　勢いではなく計画的に！冷静に過ごしたい5月

▶5月の目標

４月に掲げた理想を実現していくためのきっかけ作りが必要です。生徒たちの勢いは４月より落ち着き、良くも悪くも生徒の本質が見えてくるのが５月です。去年とは違う自分になりたくて頑張っている生徒が息切れしてきたり、４月は周りの様子を見ていた生徒が急に目立ち始めたりします。勢いだけで乗り切ろうとせず、体育祭などの行事や教育相談で生徒との距離を縮めましょう。

５月の学級経営を充実させるために

「体育祭でつけたい力を明確にする」

この時期に体育祭を実施する学校は多いでしょう。生徒たちは、当然３年生の影響で優勝を目指すと思います。教師は生徒たちと一緒に優勝を目指しながら、さらにその先、つまり、４月に掲げた生徒のイメージ、クラスにどう近づけるかを目指しましょう。優勝に向けて生徒が必死に努力する姿を見て何を話そうか、何が素晴らしいのか、リーダーたちのクラスへの声かけの仕方にどうアドバイスしようか、たくさん考えて、たくさん生徒に理想を伝えてください。

「教育相談で生徒と１対１の時間を」

学級経営では、生徒一人一人とどのように接するかも大切です。全体の雰囲気ばかり見過ぎて、個人に目が行き届かないと、全体の雰囲気についていけない生徒が苦しみ始めます。生徒と１対１でゆっくり話す時間を設けることで、生徒にとって教師が「みんなのもの」でなくて「自分を見てくれる」存在へと変わります。

注意事項

学級経営における１回目の壁は、５月のゴールデンウィーク明けに訪れます。勢いが感じられなくなったり、頑張っていた生徒が、突然無気力になったりして、何となくクラスの雰囲気がよどむのです。でもそれは、新しい環境での緊張感が少しほぐれてきた証拠です。慌てず、個人へ目を向けてください。

生徒の居心地のよさを演出するコツ

▶ねらい：ありのままの生徒を認めながら、生徒にとっての理想の自分を聞き出す

「４月はあんなに積極的だったのに」「自己紹介ではあんなに生き生きしていたのに」と思ってしまう気持ちはよくわかりますが、それは先生にとって理想の姿をしている生徒を評価しているだけで、本来の人間性を認めているわけではありません。生徒個人との時間を大切にしましょう。

▶教育相談での活動例

事前に予定表を作ります。この予定表は出席番号順等機械的に決めて構いません。貼り出した後に、自分の予定に合わせて生徒同士で自由に交換してよいことを伝えましょう。また、面談は詰め込みすぎず、３人に１人程度で休憩時間を設けておくと、先生の頭の中もスッキリし、少し時間が延びてしまった生徒がいたとしても時間調整ができます。とにかく話したいことを話してもらいましょう。

2年2組　教育相談時程（仮）

	6月1日(水)	6月2日(木)	6月3日(金)
13：30	[redacted]	[redacted]	[redacted]
13：40	[redacted]	[redacted]	[redacted]
13：50	[redacted]	[redacted]	[redacted]
14：00			[redacted]
14：10	[redacted]	[redacted]	[redacted]
14：20	[redacted]	[redacted]	[redacted]
14：30	[redacted]	[redacted]	[redacted]
14：40			
14：50	[redacted]	[redacted]	[redacted]
15：00	[redacted]	[redacted]	[redacted]
15：10	[redacted]	[redacted]	[redacted]
15：20	[redacted]		
15：30			
15：40			
15：50			
16：00			
16：10			
16：20			
16：30			

・約１０分間、担任の
・お説教の時間ではあ
・上記の時間で都合が
　＊変えた場合は、必
　＊変更は、当日お昼

表に生徒の名前を入れます。３～４人で10分の休憩を入れるとよいです。最終日は人数に余裕をもたせ、「おかわりタイム」を作りましょう。

［おかわりタイムを案内する］

最終日は面談の人数を減らして時間に余裕をもたせ、「おかわりタイム」を設けます。おかわりタイムとは、教育相談ですべてを話せなかった人へもう一度時間を割くための時間です。これは事前に予告せず、話し足りないと感じているだろう生徒にこっそり提案します。

［話さない子のためのとびきり雑談集］

ゲームの話、アニメやマンガの話、本の話、アイドルの話が通じると、生徒はうれしそうに話をします。見たことややったことがなくても、「私でもできる？」「今調べてみていい？」等と興味をもって聞き返すと話が広がります。自己紹介で何を言っていたか、よく思い出してこちらから話題を提供しましょう。

▶活動後のポイント

教育相談の最後には、必ず「いつでも相談に来てほしい」ということを伝えましょう。全員分じっくり時間を取れるのが教育相談のメリットですが、本当は日常の中でいつでも教育相談をできる環境をつくらなければいけません。教育相談は単なるきっかけであり、これからが始まりです。

体育祭

ねらい

「後輩のお手本になり、先輩の支えとなる」だけでなく、運動の苦手な子も好きな子も、皆が少しずつ努力し、その努力を認め合える雰囲気をつくるきっかけにするとよいです。

指導のポイント

体育祭と聞くだけでやる気を出して頑張る生徒も、気持ちが沈む生徒もいます。体育が苦手な子にとって、体育祭は大きな試練です。また、大勢で何かをやり遂げることが苦手な生徒にとっても、連日続く体育祭練習は苦痛そのものです。団長の指示を聞かない、練習に遅れてくる、クラスには活動に乗れない生徒もいます。そういう生徒に教師の注意が向いてしまう時ほど、個人の頑張りを客観的に評価する冷静さをもちましょう。

■体操のクラスリーダー

体育祭の成否のカギは、クラスリーダーが握っています。

「こうすればもっとよくなるのに」と思いが強くなり、担任の先生がクラスリーダーのように振る舞う場面が見られますが、それではリーダーもクラスも育ちません。思ったことやアドバイスを伝えるのは必ずリーダーたちへ、その中から全体に関わることはリーダーたちの言葉で全体に伝えるという構図を作りましょう。生徒たちが悩み、考えたものほど、競技も応援も素敵なものになります。

指導の留意点

01 リーダーのあるべき姿

体育祭で頑張る生徒たちの中には、とにかく体育は好き、勉強は苦手だけど行事は頑張れるといった生徒も少なくありません。せっかくの活躍の場です。思う存分活躍させてあげましょう。しかし、いつもより生き生きしている、教室では見られない姿が見られるなど、いつもとは違う頑張り方に教師が満足してはいけません。その努力や頑張りを認めつつ、もう少し心を成長させられるような声かけが必要です。

ここでもう一度、教師が思い描く生徒個人のあるべき姿、集団のあるべき姿に照らして、指導・支援、そして適切な評価を行いましょう。

02 思いを馳せるリーダー

では、どんなリーダーを育てるべきか。それは、思うようについていけないクラスメイトの気持ちを察し、それぞれのペースで一緒に頑張ろうと思えるリーダーです。

「なんで、言うことを聞いてくれないのか」そんな言葉が聞こえてきたら、すかさず「１週間、苦手な教科ばかりの時間割だったら？」と聞いてみてください。９割の子たちが、無理、嫌など否定的な答えを返します。そこで「体育が苦手な子が１週間体育しかできなかったら、つらいよね。どうしたら頑張れるかな？」と聞いてみると、生徒の視点は自分から相手に移ります。このやりとりをできることがとても大切なのです。

■学級をチームにする

［台風の目］

体育祭において勝敗を左右するのは、チームワークです。

体育が好きな人も好きでない人もみんな巻き込んで、みんなでゴールできる方法をリーダーと一緒に模索します。

［長縄］

長縄は、息が合わないとうまくいかず、苦手な生徒が多い競技です。

「引っかかってもいい、とにかく回数を跳ぶ」と、跳べないことを前提に、みんなで回数を稼ぐ方法を作戦に取り入れると争いが起きません。

03 体育祭も頑張るリーダー

「体育祭そのものを楽しもう」という声かけができたら、その成長を褒め、担任として全力でサポートすることをきちんと伝え、次のステップへと移ります。それは、体育祭だから頑張るのではなく、体育祭も頑張る人を育てたいという思いを伝えることです。リーダーに「どんな人だったらついていきたいと思えるか」と問うと、その生徒の理想像が浮かび上がってきます。自分の行動と、浮かび上がってきた理想像を客観的に比較し、「あと何を頑張れるか」を一緒に考えてあげてください。そしてその姿は、普段から必要な力だということも伝えましょう。

大きな行事だからこそ、意識的に日常とつなげられるとよいです。

04 ついていけない生徒へのアプローチ

リーダーの声のかけ方が変わったな、と実感できたら、雰囲気についていけない生徒にも声をかけましょう。「リーダーたちの話し方を聞いてみて？　ちょっと変わったと思わない？」などと聞いてみるとよいです。些細な変化に気づくことができたら、普段のリーダーの様子もきちんと見ていた、一生懸命参加していた証拠であると伝えてあげてください。これまでの、その生徒なりの努力や苦労を認めた上で、実はリーダーたちが工夫していること、リーダーの頑張りに少し応えられそうなことを一緒に確認し、頑張ってみようと伝えましょう。視点が少し変わり、「もう少し頑張ろう」と思える生徒が出てきます。

人間関係づくり

ねらい

生徒同士の良好な関係をつくるためには、教室が安心・安全な場所である必要があります。生徒にとって安心・安全とはどのような状況か、考えましょう。

指導のポイント

安心・安全な環境とは、「居場所があること」「仲間を信頼できること」の２点がそろっている環境です。生徒の居場所をつくり、生徒同士で絆を築きあえるクラスにするためには、教師が「安心してよい」と声をかけ、人間関係形成における生徒のスキルを上げることが大切です。「ここはあなたの居場所だよ」と言えるのは担任の先生で、居場所があるから安心して仲間をつくろうと生徒は励み、絆をつくるのです。この循環を忘れないようにしましょう。

5月中旬の人間関係

ゴールデンウィークが終わると、ほとんどの生徒が新しいクラスに馴染み始めます。最初こそ、「前のクラスがよかった」「新しいクラスはつまらない」と言っていた生徒も、毎日楽しそうな笑顔が見られるようになってきます。一方で、馴染めない生徒も少なからずおり、そのような生徒が焦り始めるのもこの時期です。一緒になって「去年の方がよかった」と言っていたクラスメイトが楽しそうにし始めたら、焦るのも無理はありません。

「頑張って話しかけなさい」「もう少ししたら慣れるよ」。生徒に自分から友達に声をかけてもらえるようになってほしいと強く願う先生ほど、ついこのように声をかけてしまいがちです。しかし、励まされても、背中を押されても、クラスに馴染めない不安や孤独は解消されません。ではどうすべきか。それは、生徒自身がつまずいている理由を知ることと、スキルを知ることです。

指導の留意点

01 つまずく理由

１年生の頃に構築した人間関係と同じ関係を他の生徒と育もうとすることがつまずきの原因です。安定感や居心地のよさばかりを求めてしまうと、新たな環境にいつまでも不安を抱きます。不安そうな生徒とは個別で話す機会を設け、何が不安なのかを聞きましょう。

02 安心できる場所

私たちは、誰かに守られていると知っているから頑張れるのです。不安を抱く生徒には、話をしていく中で挑戦を促しながらも、「怖くなったらいつでもここに戻っておいで、一緒に話をしよう」などと、声をかけ、「一緒に」孤独と向き合う姿勢を示しましょう。

生徒・教師それぞれの環境づくり

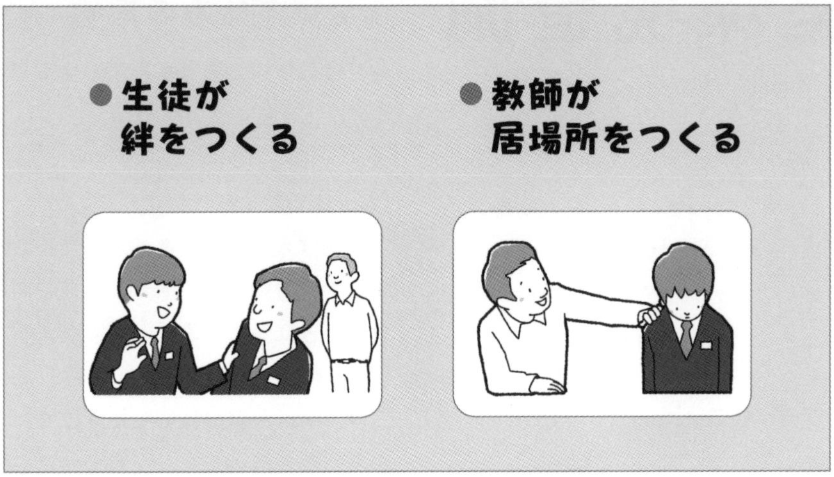

後ろ盾がない世界で、全力で頑張れる人はいません。何かがあっても誰かが守ってくれるとわかっているから、人は頑張れます。生徒も一緒です。「困ったらここにおいで」と言ってくれる、頼りになる先生がいるから教室で頑張れます。生徒にとって先生が居場所であることを忘れずに接していきましょう。

03 スキル

「上手に意思を伝える方法」を学ぶ時間をつくりましょう。お願いごとをされたときの断り方をロールプレイで示し、「事実→気持ち→代替案→結末」の４段構成で意思を伝える言語的スキル（４段会話法）を教えるとよいです。

［ロールプレイの例］

「友達から遊びに誘われたけれど、予定があって断らなければならない」

事　実「ごめんね、明日は予定があるんだ」

気持ち「本当は一緒に遊びたいのだけど、どうしてもその予定は他の日にできないんだ」

代替案「明日以外ならいつ遊べる？　予定を合わせたいと思っているよ」

（「〇日なら大丈夫」という返事の後）

結　末「ありがとう！　〇日が楽しみだな」

04 適度な距離感

孤独を感じている生徒だけにとらわれてはいけません。反対に、「この人がいなければ無理」というように、誰かに依存して自分を保つ生徒もいます。距離が近すぎても、人間関係は円滑に進まないこと、「自分」をきちんともつ大切さを伝えましょう。

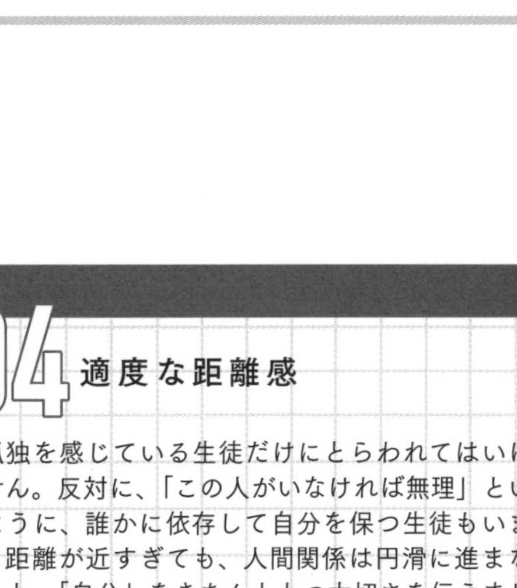

教室環境整備

ねらい

「持ち物は整理整頓しなさい」「忘れ物をしないように」「ロッカーの中はきれいですか？」。生徒にかけているその言葉を自分にかけられたらどうでしょう？　教室もきれいが一番です。

指導のポイント

教室の雰囲気をつくるのは、掲示物だけではありません。黒板のレイアウト、机の並べ方、どのように清掃を行うか、学級文庫や観葉植物の配置等、生徒と一緒に教室内をカスタマイズすることも大切です。生徒も担任も過ごしやすい教室を目指しましょう。

清掃の仕方や意義を伝えるのも、担任の仕事です。清掃道具をどのように使ったらどれだけ教室が美しくなるのか、一緒に掃除をしながら伝えられるとよいです。

清掃の仕方の指導

日常の清掃の指導も担任の仕事です。以下にポイントを記します。

[ほうきで床掃き]

自在ほうきで床のタイルの目に沿って掃きます。少し力を入れて掃くと、目の間の細かいホコリもきれいにすることができます。

[床拭き]

ワックスが剥がれてしまうので、基本的にはから拭きで構いません。あまりにも汚れがひどい時はその場所だけ濡れ雑巾で拭きます。

[机運び]

床拭きを終えた場所から順番に、ほうきを担当する生徒が運ぶと効率的です。

[黒板]

水拭きをする場合は、雑巾をひたひたに濡らして拭くと黒板がムラになりにくいです。

指導の留意点

01 たのしく収納

100円均一ショップには、教室をカスタマイズできる有能なアイテムがたくさんあります。掲示板に画鋲で固定する小さな棚を取り付けて小さな物置に。ランドリーボックスは体育館シューズ等ロッカーに入りきらないものの整理に。楽しみながらレイアウトを考えてください。

[教室カスタマイズのアイデア]

- 掲示板に画鋲で棚を設置
- 突っ張り棒で棚を作って文房具の保管
- 冷蔵庫を仕切る入れ物で教卓内を整頓
- S字フックでほうきをつるし、清掃用ロッカーを整頓

02 かゆい所に手が届く

教室内ではいろいろなことが起こります。教卓の中には、不測の事態に備えていろいろな物を準備しておくとよいです。例えば、突然鼻血が出た生徒のためにティッシュやビニール袋を入れておく（意外によくあることです）と、自分も生徒も慌てずに済みます。

簡単にできる整備の工夫

掲示板に画鋲で取り付けられる小さな棚は、100円均一ショップで購入できる。黒板用具の保管に便利。

小さなほうきは、黒板の粉受けを掃除するのに重宝する。画鋲でぶら下げておく。

トイレットペーパーやキッチンペーパー、ビニール袋は1つのかごに入れておくと便利。

教卓の中は、ペン、マグネットやのりなど、すぐ使える文房具を入れておく。

03 黒板のレイアウト

「掲示物づくり」のページでも書きましたが、教室は学習をする場のため、基本的には黒板周りの情報を少なくします。黒板にいつも記しておくことは、日付、曜日、日直などの最低限の情報だけにしましょう。また、黒板はいつも美しく、チョークの補充も忘れずに。

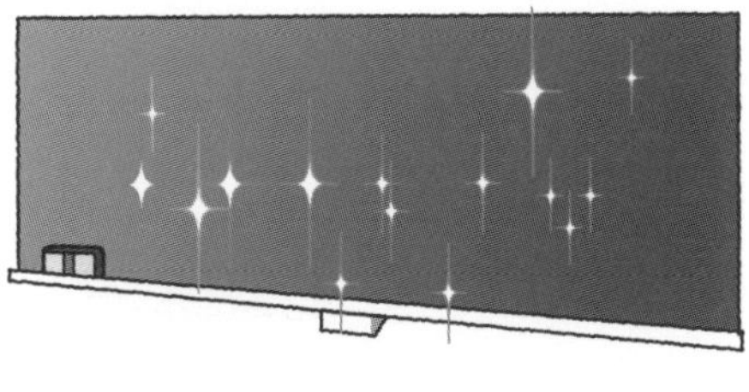

04 文房具の扱い

生徒が自由に教室の文房具を使って掲示物を作ったり授業で使用したりすることが理想ですが、はさみや画鋲、カッターなど、使用方法によってはケガが伴う文房具の扱いには気をつけましょう。使うときには、先生に声をかける等、ルールを決めるとよいです。

教科担任と生徒をつなぐ

ねらい

もし、自分のクラスを教えている教科担任が自分のクラスのことで困っていたら？　生徒から不平や不満が出てきたら？　担任にしかできないアプローチを試してみましょう！

指導のポイント

「教科担任」という名の通り、中学校では教科の責任は教科担任に委ねられます。一方で、面談を行ったりクラスの生徒の話を聞いたりするのは学級担任です。学級担任として、どのような状況なのかきちんと把握しておくことは必須です。教科担任に授業の様子を聞いたり、許可を取って、自分の空き時間に一緒に授業を受けたりしながら、生徒の訴えや教科担任の困り感がどこにあるのか、自分で感じ取るとよいです。

5月の壁

２年生になって１ヶ月程度は、初めて先輩になったという自覚や、クラス替え後の緊張感、心機一転頑張ってみようという生徒の気持ちから、教科の授業も比較的行いやすいのですが、そういつまでも続きません。

「○○先生の授業はつまらない」「○○先生の授業だけうるさい」等、生徒の不満や訴えが少しずつ増えてきたり、「このクラスだけ提出物が出ない」「時間通りに着席できない」と教科担任の先生から言われたりと授業がギクシャクする時も出てきます。経験が浅い先生だと、自分のクラスだけ、と悩むこともあるかもしれません。そのような時こそ、抱え込まずにどんどんベテランの先生に相談し、先生同士の信頼関係を築ける努力をしましょう。

指導の留意点

01 生徒からの訴え

話の内容を冷静に分析しましょう。どうにかしてほしいのか、ただ聞いてほしいのか、生徒がもう少し頑張れるところはないのか。教科担任と相談するとしたらどうもちかけるかを考えましょう。どちらかに肩入れすることなく、中立を意識するとよいです。

02 教科担任からの相談

うまく授業がまわらないという相談をされたら、まず謝罪と、いつも見守ってくれていることへの感謝を伝えましょう。状況を詳しく聞き、一緒に授業を受けさせてほしいと伝える等状況を客観的に捉えられるような手立てを考えましょう。

■信頼関係が授業をつくる

[教科担任としてクラスと関わるために]

・「この先生と一緒に教科を勉強すれば大丈夫」と生徒が思えるような専門性を身につける
・まっすぐ先生を見つめる視線、わからなくても最後まで考える姿等、口数が少なくても一生懸命取り組む生徒を見つけ、その姿勢を褒める

[教科担任とクラスをつなげるポイント]

・日常会話の中で、教科担任の話題を出す（担任と教科担任が情報交換をしていると生徒がわかることがポイント）
・「クラスの様子はどうですか」「気になる子はいますか」等、クラスについて教科担任がどう思っているかを聞き、情報を得る

教師が生徒の力を信じ、生徒が教師を信頼することで初めて授業は成り立ちます。教員として教科の専門性を高める努力をし、熱意を伝えることでついてくる生徒は増えます。また、他の教科担任の熱意を自分のクラスの生徒に伝えるのが、学級担任の仕事です。

03 生徒を見る

クラスをよく見渡すと、必ず、どんな環境でもちゃんと話を聞く生徒、状況をなんとかしたいと思う生徒がいます。まず担任が、その生徒たちの味方になり、学級開きで話した「どのような人になってほしいか」という理想を全体に語りましょう。

04 一人一人に寄り添う

必ず一人一人にも寄り添いましょう。授業の内容がわからない、人間関係がもつれて学習どころではない等、何か事情がある時もあります。本人に困り感があるのならば、一緒に考えチャレンジできることを伝えましょう。教師が味方だとわかれば生徒は頑張れます。

生徒総会

ねらい

「みんなで学校を創っている」。この実感をもっている生徒は残念ながら少ないです。生徒総会はなぜあるのか、教師がきちんと説明できれば気づく生徒も多くなります。

指導のポイント

「生徒会本部役員の話を聞きなさい」「議案書はきちんと読みなさい」ではなく、一体何を提案されているのか、議案書から何がわかるのか、生徒総会を終えたらこの学校はどのように動いていくのか、それは誰が動かすのか、すべてしっかりと確認しましょう。おそらく、どの学校でも生徒総会の前に議案書検討が行われます。学級委員から意義が話される学校もあると思いますが、担任の言葉でも大切さを語りましょう。

生徒総会の意義

生徒総会は、生徒全体が出席する会議です。学校を国で例えると、国民全体が会議に出席するくらいの規模になります。

しかし、国のような大きな規模では国民が全員出席する会議は不可能です。だから日本では、自分たちの思いを実現してくれる人を選挙で選び、その人にこの国の行く末を託します。

でも、学校規模だったら、「全員で会議」が実現します。まず、この規模の大きさと直接参加できる重要さを担任として伝えましょう。

そして、自分たちの活動、大切な仲間の活動内容を知り、応援したり協力したりするために準備を調える必要があります。それを可能にするのが、生徒総会です。多くの生徒会活動や部活動が、どのような活動目標のもと活動しようとしているのか等、学校の一員である全員が参加して検討することに、大きな意味があります。

生徒総会までの流れ

01 議案書検討

ほとんどの学校では、生徒総会が行われる前に、議案書検討が行われます。全員が出席する会議とは言え、全員がその場で発言したり質問したりすることは難しいため、事前に質問を出したり会議の内容に不備がないか確認したりするための時間です。ここで、学級担任として「全員がこの学校の一員である」ことを伝えましょう。そして、仲間の活動を知ることによって応援する気持ちが生まれること、それぞれが協力できたり言葉で伝えられたりしたら、この学校の雰囲気がもっとよくなること、それが生徒総会のねらいであることを語りましょう。

02 生徒総会当日

1学期の生徒総会は3年生が運営することがほとんどですが、3月の生徒総会は2年生が運営します。3年生の委員長や部長、生徒会本部役員がどのような動きをしているか、何を話しているか、どのような思いで学校を創ろうとしているか、来年度自分たちが運営することを考えながら話を聞くよう促しましょう。

また、生徒総会終了後には、参加の仕方について学級担任として感じたこと、生徒総会をきっかけに学校が動き出し、その年度のよさが出ること、生徒会の一員としてこの学校を誇れる学校にしてほしいという願いをしっかりと伝えましょう。

議案書

第１号議案②

令和4年度 生徒会本部および各種委員会 年間活動計画

		2学年委員会				3学年委員会	
前期	委員長	2-2	[redacted]	前期	委員長	3-3	[redacted]
	副委員長	2-1	[redacted]		副委員長	3-3	[redacted]
後期	委員長			後期	委員長		
	副委員長				副委員長		
前期活動の目標		We Are Captains ～みんながリーダー～		前期活動の目標		3年間の集大成として学年をサポートする	
前期活動の重点		去年から引き続き、学年のリーダーである自覚を持つ。全員がCaptainになれるように導く。		前期活動の重点		・最高学年としての自覚と責任をもって主体的に行動する ・自己実現に向け、見通しをもって一生懸命取り組む ・周囲への思いやりと感謝の気持ちを持つ	

活動内容

	2学年委員会		3学年委員会
4月	役職決め・活動について確認 学年目標決定・委員会目標決定	4月	半年の流れ確認
5月	Captains Mission① 第一回学年集会・CPP募集 第一回クラス集会	5月	学年目標の掲示開始 修学旅行の話し合い
6月	Captains Mission② CPP決定・1学年とのコラボ集会 学年掲示物作成 ↓	6月	
7月	第二回学年集会	7月	学年集会
8月		8月	
9月	第三回学年集会 神無祭関係 学年掲示物完成	9月	学年集会 神無祭展示
10月	第四回学年集会	10月	3学年合同学年集会
11月	第二回クラス集会	11月	
12月	第五回学年集会	12月	学年集会
1月	三継会活動計画	1月	
2月	第三回クラス集会	2月	イベント
3月	三継会 第四回クラス集会（お別れ会） 第六回学年集会	3月	クラスお別れ会

それぞれの生徒会活動で何が行われているのか、確認をします。

ファイルを共有し、生徒が資料を作れるとなおよいです。

GIGA端末を活用すると、ペーパーレス化も可能となります。

教育相談

ねらい

深刻な相談をする生徒、何も話さない生徒、好きなことだけを話す生徒……。どのような生徒にも、「相談しやすく、頼れる近くの大人」でいるためにはどうするか、考えましょう。

指導のポイント

教育相談は、生徒の話を聞く機会です。普段の様子を見ていて指導を入れたくなる生徒もいるかもしれませんが、教育相談では指導やお説教はしません。傾聴を心がけましょう。また、「何もありません」という生徒が本当に何も悩んでいないのかは、わかりません。「何もないから何も話さない」のではなく、その生徒の興味あることを中心に、雑談を楽しむ時間でもよいです。生徒と2人きりで話ができる機会はそう多くありません。

座席の配置を工夫しよう

教育相談の際は、右頁のように机を配置すると生徒が心地よい距離感を選べます。

①の正面に座る生徒が比較的多いですが、「正面から見られると緊張するから」と言って②の席を選ぶ生徒もいます。また、大人に距離感がある生徒は黙って③の席に座ることが多いです。生徒から相談をもちかけられたときや、年に数回教育相談の機会がある場合は、常にこの座席配置にし、その時生徒がどこに座るかを観察しましょう。その時々で座る席が異なる生徒もいて、心理状態がわかります。

PCは、とっさにメモを取りたい時や生徒の情報を知りたい時に使います。メモをとるときは、必ず生徒に「記録に残していい？」と許可をとりましょう。

教育相談用に取ったアンケートは事前に目を通し、気になるところに蛍光ペンなどで印を付けておくと、話す時に論点を絞れます。

有意義な時間にするために

01 事前準備

生徒が何を考えているのか、把握してから教育相談に臨むのがよいです。事前にアンケートを行い、生徒の心の内を把握しておきましょう。「何もない」と言った生徒でも、そういうところに書き込んでいる内容から話を聞けるかもしれません。

02 座席配置

生徒によって、距離感の心地よさは異なります。正面にも、横にも、斜め前にも座れるよう机をつけて、生徒が自分で心地よい距離感の席を選べるようにしてあげましょう。生徒の席の選び方を覚えておくと、日常でも教師から距離感を気にしてあげられます。

座席配置例

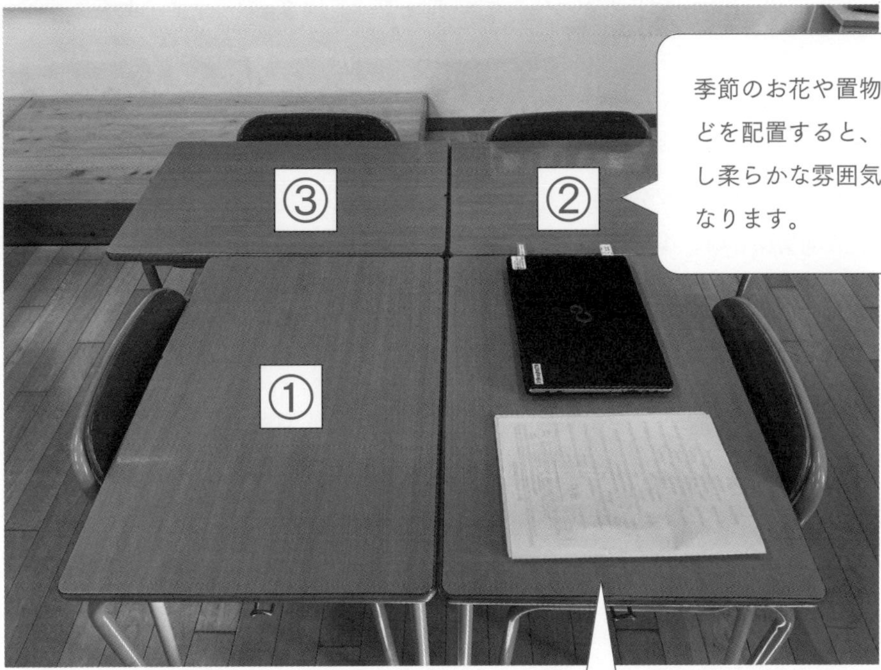

季節のお花や置物などを配置すると、少し柔らかな雰囲気になります。

資料に目を通したり話した内容をPCに打ち込んだりするのは、生徒の前ではなく隙間時間に行いましょう。

03 傾聴

教師の意見を押しつけられたら、生徒は何も話してくれなくなります。相槌を打ちながら、傾聴に努めましょう。うまく言葉にできない生徒もいます。その場合は、「つまりこういうことかな？」と先生が助けてあげることで、生徒は頑張って表現します。

04 解決しなくてよい

相談ごとをされると、とにかくよいアドバイスをしたい、解決策を見つけたいという思いに駆られますが、無理して教育相談の場で解決しなくてよいです。教育相談はあくまでもきっかけに過ぎません。これからも一緒に考えていくという姿勢を見せましょう。

6月 生徒同士の絆、心地よい距離感をつかませたい6月

6月の目標

5月が先生が生徒との距離をつかむ月だとしたら、6月は生徒同士のつながりを意識的にもたせる月です。人間関係も固まりつつあるこの時期に、学級活動などを通して、あえていろいろなソーシャルスキルトレーニングを計画してみましょう。

ソーシャルスキルトレーニングとは、円滑な対人関係を構築するためも必要なスキルを養うものですが、学級の人間関係づくりにも有効です。多くの人と関わった方がよいということは、わかっている生徒が多いです。意図的に、班やクラスで取り組める企画を用意しましょう。

6月の学級経営を充実させるために

「個と全体のバランスを大切に」

6月は、大会を控えた運動部の活動が活発になったり、2年生の学習が本格的になり家庭学習を増やさないといけなくなったり、様々なことを求められる時期です。気持ちが自分に向きがちで、自分のことだけで精一杯になる生徒も出ます。そのような時は、無理して周りを大切にと担任が言い張るのではなく、いつの間にか周りとワイワイできる空間をつくってあげましょう。ソーシャルスキルトレーニングや学級レク（お楽しみ会など）が効果的です。

「秋の行事の準備をワクワクしながら行う」

文化祭の企画を立てたり、合唱コンクールのクラス合唱曲を決めたりするのもこの時期です。まだとても先のように感じますが、7月の半分と8月は夏休みなので、9月はあっという間にやってきます。根を詰めて話し合うのではなく、クラスでワイワイ話しながら曲を決めたり、文化祭の参加の仕方を考えたりする時間がつくれるとよいです。

注意事項

学習、部活動などは、1年生の時よりも難しさや責任が伴い、楽しさを見失う生徒が出始めます。一方で、楽しくない、思い通りにいかない経験も多少は必要ですので、部活動や学習で苦しんでいる生徒たちが安心して過ごせる、温かな集団づくりを目指しましょう。

生徒同士のつながりを深めるコツ

▶ねらい：協力しながら何かを決めたり作ったりする機会を設ける

学級掲示物の作成も一段落し、生徒は定期テストや総合体育大会に向けて活動を始め、気持ちがおそらく自分に向いています。自分を大切にすることも大切ですが、学級活動の時間を利用して仲間と協力して何かを作るソーシャルスキルトレーニングのグループワークを取り入れ、周りを意識できる機会を設定するとよいでしょう。

▶グループワークトレーニング【自分の守り神を創造しよう】での活動例

グループ　：５人班～７人班（クラスの実情に合わせてよいです）
用意する物：真っ白な紙（画用紙でも、普通紙でも構いません）、カラーマジック（班の人数分）
手順　　　：

①「今日は守り神を創造します」と真面目な顔で伝えます。生徒は「？」状態となりますが、それでよいです。
②１人１枚紙を配り、裏面に名前を書かせて白い面を表にさせます。
③１人１本マジックを持たせます。好きな色でよいです。
④「今は真っ白な紙ですが、自分の手元に戻ってきた時にはあなたを守るキャラクターが描かれています。紙を時計回りに回して、順番にひとパーツずつ描きます。パーツは私（担任）が指定します」と伝えます。
⑤「まず自分の紙に顔の輪郭を描きます。時間は１分です」と伝えます。
⑥「紙を裏にして、隣の人へ渡してください」と伝えます。
⑦「では、紙を表にして目を描いてください」と伝えます。
　＊⑥、⑦を繰り返す。「目」以降は、「耳」「鼻」「口」と続きます。人数に応じて、アクセサリー、背景などを加えてもよいです。
⑧自分の手元に戻ってきたところで、「これがあなたを守るキャラクターです」と伝えましょう。生徒は様々な反応を見せます。
⑨キャラクターに名前をつけ、性格を考えます。
⑩自分の守り神を班員に紹介します。

ひとつめぷにぽん
耳で飛ぶ。つんでれ。
ふたつめぷにぽんもいる。

実際にできあがったもの。見た目が生かされた名前や性格になり、個性が溢れる。

▶活動後のポイント

生徒に返す前に教室に飾ってみましょう。個性溢れた守り神たちが、クラスの人数分だけ掲示されているのを見るのは圧巻です。みんなが相手のことを考えて行動すれば、こうした個性あるものもしっかり受け入れられるということを伝えましょう。

定期テストに向けて

ねらい

「過程が大切」と言いながら、教師も生徒も保護者も点数にこだわってしまうことが見受けられます。集中力、やる気がなくても学習を続ける強さが大切だと伝えましょう。

指導のポイント

やる気が出ない、やっても無駄、集中力がないから勉強できない……。生徒と勉強の話をすると、こんな言葉が出てきます。進路指導も視野に入れて、現実の厳しさも伝えつつ、生徒一人一人に見合った言葉をかけましょう。言葉をかける時は、生徒が見えていない角度からアドバイスができるとよいです。「なるほど、そういう考え方もあったか！」と生徒が納得し、行動に移せたらそれを見取ってあげましょう。大きな一歩です。

専門教科以外での関わり

定期テストに向けて学習に取り組む生徒に対して、「先生も一緒に勉強する」という雰囲気を出すと、生徒の表情が和らぐこともあります。その際、自分の専門教科以外を話題にしましょう。

○英語や国語の例

授業に参加し、単語テストや漢字テストを生徒と一緒に受ける。

○数学の例

問題集から計算問題や証明問題を 1 題出題してもらい、一緒に解く。

○技能教科の例

覚え方（語呂合わせやダジャレなど）を一緒に考える。

指導の留意点

01 発想の転換

とにかく生徒と話して、生徒の考え方を聞き出します。「気持ちはわかるよ」と受け入れながらも、ただうなずくのではなく「ちょっと人生の先輩だから言える」視点で生徒の心を刺激してみましょう。

例えば、やる気が出ないという生徒には、勉強が好きかと聞いてみます。おそらく、好きという生徒はほとんどいません。「好きなことだからやりたいと思えるのであって、好きでもないことにやる気を見いだす方が難しい」と伝えると、その後の会話が続きます。「どうしたらいいの？」と困っている様子が出てきたら、先生の勉強法を話しましょう。

02 先生の勉強法あれこれ

大したことないと思っているような勉強方法でも、生徒にとっては目から鱗の場合があります。

例えば、先生が考えたとっておきの語呂合わせや、赤シートで隠しながら勉強する場合は赤ペンよりオレンジ色のペンの方が見えなくなる等の豆知識、漢字や英単語は読みながら書いた方が覚えられる等の学習法、夜に寝た方がよいと言われている理由など。

より具体的で生徒がすぐ試せるような勉強方法を伝えると、生徒は半信半疑ながらも先生の方法を試し始めます。

テスト計画表

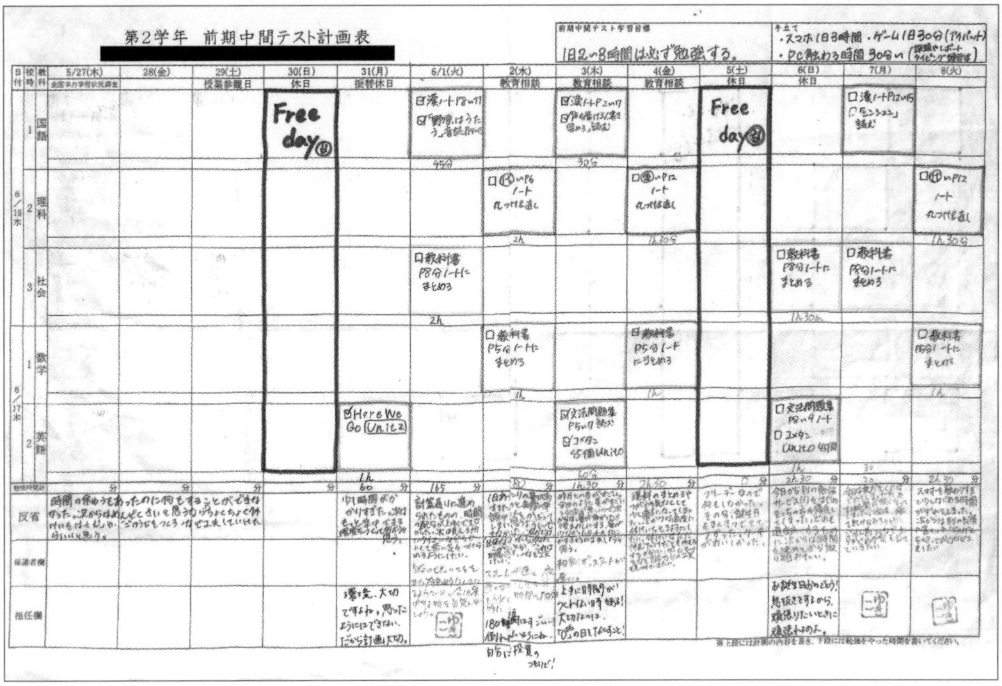

学習計画表に反省欄を設けると、生徒が思い思いの言葉を書いてきます。授業がたくさん入っていて難しい時もあるかもしれませんが、可能な範囲で返事をしてあげましょう。どうしてもコメントできないときは「今日ははんこでごめん！」と一言添えながら返却すると、生徒も読んでくれたのだと安心します。

03 学習計画表

テストに向けて、学習計画表を生徒に作らせる学校も多いでしょう。学年や学校でフォーマットが決まっている場合はそれを活用すればよいですが、担任の裁量で作れる場合は、そのクラスや個人の実態に合ったものを作ってください。コツコツ真剣に取り組むクラスの場合は、勉強時間や睡眠時間、その日の反省を書く欄を作るなど、少し細かめに書かせても構いません。細かく書かせるのが難しい場合は、勉強時間の分だけグラフに色を塗っていくなど、記録していて楽しいものを作りましょう。いずれにしても、計画表には必ず目を通し、一言でよいのでコメントするとよいです。

04 過程を見取る

授業中の様子、家庭学習の記録などに少しでも変化があったらすかさず声をかけ、何がどのように変化しているかを客観的に伝えましょう。例えば、今まで学習計画表を出していなかった生徒が、学習時間0時間だったとしても、その事実を書いて出してきたら、その理由を尋ねてあげます。0時間であることを責めてはいけません。理由は明確にならないかもしれませんが、生徒が自分でも気づかない変化を担任が指摘することで、「変われないと思っていた自分が変われるかも」という気持ちになるのです。これを繰り返すことが、結果ではなく過程を見取る秘訣です。

合唱コンクール曲決め

ねらい

合唱コンクールを通して生徒にはどんな姿になってもらいたいのか、明確なビジョンをもつ必要があります。音楽の教科担任とよく話をして、理想のクラス像を明確にしましょう。

指導のポイント

曲の決め方は、音楽の先生が候補曲リストを作成し、そこから自分たちで選曲する、担任が数曲選んでクラスで選曲するなど、様々です。いずれにせよ、担任として合唱曲をある程度勉強する必要があります。どのような意味をもった曲なのか、どのくらいのレベルの曲なのか、音楽科の先生の力を借りながら徐々に知識を増やしましょう。「好きな合唱曲」が徐々に増えていくイメージをもちましょう。

合唱曲のメッセージ性と雰囲気を大切に

合唱祭や合唱コンクールの前は、朝、昼休み、帰りの会、すべて合唱一色になります。全体的に穏やかで静かな曲を選ぶとクラスの雰囲気が穏やかで静かに、元気で明るい曲を選ぶとクラスの雰囲気がにぎやかになります。もし担任の先生がオススメの曲を選曲候補に入れられるのであれば、クラスの理想に近い雰囲気の曲を選曲候補に入れるとよいです。

また、クラスの雰囲気と合唱のメッセージ性が合っているかを考えましょう。繊細な生徒のいるクラスでは争いや戦争をテーマにした合唱を避ける、考え方が大人な生徒がいるときには少し解釈の必要な曲を選んでみるなど、工夫しましょう。生徒全員で合唱を作っていくためには選曲も重要なのです。

指導の留意点

01 すべていい曲

生徒と一緒に決める時に担任としてかけたい言葉は、「すべてよい曲である」ということです。音楽なので、ゆったりとしたテンポで、しっとりと静かな曲調が好きな生徒もいれば、速めのテンポで元気でノリのよい曲調が好きな生徒もいます。アンケートを取る時は、どうしても生徒の主観（その曲の第一印象がよいかどうか）が入ってしまいます。ある程度は仕方のないことですが、「曲の雰囲気だけでなく歌詞をよく聴くこと」「どれに決まっても、このクラスなら歌えること」「合唱曲に悪い曲なんてないのだということ」の３点を生徒に伝えてあげてください。

02 合唱曲の勉強

合唱曲の勉強と言われても「何から勉強したらいいの？」と思うかもしれません。まずは、合唱曲の王道を知ることです。若い先生なら、先生ご自身が生徒だったときの合唱コンクールで歌われていた曲が、今も歌い継がれていることが多いです。CD等を借り、合唱曲を聴きながら少し懐かしい気持ちに浸るところから始めてみてください。また、音楽科の先生に音楽の授業の様子を聞きながら、クラスに合った曲について相談してみるのもよいです。どの曲なら無理なく挑戦できるか、最もよく知っているのは、音楽の先生です。連携をとりましょう。

選曲用紙の例

令和○年度　合唱コンクール　クラス自由曲 選曲用紙

♪歌詞や曲想などを考えて、「好きか嫌いか」ではなく総合的に判断しましょう。
♪項目に合わせて４段階で評価してください。

No.	曲 名	歌詞	曲想	総合	メモ・感想など
1	心の瞳	4	4	4	
		3	3	3	
		2	2	2	
		1	1	1	
2	時の旅人	4	4	4	
		3	3	3	
		2	2	2	
		1	1	1	
3	翔る川よ	4	4	4	
		3	3	3	
		2	2	2	
		1	1	1	
4	ほらね、	4	4	4	
		3	3	3	
		2	2	2	
		1	1	1	
5	未来	4	4	4	
		3	3	3	
		2	2	2	
		1	1	1	
6	青葉の歌	4	4	4	
		3	3	3	
		2	2	2	
		1	1	1	

音楽の先生が選んでくれた１曲と、担任のオススメ曲を１曲用意します。

第１希望曲	理　由
第２希望曲	**理　由**

２年○組　　　番（　　　　　　　　　　　　　　　）

第１希望と第２希望、選んだ理由を書かせましょう。
集計は合唱委員と一緒に行います。

健康教育

ねらい

「養護教諭でないから、保健体育科ではないからできない」ではなく、養護の先生と協力しながら勉強して、自分で自分のことを大切にすることの重要さを担任目線で伝えましょう。

指導のポイント

「生徒の健康と安全を守る」。教師としての最も重要な責務です。夏の総合体育大会や各種コンクールも近づき、どの部活動も練習に熱が入ります。熱中症予防教育や食育を通して、心身の健康の大切さを伝えましょう。

養護の先生と連携

食育や熱中症予防教育をはじめとした健康教育は、健康指導部などの分掌担当が中心となって進めます。全校や学年一斉に講演会のような形をとる場合と、健康指導部や養護の先生が作った指導案や資料をもとに学級担任が指導する場合の２パターンが主な指導の仕方です。特に学級担任が指導をする場合は、養護の先生のねらいは何なのか、生徒に最低限理解してほしいことは何なのか、よく整理をしてから授業に臨む必要があります。

自身が保健体育科でない限り、内容は専門外かもしれませんが、専門外だからと言って適当にはできません。必要に応じて、養護の先生と授業のイメージを共有して、生徒が興味をもちそうなコンテンツを用意して授業に臨みましょう。

指導の留意点

01 食育

食育では、食べることがどれだけ日常生活に影響するかを伝えます。学級活動として担任が授業を行う場合は、朝ごはんを食べない人の割合や、給食の残飯率等、具体的な数字を出しながら、知識として生徒に伝えていくのがよいでしょう。農林水産省、文部科学省、厚生労働省などが、食育に関する考え方や多くのデータを提示しています。参考にしながら資料を作るとよいです。

また、毎日のお弁当や給食の時間もすべて食育の時間です。食事の様子を観察し、明らかに量が少ない、偏食ぎみである生徒には個別の対応が必要です。

02 熱中症予防教育

伝えるポイントは、睡眠をしっかり取ること、きちんと水分を取ること、きちんと食べることの３点に集約されます。

生徒のほとんどは、「たぶん自分は大丈夫」という気持ちで聞いています。それを「自分ごと」として捉えるために、多くの事例を挙げながら、自分の活動と隣り合わせに熱中症が存在しているということに気付かせる指導を行いましょう。自身の経験、養護の先生から聞いた事例等と今の生活習慣を比べさせ、今まで当たり前のように元気に活動していたとしても、それは「たまたま」だったということに気付かせられるとよいです。

［食生活の大切さ］

当たり前のことですが、なるべく好き嫌いなく何でも食べられることが理想です。「一口は食べてみる」を合言葉にして、無理強いはしないけれど食べることを促す言葉をかけましょう。たくさん食べることを促すのではなく、適量を知ることの大切さを伝えます。

［準備運動の大切さ］

激しい運動の前にはきちんと身体をほぐすことで、急な体調の変化を起こしにくくできます。「いきなり身体を動かす」ことが最も危険だということを伝えましょう。

［水分補給の大切さ］

自分が必要だと思っている以上に何回も水分を取ることと、少しでも異変を感じたらすぐに周りの人に助けを求めることの大切さを伝えましょう。迷惑をかけると考えている生徒もいますが、「『心配したけれど何事もなくてよかった』が一番でしょ？」と伝えてください。

総合体育大会

ねらい

各部活動で熱の入った指導がされている中、担任としてできるのは「２年生の雰囲気が部の雰囲気をつくる」と伝えることです。

指導のポイント

総合体育大会は、運動部の３年生にとって最後の、全国につながる大会です。３年生や部活動の顧問が目標に向かって邁進できるよう、部の雰囲気は２年生がつくるのだということを伝えましょう。①２年生が応援してくれるから３年生が頑張れる　②２年生がしっかりしているから３年生は競技に専念できる　③２年生が一生懸命だから３年生も負けじと一生懸命になれる　④３年生は最後の大会に全力で臨む　の４点を伝えましょう。

「最後」の重み

「もう二度とチャンスがない」という事実は、人を大きく動かします。３年生にはこの思いが強く働くからこそ、試合やコンクールへの思いが強くなるのです。

２年生が、この重みを心から実感するのは非常に難しいでしょう。でも、そういう思いなのだということを担任から真剣に伝えることはできます。今すぐにわかってもらおうと無理に押し付けるのではなく、来年、２年生の思いもくみ取って部活動の運営をできるような３年生に育つように、今種まきをするようなイメージをもちましょう。

また、相手の立場になって考え、相手のために最善を尽くすということを学ばせる機会は必要です。「頑張っている３年生のために、２年生としてできること」を問いかけると、生徒なりに考えたよい案が出てきます。自分のことに精一杯取り組むだけで誰かが助かることもある、ということを伝えましょう。

指導の留意点

01 温度差

楽しみたいのか勝ちたいのかで、取り組み方は変わります。どちらも尊重できるような部の雰囲気ならよいのですが、たいていの場合は「勝ちたい」と考えます。自分がどう思うかではなく、３年生がどんな思いでいるのかを最優先に考えるよう生徒に促しましょう。

02 ２年生として

安心して任せられる２年生であるべきだと伝えましょう。３年生の想いを尊重して、自分のすべきことを考え、応援でも用具の片付けでも何でもいいから一生懸命行うだけで、３年生は競技に専念できる時間が増えることを伝えられるとよいです。

2年生が先輩のためにできることリスト

①全力で応援する

④１年生の面倒を見る

②用具の準備と片付けを行う

⑤お守りや寄せ書きを先輩にプレゼントする

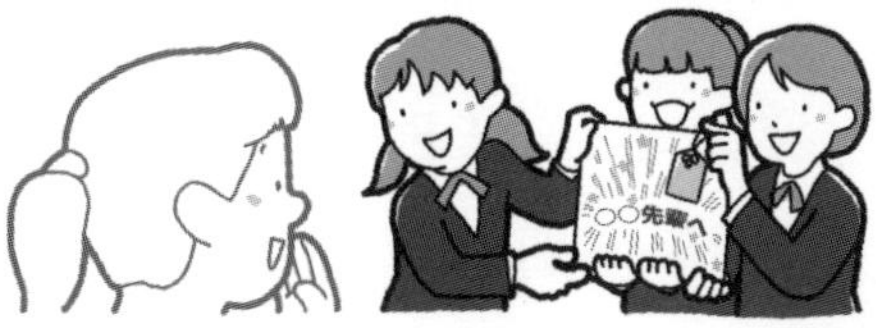

③練習相手になる

⑥「いつも頑張っていてすごいです」等、先輩をねぎらう言葉をかける

03 壮行会

大会前は、学校全体で部活動の活躍を応援する「壮行会」が行われることがあります。もし壮行会があるのであれば、会の後に担任から２年生の姿を褒める言葉を述べましょう。３年生の言葉や想いをきちんと受け止めている２年生の姿勢の素晴らしさを、褒めてあげるとよいです。

04 帰りの会で

大会前日の帰りの会で、応援コーナーを設けるとクラスの雰囲気も盛り上がります。部活動として何を目指しているのか、そして２年生としてできることを述べさせてみてください。自然と全体から拍手が湧き起こり、温かな雰囲気になります。

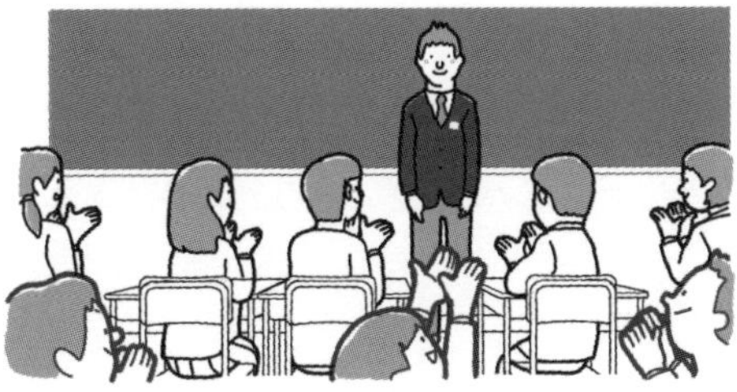

ソーシャルスキル・トレーニング

ねらい

信頼関係を築くということは、大変難しいことです。また、心地よい距離感は人によって異なります。教科の学習が必要なように、人との付き合い方のスキルも学ばせましょう。

指導のポイント

①友達づくりや集団生活を送るためのスキル　②相手とコミュニケーションを取るためのスキル　③人の気持ちを考えるスキル　④相手とのほどよい距離感を考えるスキル　等を身に付けさせるのがソーシャルスキルトレーニングです。困ったことが起きたから行うのではなく、時間を見つけていつでもできるよう準備をしておくことが大切です。

特別支援の観点だけではない

かつては、ソーシャルスキルトレーニングというと特別支援教育の側面が非常に強く、著しくコミュニケーションを苦手とする生徒や集団の輪に加われない生徒を対象として行われていました。しかし、現在は特性のあるないにかかわらず、幅広く行われるようになりました。

人には誰しも得手不得手があります。特性があると言われる生徒は少しそれが目立ちますが、「目立たせてしまう社会が障害なのだ」という考え方が生まれています。特定の生徒をどうにかするのではなく、あらゆる個性を受け入れる心の余裕をもてる生徒を増やすことも大切なのです。多様な個性を受け入れる心を育てることを目的にしたソーシャルスキルトレーニングも、行われるようになりました。

指導の留意点

01 友達づくりや集団生活を送るためのスキル

集団生活を送る上で必要な力は、ルールを理解し守ろうとすること、自分の役割を把握し適切な行動をとることです。

効果的なスキルトレーニングは、クラスにとって大切な人はどのような人か考えさせるトレーニングです。クラスにどのような人がいてくれたら助かるか、うれしいかを考えさせ、6人前後の班で意見を出し合います。「明るくて楽しくてもクラスの雰囲気を乱すような人はダメ」「仕切ってくれる人がいるとありがたい」等の意見を共有し、集団で生活するためにはどのような自分であるべきかを考えるとよいです。

02 相手とコミュニケーションを取るためのスキル

コミュニケーションをとるためには、相手の気持ちをくみながら話を聞いたり、相手にわかりやすく表現したりする力が必要です。そのために、じっくり聞いてもらう経験と、わざと聞かない経験をするトレーニングが有効です。3人班をつくり、1分ずつ「好きなこと」について語る時間を設けます。聞く側だけ廊下に呼び、わざと聞いていないような演技をするよう伝えます。演技が終わったら、話した側は実際にどう思ったか、その様子を見ていた側は客観的に見てどう思ったかを伝える時間を作りましょう。そして、最後は互いにきちんと聞く時間を設けましょう。

「あなたにプレゼント」のカード

（参考：かわさき共生＊共育プログラム）

コミュニケーション時のオブザーバーシート

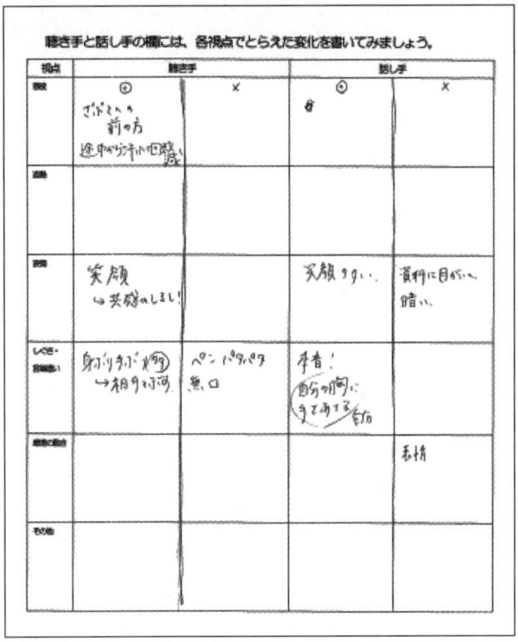

03 人の気持ちを考えるスキル

人の気持ちを考えるためには、自分の気持ちを言語化できることが重要です。効果的なスキルトレーニングは、様々な表情をした中学生のイラストを見せて、「どのような感情か」を選ばせるトレーニングです。「怒り」「悲しみ」「喜び」等、人の感情を表すいくつかの言葉を教室のあちこちに貼っておき、ふさわしいと思う感情のところに生徒が移動するようにすると、同じ表情を見ても全員が同じように感じないことをすぐに理解できます。なぜその感情を選んだのか話をさせると、「なるほど、確かに」と反応し、多様性を認めるきっかけにもつながります。

04 相手との程よい距離感を考えるスキル

相手の立場や性格を理解する力、自分のことを過大・過小評価せず長所も短所もすべて受け入れる力が必要です。効果的なスキルトレーニングは、「あなたにプレゼント」というトレーニングです。絵が描かれたカードを用意し、そこから友達にプレゼントしたい物を決め、色を塗り、メッセージを書いて渡します。「〇〇さんはいつも温かで優しいからココアの絵にしよう」等、絵から連想できるイメージをメッセージにして渡します。短所だと思っていたところを評価されたり、自覚していない性格を指摘されたりして、友達や自分を見つめ直すきっかけとなります。

7月

4月からの3ヶ月をしっかり評価し、保護者に的確に伝える7月

▶ 7月の目標

３ヶ月たつと、生徒の個性や特性がハッキリとしてきます。それぞれの生徒のよさや課題、今後の展望をしっかりと言語化できるようにしましょう。７月は三者面談や通知表の所見作成など、生徒本人や保護者に様子や実態を伝える機会が多くあります。伝え方や言葉の選び方次第で先生の印象も変わります。

７月の学級経営を充実させるために

「個性の言語化と具体化を」

その生徒がどのような生徒なのか、形容詞や形容動詞に当てはめてみるとよいです。その後、なぜそのような印象を抱いたのか、生徒の具体的な行動や様子を思い浮かべてみましょう。例えば、「この生徒は穏やかな印象である。教室で仲間と一緒に過ごす時に、よくうなずきながら話を聞いているからだ」「この生徒はとても優しい。誰に対しても分け隔てなく接し、困っている生徒がいたらすぐに手を貸す姿を見るからだ」といったように、印象と具体的な姿を結びつけることで、保護者にも伝えやすくなります。

「楽しい時間の演出」

夏休み明けは、不登校生徒が最も増える時期です。夏休み前の記憶が少しでも温かで和やかな時間になるよう、学級レクを企画したり互いを認め合えるような時間を設定したりする等の工夫をしましょう。夏休み前の記憶が楽しいものであれば、たとえ夏休み明けに気が向かなくても、「とりあえず行くか」「友達に会えるから行ってみようかな」という気持ちになる確率を高めます。楽しい時間は、人を前向きな気持ちにしてくれるものです。

注意事項

面談や夏休み前の特別時程で短縮授業が増え、クラスで過ごす時間は６月よりも圧倒的に少なくなります。言語化したり具体化したりする材料は６月までに集めるつもりでいましょう。また、限られた時間の中で学級レクも行います。６月から余裕をもって計画をしていくとよいでしょう。

面談で保護者と上手に話すコツ

▶ねらい：学校と家庭で一緒に生徒を育てている「チーム」だと伝える

家庭で見せる姿も、学校で見せる姿も、すべてその生徒の一部です。ただ「学校ではこうです」と伝えるのではなく、保護者の話もしっかりと聞き、私たちはチームで生徒を育てているのだという想いを保護者に抱かせることで、保護者の安心感を増やしましょう。

▶三者面談はテンプレートだけでなくその生徒に合ったオプションの用意を

2年○組　保護者の皆様

夏季休業前三者面談の日程について

本日は、お時間をいただきありがとうございます。
面談のお時間まで、しばらくお待ちください。

	7月11日（火）	7月12日（水）	7月13日（木）	7月14日（金）
13:30	[redacted]さん	[redacted]さん		[redacted]さん
13:45	[redacted]さん	[redacted]さん	[redacted]さん	[redacted]さん
14:00	[redacted]さん	[redacted]さん	[redacted]さん	[redacted]さん
14:15	[redacted]			
14:30				
14:45	[redacted]			
15:00				
15:15	[redacted]さん	[redacted]さん	[redacted]さん	[redacted]さん
15:30	[redacted]			
15:45				
16:00	[redacted]			
16:15	[redacted]			
16:30	[redacted]			

面談予定は、カラーで掲示用を作ると丁寧さがアップします。

保護者も生徒も緊張して三者面談に臨むので、少しでも温かな雰囲気を演出できるとよいです。

オプションのご用意もあります。

1．机の中をチェック
2．ロッカーの中をチェック
3．○○さんが作った掲示物はこちら！

三者面談は、生徒、保護者、担任の三者でゆっくり話すことのできる数少ない機会です。また、保護者も生徒も、緊張してこの日を迎えます。なるべく温かで親しみやすい雰囲気をつくれるよう、丁寧に準備しましょう。例えば、以下のような工夫ができます。どれもそんなに時間がかかるものではありませんが、一手間加えるだけで一気に雰囲気が変わるという例を紹介します。

①面談の順番を待つ場所を工夫する

ただ待つためのイスを置くだけでなく、面談の予定を記した掲示物を貼ったり、３ヶ月間のクラスの様子を撮影した写真や動画を見られるようにしたりすると、待ち時間も飽きません。掲示物に関しては、生徒の名前に誤字がないこと、常用漢字以外の人名用漢字を使っている生徒は場合によってフォントがうまく出ない時もあるので、全員が平等に表示されるフォントにするなど、細かい配慮も忘れないようにしましょう。

②生徒の保護者が望むようなオプションを入れる

左の図のように、ただ話すだけでなくオプションを用意すると、保護者の方は堂々と自分の子のロッカーを確認したり持ち物を整理できたりします。ただし、生徒へは予告しておくことを忘れずにしましょう。

▶活動後のポイント

面談は、生徒をもっとやる気にさせるための時間です。「何を言われるのだろう」とドキドキして臨む生徒がほとんどですので、ぜひ頑張っていることをたくさん伝えてください。どうしても課題がある生徒は、その解決策や今後の展望まで一緒に考えてあげる時間にしてください。

情報モラル

ねらい

中学生の人間関係トラブルで最も多いのは、SNSトラブルだと言っても過言ではありません。知識として教えること、一つ一つ丁寧に対処することが大切です。

指導のポイント

①SNSに関する指導　②授業中のGIGA端末利用についての指導　の2点が柱となります。SNSについては、「DM」「鍵アカ」「ステメ」と専門用語だらけです。生徒との会話で今の流行がわかりますので、「わからない」と諦めるのではなく、専門用語の意味を調べ、理解に努めることからスタートしましょう。また、生徒1人に1台タブレット端末やPCが配当されている学校では、それを使って遊ぶ暇がないような授業を展開しましょう。

いざという時に使える用語集

[鍵アカ]
特定の人しか見られないように設定しているSNSアカウント。

[裏アカ]
普段とは異なる自分を表出しているSNSアカウント。「裏アカで○○の悪口を書き込んで……」という話題で出てくる。

[ステメBio]
自己紹介や近況を簡単に書く欄のこと。最近はこの欄に、学校では話せない思いを書く生徒が多い。

[DM]
ダイレクトメッセージの略称。周りの人にわからないように、アカウントを管理している人だけに見えるようにメッセージを送ることができる。アカウント名でやりとりできるので本名を明かさなくてよく、ここで誹謗中傷を受けることもある。

本時の展開

01 SNSを知る

LINE、TikTok、Instagram、Twitter等、生徒が使いこなすSNSは多種多様です。そして、これらはすべて本名を明かさなくても使用できます。また、鍵をかけて閲覧できる相手を制限することができるサービスもあります。中身を見られない、名前を知られないという安心感が「バレなければいい」という気持ちや行動を増長させます。この気持ちが、インターネット上に勝手に誰かの写真をあげる、誹謗中傷をするなど、様々な問題を起こします。

問題が起こる前に学級活動で全体に指導し、起きたら二度と繰り返さないように指導をすることを徹底しましょう。

02 問題が起こる前の指導

指導の必要な事案が起こる前に、道徳や学級活動の時間を使って、生徒が知識として学ぶ時間を取りましょう。YouTubeのコメント欄を見せながら誹謗中傷の具体例を示したり、Twitterでつぶやいたことや載せた写真が後に大きな事件となったりした例を示し、自分の人生も他人の人生も取り返しのつかないことになるということを伝えましょう。道徳であれば、個人の尊厳や他者理解のことを扱う時に、情報モラルを絡められるでしょう。たいてい、SNSでの誹謗中傷は悪いことだと生徒はわかっています。それでも世の中でなくならないのはなぜかと問いかけ、自分ごととして考える時間をつくってください。

生徒がよく利用するSNS豆知識

Twitter

140字以内で思っていることを投稿できる。生徒は学校用や趣味用等、いくつもアカウントをもっていることが多い（サブアカ、趣味アカと呼ばれる）。鍵をかけて、許可した人にしか見られないようにできる機能もある。手軽にできることや、中学生でも使いこなしやすいことから、最もトラブルが多い。

Instagram

Twitterと同じように日常を投稿できるが、写真や動画がメインである。肖像権を知らない生徒たちが勝手に人の写真を上げてトラブルになることが多い。許可なく写真を撮影して公開することは法律違反だと伝えたい。

TikTok

短い動画を上げることがメインである。問題行動を楽しむ様子が上げられ話題になることもある。

TwitterやInstagramと異なり、TikTokを実際に投稿している中学生はそう多くないので、関連トラブルもTwitterやInstagramと比べると少ない印象だ。

03 個別指導

まずは、インターネット上で何が起きているのかを把握するために、被害を受けた生徒の話をよく聞きましょう。「つまり、あなたは今〇〇に困っているのね」と先生が生徒の話を理解して整理できることがポイントです。ご家庭の許可が取れれば、実際にSNSの画面を見せてもらいましょう。生徒同士のトラブルの場合は、加害生徒にどう伝えるかは、被害生徒の要望によって変わります。加害生徒への個別指導を望んでいる場合は、証拠をそろえて１対１で話せる時間をつくり、事情を聞いた上で、問題が起こる前にした全体指導と同じ内容を、人権侵害等の法律と絡めながら話すと効果的です。

04 授業中のGIGA端末利用

教員にも発想の転換が必要です。教科書に落書きをしていた、ノートに絵を描いていた、隣の人とおしゃべりをしていた……昔から、授業に関係のないことをする生徒はたくさんいました。また、鍵付きの交換ノートの中に悪口を書く、こっそり手紙のやりとりをする等は、よくあることでした。つまり、ゲームやSNS等の問題は、手段が変わっただけで、生徒のやっていることはあまり変わらないのです。私たち教員がすべきことは、授業中生徒が夢中になれるような学びのある授業を展開すること、人の悪口を言うことは「SNS上だからダメ」なのではなく、どんな手段においてもダメだということを伝え続けることです。

職場体験学習

ねらい

職場体験に行くことがゴールではなく、そこから何を考えるか、これからどうしていきたいかを考えられるプランが必要です。体験後のまとめまで一貫性をもたせます。

指導のポイント

職場体験学習はキャリア教育の一環です。どのような自分でありたいか、どのような生き方をしたいか、何を大切にしたいのか、自分の在り方や生き方を模索し、自分の力でよりよい人生を歩んでいく力を育むために、キャリア教育はあります。職場体験を通して、ほんの少しだけ「社会」を経験することにより、生徒は刺激され、自分の将来を考えます。一生懸命考える、感じる生徒を支えるつもりで授業に臨みましょう。

職場体験学習の冊子

[もくじ]

目次

p.01	目的、活動の流れ
p.02～	職場体験学習計画書
p.08～	事前訪問から当日まで
p.13～	職場体験学習実施報告書
p.16	職場体験学習まとめ
p.17～	MEMO
p.20～	緊急連絡先

2年 LEADタイム

～自分の生き方・あり方を考える～

職場体験など多くの働く人々と接し、仕事を体験しながら、働く人々の仕事に対する姿勢や思いを調査し、自分を見つめ、自分のあり方や生き方を考えるきっかけとする。

また後期は、そこでの体験を通して、社会で生きる自分自身の課題を見つけ、「今の自分たちにできること」という視点で、自分たちが考える街づくりを提案し、発表する。

表紙題字：□□□□さん　表紙絵：□□□□さん
裏表紙絵：□□□□さん

職場体験はゴールでないことを明記する。

充実させるための準備

01 事業所を探す

まずは、生徒の受け入れ先である職場（事業所）を探します。歴史ある学校であれば、毎年ご協力頂いている事業所もあると思いますが、学年の方針や事業所の都合などで、新たに開拓しなければならない場合もあります。

とても古典的な方法ですが、事業所を調べて一箇所ずつ電話をかけたり、直接赴いてお願いしたりするなど、時間と身体を使って開拓します。学校近くに商店街がある場合は、商店街を仕切っている方に協力をお願いし、商店街に加盟しているお店すべてに声をかけていただくことも方法の一つです。

02 事前準備

自分の在り方や生き方を生徒が考えられるような授業を行いましょう。なぜ人は働くのか、「働く」ということに対してどのようなイメージをもっているのか、何を大切にしたくて仕事を選ぶのか、自分の適性は何なのか等、今生徒が考えていることを職場体験前に整理させます。

職場体験が目前に迫ってきたら、社会人としての振る舞いやマナーも教えます。敬語の使い方、電話のかけ方、挨拶をする意味、見た目だけで印象がどれだけ変わるか等を、他の教科とも連携しながら生徒に伝えます。生徒にとって、一番身近な社会人は教師です。特にこの時期は、教師自身も生徒の見本でいられるような意識が必要です。

[計画シート]

職場体験学習計画書

1日目　令和○年７月20日（水）

事業所名

担当の方　さん

住所　〒　－

電話番号　－　－

職場への行き方

集合時間　：　集合場所【　】
体験終了時間　：

自宅→（徒歩）→

交通費：往復　円、自宅からの所要時間：　時間　分

メンバー（班長に◎）

服装・持ち物（必要なものに○を付ける）
標準服・ジャージ・体操着・その他【　】
昼食・水筒・上履き・筆記用具・タオル・エプロン
着替え・名札・その他【　】

主な仕事内容や注意点

事前訪問日
令和○年７月　日（　）　時　分

02

事前学習は、事業所の場所や持ち物が１枚でわかるシートを作る。

[まとめシート]

職場体験学習　まとめ

① 一番うれしかったこと、あるいは感動したことは何ですか。

② 一番つらかったこと、あるいは大変だったことは何ですか。

③ 体験したり話を聞いたりして、友達や家族に教えてあげたいことは何ですか。

④ 改めて、「働く」とは何だと思いますか。

⑤ 3日間の体験の中で、「ほかの仕事や学校生活でも生かせる力だ」と感じたものには、どんなものがありますか。

16

体験内容の振り返りだけでなく、感じたことや考えたことを記す。

03 職場体験当日

実際に体験先を回って挨拶をします。事業所の方に感謝の気持ちを伝え、生徒の様子を見たり記録に残したりしましょう。しかし、どれだけ準備していても、トラブルは発生します。例えば、生徒が体験先で体調を崩してしまった、遅刻してしまった、職場の方に失礼な態度をとってしまった等、挙げるときりがありません。生徒の様子を記録するだけでなく、トラブルにも柔軟に対応できるよう、事前に学年会でトラブルの対処法を確認しておきましょう。

万が一トラブル対応をすることになった場合は、その旨を必ず学年主任に報告し、指示を仰ぎましょう。

04 事後学習

お礼状を書いたり、体験から得た考えや思いをまとめたりします。お礼状の指導は、国語科の先生と相談しながら進めましょう。お世話になった方へ渡すものですので、きちんと添削し、正しい表現の仕方や、感謝が伝わる書き方を生徒に教えましょう。体験のまとめは、学校や学年が職場体験を通して何を学んでもらいたいと考えているかの内容によって、方向性が変化します。職場体験はあくまでキャリア教育の一環であること、生き方や在り方を模索するための方法の一つであることを考えて、ただ体験したことの記録をさせるのではなく、これからの自分の生き方を述べられるような場面があるとよいです。

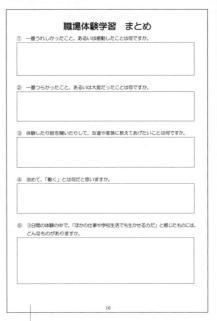

夏休み前の通知表作成

ねらい

通知表作成で最も時間のかかることは、おそらく通知表の所見です。４月からの３ヶ月間の様子を思い出しながら、生徒と保護者へのプレゼントのつもりで書きましょう。

指導のポイント

通知表の所見をスラスラと書けるかどうかは、普段いかに生徒のことを見ているかにかかっています。生徒のよいところ、褒めてあげられるポイントなどを、常日頃から記録に残しておくとよいでしょう。所見は、①人柄　②学校や学級での活躍　③行事での活躍　④部活動での活躍　⑤学習面での努力の内容　で構成されることが多いです。この５つのポイントで、保護者の知らない生徒の学校での様子を伝えられるようにしましょう。

所見を書く前に

Excel等の表計算ソフトで管理するとわかりやすいです。このように、印刷用と下書き用、生徒の役割が一覧になったページを用意しましょう。

前期所見下書き	前期印刷用シート	前期名簿

最初からきちんとした文章で書こうとすると、まとまった時間がほしくなり、なかなか着手できません。下書きページを作り、このように項目ごとに書けるようにしておくと、ふと思いついた時に簡単に書いておけます。

所見生活・性格	所見委員会係	所見行事
所見部活動	所見学習面	所見その他

時間短縮のポイント

01 記録に残す

行事の振り返りや日直日誌など、生徒が書いたものは返却する前にデータ化してとっておくと便利です。また、生活面や学習面で振り返りを生徒に書かせてもよいです。その中から、自己評価でAを付け、「頑張った」と書いてあるものを所見に書いてあげましょう。

02 よいところ見つけ

人への優しさや配慮が見られた場面、一生懸命頑張っていた場面を、忘れないうちに残しておくのも効果的です。バインダーで名簿を持ち歩き、生徒の様子から成長を感じたりいいなと思ったりしたことをすぐに名簿にメモをできるようにしておくとよいです。

表計算ソフトでの管理例

番号	名前	部活動	委員会	教科係	班内組織	学校行事
		放送部	風紀委員		班長	体育祭応援団
		吹奏楽部		音楽係	掲示	
		バドミントン部		理科係	環境係	
		サッカー部	体育祭実行委員		班長	
		美術部	保健委員		学習集配	体育祭応援団
		バレーボール部		技家係	学習集配	
		吹奏楽部	文化祭実行委員		学習集配	
		男子ソフトテニス部	選挙管理委員会		環境係	
		陸上競技部		保健体育係		
		バドミントン部		英語係	黒板係	
		女子バスケットボール部	学年委員		班長	
		陸上競技部	保健委員		班長	
		陸上競技部	文化委員			

クラスの生徒の所属している係や委員会は、このように一覧にしておきましょう。

通知表を作成する時だけでなく、座席表に係や班長を表示させたい時も、例えば、Excelで一覧にしておくとVLOOKUP関数を使って出席番号から呼び出して表示させることができるのでとても便利です。

03 よいことを残す

所見には、その生徒の努力や成果など、生徒や保護者が書かれてうれしくなるような言葉を書きましょう。どうしても指導をしなければいけないことは、日常の会話の中で、直接言葉で伝えたり、三者面談でご家庭に寄り添う姿勢を示しながら伝えたりするとよいです。

04 余裕をもつ

所見を書き終わったら、きちんと全部を読み直しましょう。誤字脱字がないかはもちろん、表現が保護者向きになっているか、生徒によって文字数にばらつきがないか等をチェックしてください。文字数のばらつきは、前後20字以内でおさめたいところです。

夏休み前の三者面談

ねらい

ここまでの生徒の活動を、保護者と一緒に振り返るための時間です。様々なことを頑張っていること、これからも期待しているということを、しっかりと伝えましょう。

指導のポイント

担任が話す時間と、保護者や生徒が話す時間の比率は、6対4から5対5が理想です。担任が学校での様子を伝え、生徒に3ヶ月を過ごしてみての感想を聞き、保護者の方にご家庭での様子を聞く、とプランを決めておくと、それぞれに話す時間を設けられます。面談の時間は15分程度と短く設定されています。長くなる場合は、面談の時間を設定する時に後ろに少し余裕を設けるなどの工夫をして、なるべく時間通りに進むようにしましょう。

保護者の不安を解消するために

２年２組の保護者の皆様　生徒の皆さんへ

今日の面談では、以下の４点をお話しします。
15 分という短い時間ですが、どうぞよろしくお願いします。

●面談の内容
1．学校での様子（担任から）
2．ご家庭での様子（保護者の方から）
3．学習について（担任と保護者の方とお子様で意見交換）
4．その他、気になること（ご家庭から）

●オプションで以下の事も確認可能です。面談の最後に担任にお声かけください。
○ロッカーの中をチェック
○机の中をチェック
○各教科の課題提出状況一覧をチェック

面談の時間まで待っていただく場所にこのような掲示物を貼っておくと、保護者も考えてから面談に臨んでくれます。

準備と心構え

01 予定を組む

学校から三者面談のお知らせが出たら、クラスでも面談のお知らせと保護者の予定を記入してもらうお便りを作成します。お便りを作成する時は、保護者の「どうしても都合の悪い時間」を聞くと、予定を組む時にスムーズにいきやすいです。また、そのお便りの中に、「担任と話しておきたいこと」という欄をつくると、面談で話題にしたいことを書いてくださる場合が多いです。何も書いていないご家庭は、担任のプラン通りに面談を進めるイメージで、書いてくださっている場合は、その内容に沿った面談のプランを組み、必要に応じて後ろを１つ空けて延長できるようにしましょう。

02 環境を整える

保護者も生徒もリラックスしてお話ができるよう、教室はもちろん、面談までの待機場所も美しくしましょう。教室は、掲示物がはがれていないか、すでに終わっている行事や授業のお知らせが貼られたままになっていないか、床にゴミは落ちていないか、黒板はきれいになっているか、面談で使用する机の上に落書きはないか等、いつもより丁寧に点検しましょう。また、待機場所にはこれまで発行した学級通信や、生徒の作品等を置いておくと、保護者の方も飽きません。さらに、面談で話す内容を目次のように示しておくと、保護者の方も話したいことをまとめておいてくれ、面談がスムーズに進みます。

三者面談のお知らせ

2年2組保護者の皆様

2022年6月13日
[redacted]市立[redacted]中学校
2年2組　担任　[redacted]

夏季休業前の三者面談のお知らせ

梅雨の候、保護者の皆様におかれましてはますますご健勝のこととお慶び申し上げます。日頃より本校の教育活動にご理解とご協力をいただきありがとうございます。
さて、学校より夏季休業前の三者面談のお知らせを配付させていただきました。日程等をご確認いただいた上で、以下の面談日程の希望調査にご協力ください。

❶お子様のお名前　2年2組（　　）番　氏名（　　　　　　　　　　）

❷面談日程の希望調査
ご都合がつかない日時があれば、以下の表に×印をお付けください。

	7月12日(火)	7月13日(水)	7月14日(木)	7月15日(金)
13：30				
13：45				
14：00				
14：15				
14：30				
14：45				
15：00				
15：15				
15：30				
15：45				担任の都合で 15：45以降は 面談ができません。 大変申し訳 ありません。
16：00				
16：15				
16：30				

❸締め切り

予定の合わない日に×を付けてもらう形式にすると、○の日が比較的増えて予定を組みやすくなります。

2年○組　保護者の皆様

夏季休業前三者面談の日程について

本日は、お時間をいただきありがとうございます。
面談のお時間まで、しばらくお待ちください。

	7月11日（火）	7月12日（水）	7月13日（木）	7月14日（金）
13:30	[redacted]さん	[redacted]さん		[redacted]さん
13:45	[redacted]さん	[redacted]さん	[redacted]さん	[redacted]さん
14:00	[redacted]さん	[redacted]さん	[redacted]さん	[redacted]さん
14:15	[redacted]さん	[redacted]さん	[redacted]さん	[redacted]さん
14:30			[redacted]さん	[redacted]さん
14:45	[redacted]さん	[redacted]さん	[redacted]さん	[redacted]さん
15:00		[redacted]さん	[redacted]さん	[redacted]さん
15:15	[redacted]さん	[redacted]さん	[redacted]さん	[redacted]さん
15:30	[redacted]さん	[redacted]さん		
15:45			[redacted]さん	
16:00	[redacted]さん	[redacted]さん	[redacted]さん	
16:15	[redacted]さん	[redacted]さん	[redacted]さん	
16:30	[redacted]さん	[redacted]さん	[redacted]さん	

季節感のあるイラストを入れた予定表にするだけで、少し温かさが出ます。

7月

03 優しく穏やかな雰囲気で

生徒も保護者も、「先生から何を言われるのだろうか」とドキドキしながら面談に来ます。なるべく穏やかで温かな雰囲気になるよう努めましょう。基本的には生徒のことを認め、褒めるスタンスで構いませんが、どうしても保護者の方に伝えておきたいこと、生徒について一緒に考えてほしいことを伝えなければいけない時もあります。「○○ができていない」「○○を直してほしい」と一方的に言うのではなく、「こんなに素敵だ、だからこそ○○が気になってしまうので、改善できるように一緒に考えていきたい」と、改善に向けて共に努力する姿勢を見せましょう。保護者も安心します。

04 保護者の心をつかむ

担任がどれだけ生徒のことを想っているかが保護者に伝わると、保護者も安心して担任に任せてくれます。自分の子どものよいところをきちんと見てくれ、認めてくれる先生は保護者にとっても頼れる存在です。保護者からの信頼が薄いと、生徒に少し頑張ってもらいたいと激励したつもりの言葉でも、「うちの子は頑張っているのに」とマイナスに捉えられてしまいます。更に不信感が募ったり、学校へのクレームにつながったりするかもしれません。面談をきっかけに保護者の心もつかみ、家庭と学校で協力し合いながら生徒を育てられるような環境をつくっていきましょう。

仲を深める学級レク

ねらい

学級委員と相談しながら、学級全体が楽しめる活動をしましょう。班長会も活用して、学級レクを行う日は生徒主導にし、担任はクラスに交ざって一緒に楽しむのが理想です。

指導のポイント

レクを企画するときは、クラスをどんな雰囲気にしたいか、夏休み前にクラスでどんな思い出を作りたいか、クラスの生徒にどんな気持ちになってほしいかを企画する生徒に考えさせましょう。参加する側の生徒は「楽しい」という気持ちをもつことができれば充分ですが、企画する側の生徒には、「企画するのは大変だけれど、楽しんでくれてうれしい」と感じてもらえる準備の時間をつくるのがよいでしょう。

どれだけ再現できるかな

席替えをしたすぐ後や、クラスの交流を深めたいと考えている時に有効なレクリエーションを１つご紹介します。右の絵のように、比較的細かい指定のある絵を班長会で作成します。班長会で描いた絵を廊下に貼り、生活班（６～７人班だと盛り上がります）で１人ずつ順番にその絵を見に行き、見に行った人の記憶と言葉だけでホワイトボードに絵を描いていきます。見に行く人や描く人は、班員全員が経験できるように順番を決めます。どの班がより正確に絵を真似できるか、班対抗にすると盛り上がりますし、「次はこれを見てきて！」等、次の人の見るポイントを指定する等の作戦も必要なので、コミュニケーション力を育むソーシャルスキルになります。ジャッジのポイントをあらかじめ決めておくと、どこが１番かを決めやすいです。

本時の展開

01 企画から一緒に楽しむ

学級委員や班長会と一緒に話をし、学級レクの時間をどのように演出するか、考えましょう。丸々１コマ分時間を与えられ、その時間をプロデュースできることを「大変だけれど楽しい」と思ってもらえるような会議の時間にしましょう。先生自ら「みんなと一緒にレクをするのが楽しみ！」という雰囲気を態度や言葉で表すとよいです。企画をする際には、班長たちの役割だけでなく、全員が平等に参加できるか、どのようなルールにするのかもしっかりと話し合わせ、レク当日の流れを企画者全員が説明できるのが望ましいです。レクが成功したイメージをもたせ、生徒の自信につながるよう支えましょう。

02 当日は「よく見る」

レク当日は、学級委員や班長会の自主的な運営に任せ、写真を撮ったり一緒に参加したり、一緒に楽しんだりしましょう。また、学級委員の様子を見ながらフォローを入れましょう。うまく仲間に入れない生徒に声をかけたり、生徒たちが気付けなかったりどうしたらよいかわからなかったりする時に、大人としてできることを探し、実行します。

レクの後は学級委員から感想を述べさせましょう。担任からは、レクをどのように準備してきたか、準備した人にとって、みんなが楽しんでくれるのはとてもうれしいことなのだということをクラス全体に伝えましょう。

伝言イラストゲームの例

［元のイラスト］

ジャッジのポイントは、絵を描いてくれた生徒とよく相談しておきましょう。

［伝言で描いたイラスト］

細かいところにこだわりを持たせた絵にすると、班によって真似する際に重視するポイントが変わって面白いです。

夏休み前の指導

ねらい

学習のこと、生活習慣のこと、伝えたいことは山ほどありますが、最も大切なことは「健康と安全に留意して、元気に夏休み明けを迎えること」です。的を絞って話しましょう。

指導のポイント

生徒にとって、夏休み前の指導は小学校も含めるともう8回目です。「学習を怠らないこと」「規則正しい生活をすること」「家の手伝いをすること」等、毎回言われていて心に響きません。友達と行く映画のこと、田舎のおじいちゃん・おばあちゃんの家に行くこと、夜更かしできること等で生徒の頭はいっぱいでしょう。そんな頭の中を少しリセットできるような、インパクトのある話ができるとよいです。

担当の分掌から配布される手紙を利用

右頁のように、担当の分掌（生徒指導部等）から、夏休み前にお知らせが配られることも多いです。生活のこと、学習のこと、もし何か事件や事故に巻き込まれたら等、夏休み前に話さなければならないことは網羅されています。本来はすべて一緒に読む時間を取らなければなりませんが、時間の確保が難しい場合は、項目ごとに必ず伝えなければならないことを抜粋して、声に出して読み上げましょう。右のプリントを例にすると、

・生活面「時間を有効活用すること」
・学習面「普段の生活ではできない体験や趣味を生かした学習にも挑戦すること」
・健康面「感染症への対策」「罹患した場合の夏休み中の対応」
・その他「SNSトラブル」「相談窓口」

等が挙げられます。夏休み前に三者面談がある場合は、保護者と一緒に確認するとよいでしょう。

インパクトのある話4選

01 学習のこと

「勉強しなさい」と伝えても効果はありません。「少しずつ学習した方がいいな」と思わせる工夫が必要です。例えば、夏休み前の指導をする日から次のテストまでの日数と、夏休みが明けた日からテストまでの日数を示すと、生徒は自分ごととして捉えてくれます。

02 生活のこと

大人でも、翌日仕事が休みだと何をしようか考えませんか。中学2年生も同じです。「実は大人も一緒なのだけど、でも乱さないよう意識しようね、私も頑張るから！」と、気持ちはわかるという姿勢を見せると、生徒の気持ちも少しこちらに向きます。

休み前のお知らせの例

夏季休業中の安全な生活についてのお知らせ

日頃より、本校の教育活動にご理解とご協力を賜り、誠にありがとうございます。

7月23日（土）から夏休みになります。この期間を有意義に過ごすために、ご家庭でもご指導いただけるようお願いいたします。学校でも以下の内容について、学級や学年で生徒に指導します。8月25日（木）から元気に登校できるようご協力をお願いいたします。

（1） 生活について

○ 夏休みの計画をしっかり立て、時間を有効に使いましょう。
○ 生活面で不規則にならないように心がけて下さい。夜更かし、朝寝坊などで生活のリズムが崩れ、夏休み以後の学校生活に影響が出ないようにしましょう。

（2） 学習について

○ 学習時間を自分で決めて、計画的に取り組めるようにしましょう。
○ 学校で出された課題だけでなく、7月までの反省を踏まえて不得意な教科の復習をするなど、目標を持って勉強しましょう。
○ 夏休みの期間を利用して、普段の生活ではできない体験学習や趣味を活かした学習なども計画してみましょう。
○ 8月22日（月）～24日（水）は夏季学習会があります（別紙）。積極的に利用しましょう。
※登校の際は「健康チェック表」を必ず提出してください。

（3） 家族の一員として生活をしましょう

○ 家族の一員としての役割を果たし、家庭での生活の良き協力者になれるような習慣を身につけて下さい。また、家庭での親子の会話も大切にしましょう。

（4） 健康面について

○ 新型コロナウイルス感染症に管理の徹底について、次の3つの事項を徹底しましょう。
　① 換気の悪い密閉空間にしないための換気の徹底
　② 多くの人が手の届く距離に集まらないための配慮
　③ 近距離での会話や大声での発生をできるだけ控える
○ ご家庭で感染が判明した場合については学校に連絡をしてください。また、発熱などの風邪症状が見られるときは、速やかに医療機関で受診しましょう。
○ 外出した際、マスクをするなどの感染防止対策を徹底してください。また、熱中症に十分注意し、水分補給を適切に行い、マスクの着脱の工夫など健康管理に気をつけましょう。
○ 健康診断の結果、学校から治療を受けるように通知を受けた人は、夏休みを利用して治療に専念しましょう。
○ 暴飲暴食などで体調を崩さないようにしましょう。
○ 光化学スモッグや熱中症には十分注意して下さい。特に熱中症については、水分と塩分の補給を心がけましょう。

（5） 外出時間について

○ 外出したときには、あまり遅くならないように帰宅して下さい。夜間の外出については、用事がないときは控えるようにして下さい。祭礼や盆踊りなども、21時には帰宅するようにしましょう。
○ 外出時の服装は、あまり派手にならないように気をつけて下さい。派手な服装はトラブルに巻き込まれる原因になることが多いです。また、繁華街のゲームセンター内でのトラブルが例年発生しています。お金の使い方を含め、注意が必要です。
○ 保護者の許可なく、友達の家への外泊はしないようにしてください。
○ 深夜の徘徊については、補導の対象になります。青少年保護育成条例により、保護者は深夜（午後11時から午前4時までの間）に、青少年（小学生以上18才未満）を外出させてはいけません。

（6） 危険な行動をしないようにしましょう

○ 交通事故に注意して下さい。市内で中学生による事故が起きています。特に自転車の二人乗りの事故が例年起きています。交通ルールを守るようにして下さい。
○ 花火等、火遊びについて注意して下さい。ロケット花火等で出火する事件が市内で起きています。地域の人にも迷惑になりますので、危険な遊びはしないようにしましょう。
○ 生徒同士の旅行・登山・ハイキング・遠方へのサイクリング・海水浴は、保護者と相談して危険のないようにして下さい。特に、海や川での水難事故について十分注意しましょう。
○ 線路への置き石や、野宿生活者への迷惑行為等が市内で発生しています。絶対に行わないようにしましょう。
○ 平成27年6月1日に道路交通法が改正され、14歳以上を対象に自転車の危険運転について罰則が設けられました。3年以内に2回以上違反を繰り返すと講習の受講を命じられることになります。昨年から今年にかけて、中高生の自転車での接触による賠償問題が起きております。

（7） その他

○ 携帯電話・パソコンによるインターネット上の掲示板でのトラブル（誹謗・中傷）が起きています。また、出会い系サイト等の誘いには絶対にのらないようにして下さい。
個人に対する誹謗・中傷や有害サイトなどの削除依頼は、川崎市インターネット問題相談窓口にご相談ください。
○ 喫煙・飲酒・万引き・乗り物窃盗（自転車・バイク）など、法にふれる行為をしないよう注意して下さい。
○ 夏休み中に困っていることや相談したいことがあれば保護者の方や先生に相談しましょう。
外部機関でも相談に乗ってくれる窓口があります。
「24時間子供SOS電話相談（522-3293）」　「24時間子供SOSダイヤル（0120-0-78310）」
「児童相談所全国共通ダイヤル（189）」
※ 夏季休業中に事故があった場合は、学校の日直の先生または担任の先生に至急ご連絡下さい。なお、変質者などの場合は、直接110番に通報し、学校にも連絡をお願いします。

生徒指導部等から出されたプリントをしっかり読み、学級での指導に生かしましょう。

03 休みだからできること

ぜひ、生徒に「夏休み（長期の休み）にしかできないことは何？」と聞いてみてください。時間がかかる趣味、読書、遠くに出かけることなど、様々なことを教えてくれます。少しずつ意見を拾い上げながら、学校ではできない経験をしてきてほしいと伝えましょう。

04 命のこと

最後には少し真剣な雰囲気に変えて、担任の一番の願いは、夏休み明けに元気にこの教室に全員がそろうことだと、生徒の目を見て話しましょう。先生の真剣な様子に、生徒が静かに耳を傾けたところで話を終えると、落ち着いて夏休みを迎えられます。

8月 「教師力」をさらに向上させるための自分時間をつくりたい8月

▶８月の目標

生徒の成長から、自分の成長に視点を移しましょう。まずは、生徒の成長のために４ヶ月間尽力してきた自分をねぎらいましょう。次に、自分の成長のために何をしたいかを考えましょう。普段はクラスが心配で出張ですら気が気でない時がありますが、８月は気兼ねなく研修会に参加できます。有効活用しましょう。

９月からの学級経営を充実させるために

「校内研修の充実を図る」

夏休み中に校内研修を行う学校も多いことでしょう。普段、勉強をしたいと思っても保護者対応や生徒対応、授業準備などでなかなか自己研鑽のための時間は取れません。８月は自己を高めるチャンスです。「お休みなのに」と思う気持ちは抑えて、「せっかくだから実りある時間にするぞ」とプラス思考で捉えましょう。きっと、先生方も生徒には知的好奇心旺盛な姿を求めているはずです。自身も新しいことを貪欲に取り入れるつもりで校内研修を受けるとよいでしょう。

「校外研修に申し込む」

校外でも、教員のために多くの研修会が催されています。勤めている地域の教育大学や、教育委員会のサイトを調べてみるとよいでしょう。「学級経営のノウハウ」のように広範囲を扱う研修から、「学級通信の書き方」等ピンポイントで悩みを解決してくれる研修会もあります。資格取得にチャレンジしてもよいです。

注意事項

教員の夏休みは、子どもの頃に思っていたほど長くはありません。自己研鑽に努め、指導力に磨きをかけるだけでなく、人間としての幅を広げられるよう時間を有効に使いたいものです。こんな研修を受けたい、こんな経験をしたい等、「～したい」という願望がなければあっという間に過ぎ去ってしまいます。リフレッシュすると同時に、「せっかく時間があるのだから」と欲張りになってみてください。

自分磨きを充実させるコツ

ねらい：経験の充実、知識の充実を図る

教員の８月は、これまでの４ヶ月に比べるとゆとりがあります。自分のための時間をつくる余裕が生まれる先生も多いです。リフレッシュすると同時に、普段はなかなか行けない研修会などに参加して、教育の最新事情や特別支援教育、ご自身の教科の勉強などを改めてしてみるとよい刺激になります。

自分の強みを増やす研修会に参加する

自治体によっては、多くの研修会を夏休みに企画しています。ICTの活用に関する研修会や、授業力向上のための研修会、食育や特別支援教育まで、様々な方面の研修が用意されていますので、ぜひ参加してみてください。また、研修会では新たな仲間にも出会えます。「悩んでいるのは自分だけではなかったのか」と思えたり、「この講師の先生からもっと話を聞きたい」と思ったり、教育に関する知識だけではない刺激をもらえることもあります。この刺激が、夏休み明けの教育にプラスに働くのです。

教育課題研修	301	研究の進め方	校内研究の進捗状況を考慮し、その時期に合った課題、内容を研修する	4/15,6/29		12/13	全校種教職員	カリキュラムセンター
	303	子どもの心をひらく 児童生徒指導	児童生徒と教師との信頼関係を築く活動について、理論と実践を通して学ぶ		8/24		全校種教職員	カリキュラムセンター
	304	初任者を対象とする 川崎市平和館見学	川崎市平和館を見学し、川崎市の歴史について理解を深める		8/18		新任教員・2年目教員	カリキュラムセンター
	305	食育	食育の目的について理解し、学校全体で推進する取組について学び、教科だけではなく様々な場面で食育を推進できる資質・能力を身に付ける			10/20	全校種教職員	カリキュラムセンター
	307	主権者教育	主権者教育について、手引きや主権者教育研究会議の研究を通して学ぶ		8/9		全校種教職員	カリキュラムセンター
	308	企業派遣	「カワスイ」のビジネスモデルを学ぶとともに、「カワスイ」を題材として、企業経営から学校経営の視点を学ぶ		8/18		全校種教職員	カリキュラムセンター
	309	新聞づくり講習会	学級通信等を発行する意義や役割、書き方やまとめ方について学ぶ		8/2(共催)		全校種教職員	カリキュラムセンター
	312	教育相談Ⅰ いじめをうまない学級学校づくり	いじめの実態、発生の背景等の理論と、具体的な対応法、未然に防ぐ方法を学ぶ		7/26		全校種教員	教育相談センター
	313	教育相談Ⅱ ケース会議の理解と実際	アセスメントに基づいた児童生徒の理解と対応の仕方、ケース会議の進め方を講義と演習をとおして学ぶ		7/27,28		全校種教員	教育相談センター
	314	教育相談Ⅲ 子どもの自立を考える	子どもが自立に向かう育ちの過程を学び、児童生徒理解を深める		8/18		全校種教員	教育相談センター
	315	教育相談Ⅳ 教員のための学校精神保健	子どもの「死にたい気持ち」について考える		8/25		全校種教員	教育相談センター
	318	特別支援教育Ⅰ 「通常の学級での支援」	通常の学級に在籍する児童生徒への支援について、各分野の教授等専門家から理論と具体的な方法を学ぶ		7/26,27,28, 8/2(オンライン)		全校種教員	特別支援教育センター
	319	特別支援教育Ⅱ 「特別支援学級・特別支援学校での支援」	難聴・弱視・重度の障害を抱える児童生徒に対する基礎知識について理解を深め、実践的指導力の向上を図る	5/23、6/20、6/29	8/3、未定(弱視)		全校種教員	特別支援教育センター

ICT活用研修	101	GIGAスクール構想	GIGA端末の実践的な操作研修及び端末を活用して授業改善を行うための具体的な手立てについて学ぶ	6/2,9,13,14,16,17,20,21	7/25,28, 8/2,4,5,18,19,22,23,24	10/13 11/17	全校種教職員	情報・視聴覚センター
	102	情報セキュリティ及び 情報モラル教育	情報社会におけるセキュリティの重要性を知り、情報モラル教育の指導について学ぶ		8/24		全校種教職員	情報・視聴覚センター
	103	小学校情報教育研究会との共催研修	GIGA端末活用の実践報告や交流をとおして、GIGA端末を取り入れた授業やGIGAスクール構想実現について実践的に学ぶ		7/27(共催)		全校種教職員	情報・視聴覚センター
授業力向上研修	201	国語科教育	国語科教育の動向を踏まえ、学習指導について、講義や演習等により研修する		7/27		全校種教職員	カリキュラムセンター
	202	社会科教育	講演、見学、実践提案、演習等を通して、調べて考える社会科の授業作りを研修する	①8/10(共催)	②7/27(共催) ③7/28(共催)		①は、中教員 ②③は、小教員	カリキュラムセンター
	203	算数・数学科教育	小学校、中学校の系統性から、日頃の授業改善や指導計画の改善に生かす	①未定(共催)	②7/27AM ③7/27PM		全校種教職員	カリキュラムセンター
	204	理科教育	授業研究、観察・実験などに関する研修や科学館等での臨地研修を通して授業力の向上を図る	①中止(共催)	②③7/28 ④⑤7/29	⑥12/21(共催)	②③は小学校教員優先	カリキュラムセンター
	205	生活科教育	動物愛護センターの「いのち・MIRAI教室」を体験し、いのちについて考える授業づくりについて考える		7/25		全校種教職員	カリキュラムセンター
	206	音楽科教育	授業改善への具体的な方策を実技・講義から学び、授業力の向上をめざす		①7/28(共催) ②8/8(共催)	③2/1(共催)	①は、小教員 ②は、全校種 ③は、中教員	カリキュラムセンター
	207	図画工作・美術科教育	授業改善への具体的な手立てを広い視野から把握し、演習等を通して研修する		①7/28(共催) ②7/27(共催)		全校種教職員	カリキュラムセンター
	208	体育・保健体育科教育	授業改善への具体的な方策を講義や実技を通して学び、授業力の向上を図る	①5/30(共催) ②6/29(共催) ③7/13(共催)		④10/18(共催)	①④は中教員 ②は小教員 ③は全校種	カリキュラムセンター
	209	家庭、技術・家庭科(家庭分野)教育	教材作り等の実践的・体験的な実技研修を行い、教員の授業力向上を図る		8/18(共催)		全校種教職員	カリキュラムセンター
	210	技術・家庭科(技術分野)教育	実践的・体験的な活動を通して、教員の授業力向上を図る		8/18(共催)		中技術・家庭科教員 高工業科教員	カリキュラムセンター
	211	英語科教育	新しい英語教育に対応した指導方法や評価について学び、授業力の向上を図る		8/18(共催)		全校種教職員	カリキュラムセンター
	213	道徳教育(いのち・心の教育)	動物愛護センターの「いのち・MIRAI教室」を体験し、いのちについて考える授業づくりについて考える		7/25		全校種教職員	カリキュラムセンター
	214	特別活動	学級活動における学級会の具体的な方策、実践事例等を実技演習を通して学ぶ		8/24		全校種教職員	カリキュラムセンター
	215	総合的な学習の時間	体験活動を学習活動に適切に位置付けて単元を構想する資質の向上を図る		7/27 8/18(共催)		全校種教職員	カリキュラムセンター
	216	高校教育	学習指導要領で示された資質・能力の育成の実現に向けて、講話を踏まえ、指導と評価の一体化について研修する		8/24[illegible]		高校教職員	カリキュラムセンター

活動後のポイント

研修会で打ち解け合える仲間と出会えたなら、その出会いとつながりは大切にしてください。また、研修はただ受けるのではなく、研修で得られた刺激やアイデアをどう自己流にしていくか、どうクラスに還元していくかを考える機会としてください。自分で考えることで、初めて研修が生きてきます。

学びたいことを学ぼう

ねらい

夏休み中は、研修も充実しています。各教科の勉強会、特別活動や道徳、総合的な学習の時間に関する勉強会など、種類は様々です。ぜひ、積極的に参加しましょう。

研修会参加のポイント

毎日生徒の前に立っていると、自分の得意不得意がわかってきます。中学校は教科で採用されていますが、その教科が得意なのと、わかりやすい授業ができることは別物です、そこに悩みを抱えている先生もいれば、道徳や学級活動、総合的な学習の時間の授業のつくり方に悩んでいる先生もいるでしょう。自分の弱点を見つめ直し、克服に向けて活動できる夏休みだとよいです。新たな資格試験に挑戦してみてもよいでしょう。

研修は財産になる

多くの研修は、夏休みをはじめとした長期休みに集中して行われます。研修で頂いた資料の指導案や、研修会の中で議論したことは、確実に私たちの財産になります。右の資料は、教科の研修と教育相談の研修に参加した時の記録と、研修で頂いたワークシートです。思考ツールの効果的な使い方や、より深く生徒に考えさせるための手立て、生徒の気持ちをうまく引き出すための方法を仲間と一緒に考える時間は、日頃の対応に追われる毎日から少し解放される貴重な時間です。

私たち中学の教員は、学級担任であると同時に教科や思春期の生徒の不安定な心を穏やかにさせるスペシャリストでなければいけません。自分が生きてきた人生だけでは到底カバーできないこともたくさんあり、私たちも学び続ける必要があります。そのような意味でも、夏に行われる研修会は、自分自身の能力アップのために積極的に参加したいところです。

指導の概要

01 教科の研修

例えば国語だと、思考・判断・表現の中に「話す・聞く」「書く」「読む」の３観点があります。さらに、「読む」の中でも、物語、説明文、詩、古典など、学習材は多岐にわたります。得手不得手を見極め、自分に合った研修会を選べるとよいです。

02 教科以外の研修

教育を取り巻く環境は日々変わり続けています。私達教師は、常に情報をアップデートし、学び続けることが求められます。最新の教育事情を学べるのは夏の研修の大きな利点です。最新の特別支援教育や心理学、教育動向など、学校にいるだけではわからないことを学んでもよいでしょう。

研修会の配布資料

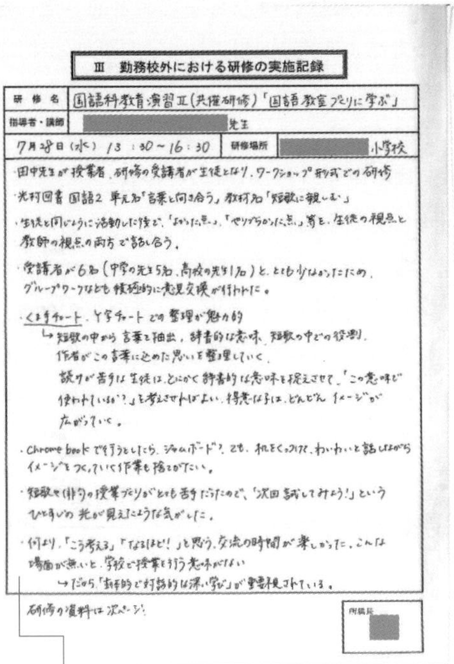

Ⅲ　勤務校外における研修の実施記録

研修名	国語科教育演習Ⅱ（共催研修）「国語教室づくりに学ぶ」		
指導者・講師	[redacted]先生		
7月28日（水）13：30～16：30		研修場所	[redacted]小学校

・田中先生が授業者、研修の受講者が生徒となり、ワークショップ形式での研修
・光村図書 国語2 単元名「言葉と向き合う」教材名「短歌に親しむ」
・生徒と同じように活動した後で、「よかった点」、「やりづらかった点」等を、生徒の視点と教師の視点の両方で話し合う。
・受講者が6名（中学の先生5名、高校の先生1名）と、とても少なかったため、グループワークなども積極的に意見交換が行われた。
・くまでチャート、Y字チャートでの整理が魅力的
↳短歌の中から言葉を抽出，辞書的な意味、短歌の中での役割、作者がこの言葉に込めた思いを整理していく。
読みが苦手な生徒は、とにかく辞書的な意味を捉えさせて、「この意味で使われているか？」を考えさせればよい。得意な子は、どんどんイメージが広がっていく。
・Chromebookで行うとしたら、ジャムボード？でも、机をくっつけて、わいわいと話しながらイメージをつくっていく作業も捨てがたい。
・短歌や俳句の授業づくりがとても苦手だったので、「次回試してみよう！」というひとすじの光が見えたような気がした。
・何より、「こう考える」「なるほど！」と思う、交流の時間が楽しかった。こんな場面が無いと、学校で授業を行う意味がない
→だから「主体的で対話的な深い学び」が重要視されている。

研修の資料は次ページ

所属長 [redacted]

教科の研修は、ぜひ教えることが苦手だと感じている分野を選びましょう。夏休み明けにその分野の授業が控えていると、なおよいです。

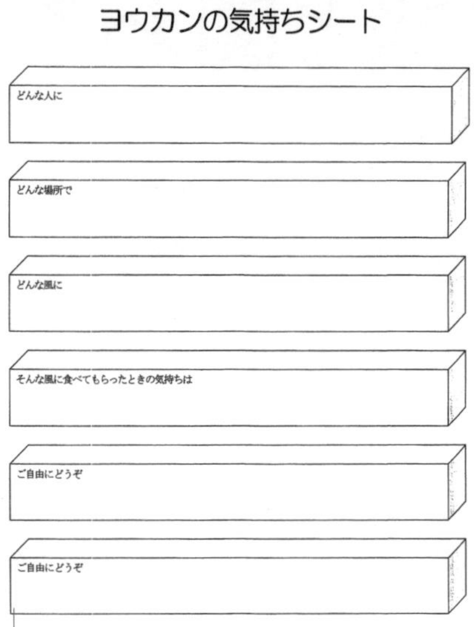

ヨウカンの気持ちシート
どんな人に
どんな場所で
どんな風に
そんな風に食べてもらったときの気持ちは
ご自由にどうぞ
ご自由にどうぞ

学級活動や道徳の研修を受けた際は夏休み明けに学年で共有し、生徒の指導へ生かしましょう。

03 大学の公開授業

所属する自治体の教育委員会が主催する研修も多くありますが、大学や大学附属の中学校が勉強会や講演会を開いている時もあります。自分とは異なる自治体の先生と知り合って情報交換をする経験もできますので、ぜひこまめに情報をチェックしてみてください。

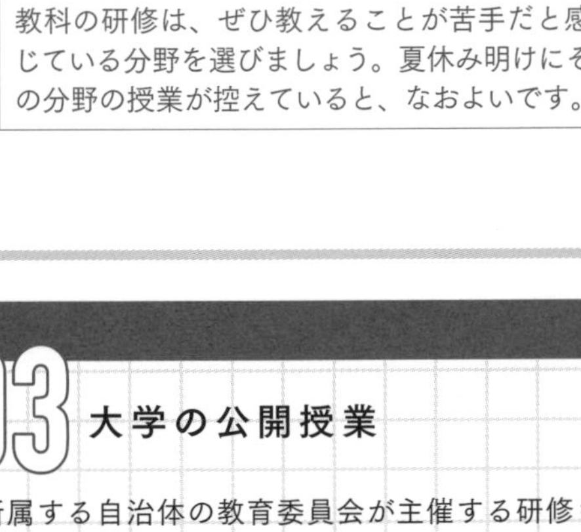

04 資格試験に挑戦

小学校の二種免許や特別支援の二種免許など、今持っている免許以外も取得したいと思っている先生は、夏休みに挑戦してみるのもよいです。もちろん夏休みだけでは履修を終えることはできませんが、なりたい自分の姿に一歩近づけるかもしれません。

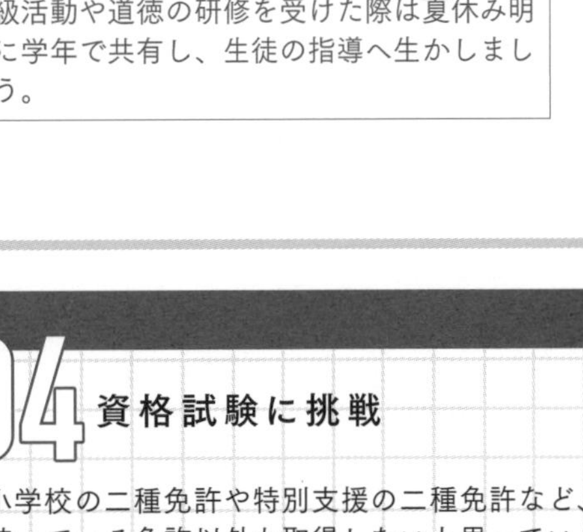

夏休みに学級と関わる

ねらい

お盆前辺りから、みんな元気に過ごしているだろうかと少し気になり始めます。会えなくてもコミュニケーションを取ることは可能です。郵便でのやりとりも、よいものです。

指導のポイント

心と時間に余裕があれば挑戦してみようかな、という程度で構いません。「先生の夏休み」を記した学級通信や暑中お見舞い、残暑お見舞いを送ってみましょう。どちらを送るにしても、自分が出かけた時の思い出話を載せる、真っ黒に日焼けした自分の写真を載せるなど、生徒が読んでクスッと笑いながら、「先生も夏休みを楽しんでいるのね！」と思える内容だとよいです。手書きのコメントをつけるとさらに親近感が増します。

義務でなく楽しめる範囲で

「やらなければならない」と思うと、仕事が増えたような気がしてつらくなります。「生徒のため」というよりは、自分の近況を知らせる手段のつもりで作るとよいです。また、クラス目標や学年目標を意識した内容にすると、毎年同じ文章を惰性で送ることがなくなります。

右の例は、学年目標が「ファーストペンギン」だった時のものです。その年の生徒にしかわからない内容ですが、「自分たちに向けて送られている」という特別感は生徒の心を高揚させます。

すべて手作りだと時間がかかるので、テンプレートを使用してもよいです。テンプレートを使用する際は、生徒へのコメントの内容を工夫しましょう。

指導の留意点

01 学級通信

久しぶりの学級通信です。まずは、生徒の安全や健康を気遣う言葉を書きましょう。「毎日暑いけれど、元気ですか？」等で構いません。その後に、生徒がいない学校に寂しさを感じつつ夏休みを楽しんでいる先生の様子を、写真や言葉で表現しましょう。紙面は、夏休み前の指導で生徒に話した内容がバランスよく配置されているとよいです。例えば、「家族と出かけたこと」「資格試験に挑戦していること」「夏休み中に新たに発見したこと」の３本立てにすると、夏休みにしかできない活動や勉強を先生自身が楽しんでいる様子が伝わります。余白には、夏休み明け初日の予定を入れてあげると親切です。

02 暑中見舞い・残暑見舞い

暑中見舞いまたは残暑見舞いを送ると、生徒は喜んでくれます。学級通信ほど多くのことは書けませんので、夏っぽいかわいいイラスト、生徒の健康安全を気遣う言葉、「私も元気にしています」等と自分のことに少しだけ触れる程度がちょうどよいでしょう。最後には、残りの休みを満喫してほしいことや、夏休み明けに会えることを楽しみにしているという旨を伝えましょう。上手に余白を作り、生徒それぞれに手書きでメッセージを書いてあげると、生徒は喜びます。生徒からお返事が来る確率も高くなり、その返信を読むのも楽しいです。

暑中お見舞い申し上げます

梅雨が明けた途端に、猛烈な暑さですね。
一組の皆様、いかがお過ごしですか。
私は、皆に会えなくてパワーダウン中です。

この夏は、お勉強もお家のことも行いつつ、
少しは羽を休めてね。
私たちファーストペンギンにだって、お休みは必要です。

たくさんの経験を積んで、よい夏にしてください。

立秋（8月7日前後）の前に送るのが暑中見舞い、後に送るのが残暑見舞いです。「残りも楽しんでね」とメッセージを送るなら暑中見舞い、「学校で待っているよ」とメッセージを送るなら残暑見舞いがよいでしょう。

余白を作り、一言でもよいので手書きでメッセージを添えましょう。温かみが増します。

自分でデザインする場合はクラス写真を入れても構いませんが、必ずクラス全員が写っているものを選びましょう。

8月

9月 まいた種が実り始める？　クラスの自動運転化を目指したい9月

9月の目標

夏休み前とは異なるステップアップした学級経営を目指したいです。具体的に言うと、生徒自身がクラスを動かし、生徒自身で楽しみを見つけ、生徒同士で絆を創り出せるような空間を目指すことです。「このクラスは君たちが創るんだ」「自分のことは自分でプロデュースするんだ」ということを伝えながら、それができるようなサポートや取り組みを自然に織り込むことが大切です。

9月の学級経営を充実させるために

「評価とこれからの展望を伝える」

7月までのクラスの雰囲気でよかったところや生徒の成長に驚いたこと、そしてこれから自分たちが目指したいことを伝えましょう。目指したいことは「目標」に書いたとおり、先生がクラスを創るのではなく、生徒がよりよいクラスを考え、そのために自分ができることを考えることです。「自分ができること」というテーマは、総合的な学習の時間の「自分の在り方を考える」機会にもつながります。「自分に何ができるか」を考えることそのものが、クラスの一員であることの証しであることも伝えてください。

「個人をよく見る」

夏休み明けの生徒は、夏休み前と比べると急に大人びます。よい方向に大人っぽくなる生徒もいますが、中にはこの先少し心配だと感じる生徒も出始めますので、全体だけでなく個人の様子をしっかりと見ましょう。生徒が学校で思いっきり頑張ることができるのは、「何かあれば先生が助けてくれる」という安心感があるからです。生徒主体であることは大切ですが、主体的になれるのは先生がいつも近くにいてくれるからであるということを担任として常に考えておく必要があります。

注意事項

生徒に任せるといっても、責任を取らせるというわけではありません。うまくいかなかった時、生徒はこちらが何も言わなくても責任を感じています。最後まで頑張れ、計画の立て方が云々、と漠然とした対応すると、生徒は無気力になります。自主的な行動を促す時ほど、陰のサポートが大切です。

自主的に生徒にクラスのことを考えさせるコツ

▶ねらい：係の担当者を決めるのではなく、係から決める

4月の係決めは、元から決まっている係に「誰がなるか」を決めることが主な目的だったと思いますが、9月の係決めは「何の係が必要か」から考えさせたいです。実際にクラスに所属して不便さを感じているならば、それをどのように解消するかを考えると、その後のクラスが円滑に動きます。

▶組織も自分たちで考える学級組織決め

出番	よりよいって？
1	互いが互いを尊重できる、目標意識をもち、自分の良さを伸ばせるように… もっと積極的に学級に貢献する人が増えたらいいなと思います
2	その人がいることで生活が便利になること
3	
4	みんなが一人のことを、一人がみんなのことを想って高みを目指せること
5	現状からの改善点・現状の良い点についてを整理し、以前よりもさらに完成度の高いもの、ことを組織一丸となって作り上げること。改善の余地があるから高みを目指せる。組織一丸となって作り上げるからこそ、自分には気づけなかったもの、思いつかなかったものが見つかる。そして、それによって生まれる一体感もまた「よりよい」ものに成長するのではないか。
6	一つ一つの行動の目的を理解して色々なことに取り組むことができる状態
7	より多くの人がクラスの環境に満足できて、一人一人が自分の役割に責任を持ちながらも、お互いに助け合っていけること。このクラスを良くしていきたいという気持ち。
8	クラスメイトについてより知ること。これにより、「仲がいい人とだけ話す」という環境をなくし、「クラスメイトだから」誰とでも話が盛り上がるようにできる。んかがいい人と集まっていると、クラスで協力、団結するときにコミュニケーションがあまりとれなくなったり「この人は○○だから○○だな」と相手について知っているだからこそ思いやれることに気づけなくなる。クラスというのは「みんながいるから」できている空間である。この空間をより楽しく、より活気よくするには、もっとクラスのこと、クラスメイトのことを知るといいと考える。

4月から3ヶ月間過ごしてみて、素直にどう思うか、もっとこのクラスの居心地をよくするためには「自分に」何ができるかを考えさせます。「このクラスにおけるよりよい状態とは？」と聞いてみると、生徒は多くの意見を書きます。組織決めの前に簡単なアンケートを取って一覧にしても構いませんし、PCで入力させても構いません。いずれにせよ、生徒一人一人の思いや理想を知ることのできる機会を設けてください。

全員の理想がわかったところで、その理想に向けて自分ができることは何かを考え、付箋に書かせます。たとえ他力本願な答えが出てきたとしても、他者が何をやっているか興味をもてるだけで学級の雰囲気はよくなりますので、気にしなくてよいです。できることが何かを自分で考えたところで、学級組織を考えさせます。生徒が必要だと感じた組織ができあがることで、名前だけの係がなくなり、また自分たちで仕事を生み出す個人へと成長します。組織ありきではなく、必要だから組織をつくるのです。

▶活動後のポイント

組織が決まったら、「自分で仕事を生み出すこと」を強調してください。クラスのためによいと思ったことはどんどん試してみること、たとえそれがうまくいかなかったとしても、試してみた過程が大切だということを伝えると、生徒は安心してあらゆることを試し始めます。

生徒指導のポイント

ねらい

充実した夏休みを送り、いい表情で登校する生徒もいれば、そうでない生徒もいます。髪の毛の色、制服の状態、目つき等で違いがわかる場合もあります。よく生徒を見ましょう。

指導のポイント

夏休み明けに限らず、生徒のちょっとした変化に気がつくためには、日頃から生徒をよく観察している必要があります。言葉遣いが急に乱暴になる、髪の毛の色が変わる、スカート丈が短くなる等、顕著に変化が出てくることもありますが、これまでとは違う友達と一緒にいるようになった、会話の時に目が合わなくなった、忘れ物が多くなった等と、気にしていなければわからない変化もあります。いかに早く気づけるかがポイントです。

［冷たい態度］

人に対して冷たい態度を取るようになったら要注意です。いきなり叱らず、「急にどうした？」と驚いた様子で返してあげると理由を話すかもしれません。

［派手な髪染め］

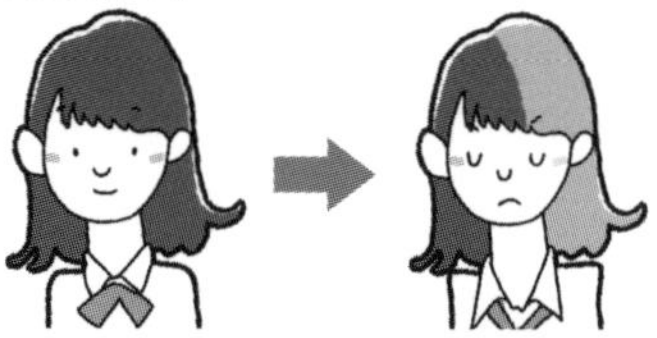

太陽光の下だと比較的わかりやすくなります。学校生活において髪色を変える必要はないということ、黒染めの方法を冷静に伝えればよいです。なぜそうしたのか、心の変化をしっかりつかみましょう。

指導の留意点

01 見た目の変化

見た目が明らかに変化した場合は、気がついてほしいサインです。もちろん、生徒は気がついてほしいなどとは言いません。教師に対して罵声を浴びせてくる生徒の方が多いでしょう。でもそれは本心ではありません。うまく言語化できないモヤモヤした気持ちや、思春期特有の大人への不信感がそういう行動になっています。自分でも理由がわからないモヤモヤを一緒に抱えるような気持ちで、諦めずに生徒と接しましょう。何かに気がついてほしい生徒が、学校の先生からも声をかけられなくなったら、おそらく学校にも来なくなります。今すぐどうにかしようとせず、距離感を見極めながら対話を続けましょう。

02 距離感を見極める

生徒との距離感を捉えるのはとても難しいです。これまでその生徒と担任がどれだけ雑談ができていたかで指導の行い方は変わりますし、家庭にどのように協力を仰ぐのかも考えなければなりません。また、部活動の顧問など、担任以外の方が話をしやすいという場合もあります。少し悔しい気持ちは残りますが、すべて担任で抱えなければいけないことではありませんから、多くの先生方の力を借りましょう。また、その生徒が教育相談でどの席に座ったかを覚えていたら、ぜひ参考にしましょう。正面や隣だったら心の距離が少し近いですし、斜め前だと大人と話すのに抵抗がある生徒かもしれません。

［スカートが短い］

スカートの丈を短くしている場合は、何度も声をかけて元に戻させましょう。切っている場合は予備の制服を貸し出し、保護者と相談して新しい制服の購入を検討させてください。

［目を合わせない］

率直に「目が合わないけど、何かあった？」と聞いてみましょう。後ろめたいことがあると生徒は目をそらします。声をかける回数を増やすことが大切です。

［不満な様子］

本人と２人で話す時間を設け、心配しているということを伝えましょう。話をする中で、今の生活に納得して毎日を過ごしているのかを聞き出しましょう。

［緩慢な様子］

学校の準備に充てていた時間を別のことに割いている証拠です。「準備がまだだけど、何かあったの？」と声をかけてください。気付いてもらえるだけで行動が変わる生徒もいます。

03 違和感を覚えたら

見た目に大きな変化がなくても、接していて何となく違和感を覚える時もあります。話している時に目が合わなくなった、返事が素っ気なくなった、一緒にいる友達が変わったなど、違和感を覚えるポイントは様々です。また、急に自分のことを話すようになる、甘えるということもあります。「気のせいかな」で済ませるのではなく、声をかける回数を増やしてみましょう。放課後に教室清掃の手伝いを頼む、物を職員室まで一緒に運ぶよう頼むなど、それとなくお願いごとをして２人で話せる機会をもつと、雑談も真剣な話もできます。「見ているよ」「気にしているよ」と伝えるだけで、生徒の表情は変わります。

04 ポイントを明確に

個別に生徒指導をするときは、①生徒の話を聞く　②何が問題だったかを挙げる　③今後どうなってほしいか、何に期待しているかという担任の想いを述べる　④生徒に今の想いを聞く　の４点に絞りましょう。また、「先生に怒られるのが嫌だから」「先生が怖いから」では、反省になりません。「もっと信頼されたい」「よい学校生活を送りたい」という生徒の気持ちが芽生えるような指導がよいです。「先生」という威厳や怖さはいりません。一人の大人として、生徒の心に響くような言葉を探して伝えましょう。「もう二度としないように」という言葉が教師から出るのではなく、生徒から聞けるのが一番です。

避難訓練

ねらい

いざという時に命を守るために、避難訓練はあります。中学生くらいになると、真剣に取り組めない生徒もいますが、先生が本気で取り組めばついてくる生徒は必ずいます。

指導のポイント

地震、津波、火災など、災害のシチュエーションは様々です。いくつかの災害を組み合わせる場合もあります。①生徒が先生の話をよく聞ける状況をつくること　②シチュエーションごとに生徒の動きを的確に伝えられるようにすること　③先生自身もシチュエーションやその時の置かれた立場によって的確に動けるようにすることの３点がとても重要です。少しでも多くの生徒が、災害を自分ごととして捉えられるよう、臨場感をつくりましょう。

災害によって異なる指導

想定される災害によって、指導内容が変わります。私たちが冷静に指示できるかが大きなポイントとなりますので、ここで整理します。

[火事]

出火元（家庭科室や理科室、給食調理室等が多いです）によって避難に使用する階段が異なります。学校の造りをよく把握しておくことが大切です。また、煙を吸わないように腰を低くし、鼻と口をハンカチで押さえて移動します。煙が入ってこないように窓を閉めますが、避難経路が窓の場合は窓を全開にします。

[地震]

シェイクアウト（姿勢を低くし、頭を守り、揺れが収まるまでじっとしている訓練）の後、窓を開け、広いところへ避難します。

[津波]

建物の３階以上へ避難します。学校の造りによっては、外の高台へ走って避難し、避難場所で点呼をする場合もあります。

指導の留意点

01 事前指導

本当に災害が起きた時には、事前指導はできません。訓練だとわかっているからこそ、なぜ訓練を行うのかを話しましょう。身の危険にさらされていたら冷静な判断はできない、冷静でいられなくなっても身体が勝手に動くくらいになってほしいと伝えてください。実際に災害が起きたときの映像や写真を見せ、その災害でどれくらいの人が被害に遭ったのかを話すと、生徒は真剣に聞きます。東北地方は東日本大震災以来、避難訓練への取り組みを変えている学校が多いです。実践を紹介すると効果的です。

02 訓練時の生徒への指示

緊急を知らせる放送が入った時に、少し騒がしくなるのは想定の範囲内です。すぐさま「放送を聞きなさい」と冷静に伝えてください。

災害の種類に応じて、シェイクアウトをさせる、ハンカチで口を覆わせる等、その時必要な指示をしましょう。

避難の標語

過去の震災の教訓からの標語は、中学生にも有効です。阪神淡路大震災後に消防庁が定めたガイドラインは「おはし」でしたが、その後、新たな要素も提案されています。ただし、災害時にとっさに思い出せることが重要なので、ただ要素を増やせば良いわけではないことには注意が必要です。
最新の避難の標語：「おかしもな」「おかしもち」

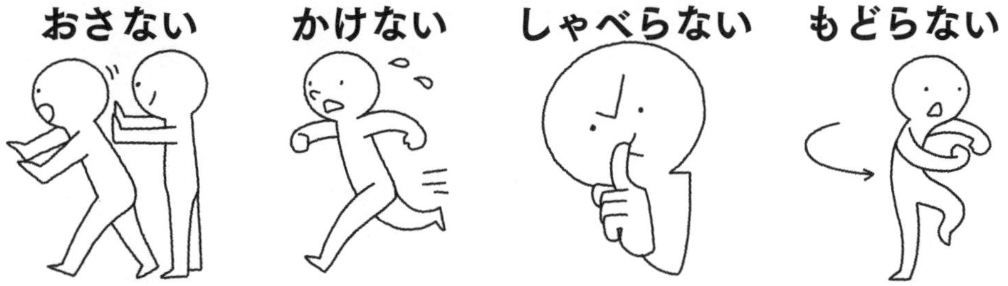
おさない
かけない
しゃべらない
もどらない

ちかよらない
なかない

下の２つは、保育園や幼稚園で避難訓練をするときに使うことがあります。話題にすると、懐かしがる生徒がいるかもしれません。

03 教師がすべきこと

生徒が放送の指示を聞き、自分の動きをし始めたら、先生も子どもたちの命を守るための必要な行動をします。火事なら窓を閉める、地震なら窓を開ける、避難先で点呼ができるよう名簿を出しておく等です。ただ実施要項を眺めて生徒を見守ることはやめてください。

04 事後指導

地震ならどこに逃げるのか、津波ならどこに逃げるのか、改めて行動を振り返り、訓練の様子を評価しましょう。また、出かけた先で災害に巻き込まれたらどうするのか、家族との待ち合わせ場所は決めているか等、学校以外での行動も振り返りができるとよいです。

夏休み中の転出入

ねらい

夏休み中の転出入はとても多いです。地域も理由も千差万別ですが、いずれにせよ生徒と保護者の不安が少しでも減るように動くのが最も大切です。

指導のポイント

①書類の作成や整理　②クラスのフォローの２点が、学級担任としての主な仕事です。書類については管理職や事務の方、学校諸経費担当の先生や教科書担当の先生と相談しながら、クラスに関しては学年主任と相談しながら準備を進めてください。生徒と保護者が少しでも安心して新しい環境に身を置けるよう、ミスのないよう、丁寧に準備を進めましょう。準備の仕方を以下に記します。

転出をする生徒に向けて

・お金を使わず、クラスの生徒と相談しながら手作りのものをプレゼントしましょう。

・転校してしまっても、このクラスの一員であったことに変わりはありません。掲示物などは、次に替える必要がある時に外せばよいです。

・年度末にクラスを解散するときに、担任の先生からの激励のお手紙とその生徒が作った掲示物を郵送するとよいでしょう。

準備すること

01 転出（書類編）

新たに通う学校に送る資料（指導要録、健康診断の記録、教科書給与証明等）を作ったり、学校諸経費の精算をしたりします。これらの書類は、それぞれの分掌主任（分掌名は様々ですが、要録は教務、教科書は教務や庶務、健康診断の記録は養護教諭や健康安全系の分掌）と確認しながら、一緒に作成しましょう。

諸経費は、学年行事や修学旅行のために積み立てたお金、未購入の副教材のお金などが返金となります。特に、お金に関することは丁寧な説明が必要です。学校事務の方や教頭先生と確認しながら書類を作成しましょう。説明の際には諸経費担当者に同席してもらってもよいでしょう。

02 転出（クラス編）

夏休み前に転出がわかっている場合は、夏休み直前に転出する生徒を激励する会を設けます。転出する生徒には極秘で会を企画し、その生徒が次に向かって歩んでいける会をつくれるとよいです。寄せ書きを作ったり、その生徒との思い出をアルバムにしたり、時間と愛情をかけたプレゼントを用意しましょう。一方で、夏休み中に急に転出が決まる場合もあります。転校の理由によっては、多くを語らないことを希望する家庭もあります。クラスにどのように伝えるかは、保護者や生徒とよく相談しましょう。特に最近はSNSで簡単に連絡が取れてしまいます。生徒同士の連絡はしてもよいのかについても、転出する生徒の保護者に確認しておくようにします。

転学生徒教科用図書給与証明書の例

［令和4年度用］

転学生徒教科用図書給与証明書

令和4年　○月 ○日

立　　　　学校長 殿

（所在地）　○○県○○市○○区
○○市立　　学校
校 長 名

貴校に転学する下記生徒について、本校における教科用図書の給与の状況は下記のとおりであると証明します。

記

生徒氏名	
学 年	

給 与 教 科 用 図 書		
種 目	発 行 者 の 略 称	教科用図書の記号・番号

使用した教科書が書いてあるだけですが、職印が必要な公的書類です。

当該生徒がどこの出版社の何という教科書を使用しているのかを証明する書類です。転出先の学校はこの書類を確認して、必要な教科書を注文します。

03 転入（書類編）

転出―書類編―で記したように、転入の場合はその生徒が通っていた学校から書類が送られてきます。転出と同じように担当の分掌主任と管理の仕方を確認しましょう。また、教科書に関しては少し複雑です。転出前の学校と同じ教科書を使用している教科は引き続きその教科書を使用し、教科書会社が異なる教科のみ新しく注文することになっています。クラスに入る前に学年主任や担任と面談があると思いますが、そこで教科書担当にも同席してもらい、必要な教科書を確認しましょう。

クラス名簿と学年名簿は、出席番号の一番後ろにその生徒の名前を入れ、教科担任がすぐ使えるようにコピーしておきましょう。

04 転入（クラス編）

クラスに入る前の面談で、どのような性格か、何が好きなのか、前の学校ではどのような学校生活を送ってきたのかを見極められるとよいです。目線が合わなければ少し人見知り傾向がありますし、声の大きさや敬語の使い方で、ハッキリした性格なのか、物腰穏やかな性格なのかは判断できます。前の学校で入っていた委員会や部活動を聞くと、その生徒の好きなことがわかります。

その生徒にとって、最初の1日はとても重要です。どのように担任に紹介されたいかをしっかりと打ち合わせておきましょう。先に座席と近くの席の生徒の特徴を伝えておくと、生徒が初日をイメージできて少し安心します。

2学期の学級組織決め

ねらい

1学期の様子から、評価できるポイントをきちんと伝えましょう。また、さらに生徒が自主的に学級をつくっていくにはどうしたらよいか、クラス全体で考えましょう。

指導のポイント

学級組織を決める前に学級会を開き、今のクラスがどのような状況なのかを話す機会を設けましょう。学級会の議題は、クラスの悪いところに目を向ける内容ではなく、「自分たちで居心地のよいクラスにするためには」というような、未来への期待を込めた議題がよいです。こんな人がいてくれたらクラスはこんなによくなる等のイメージをもたせた後に学級組織をどうするか考えると、生徒たちから必要な役割や係の案が出てきます。

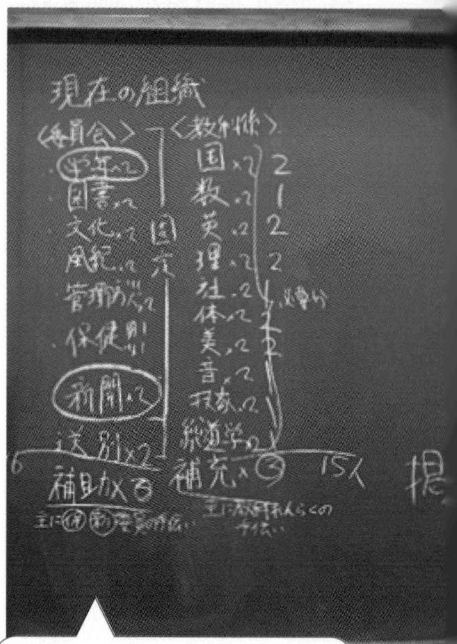

現在の組織もメモ程度で示し比較検討できるようにします

学級会の流れ

01 学級会

班長とよく打ち合わせをして、生徒発案、生徒主導の学級会を目指しましょう。おおまかな流れは生徒に任せてしまってもよいです。「クラスをよくするためにもっとできそうなこと」のように、プラスな言葉を議題にし、生徒たちが自分ごととしてクラスを捉える時間にしましょう。

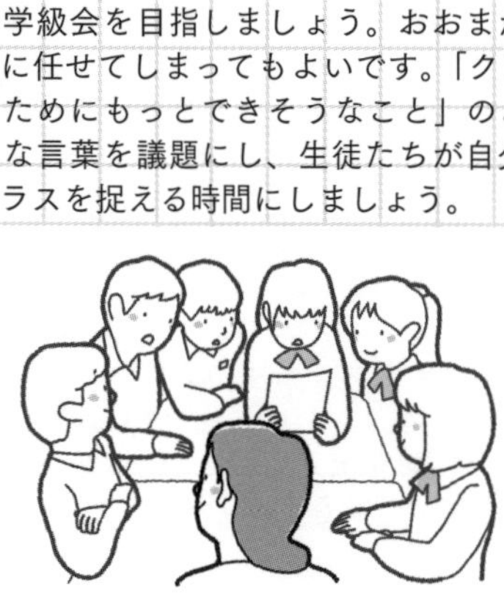

02 組織をつくる

学級会で2学期のクラスのあるべき姿が見えてきたら、あるべき姿に近づくためにどんな組織をつくるか、皆で考えましょう。その際、係をつくることに執着するのではなく、「こんなクラスにしたいから、こんな人でありたい」という思いを抱かせて係をつくっていくとよいです。

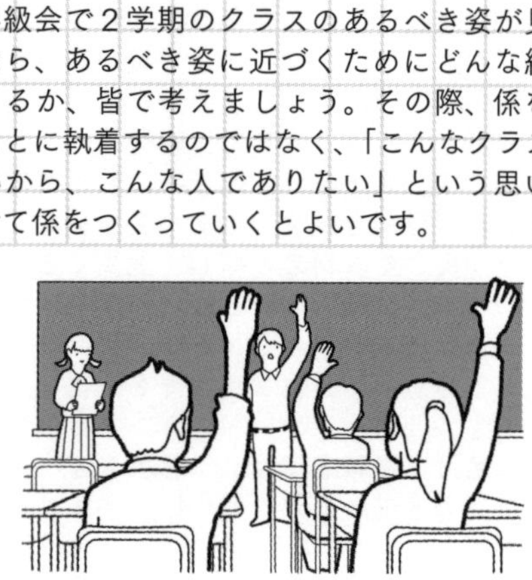

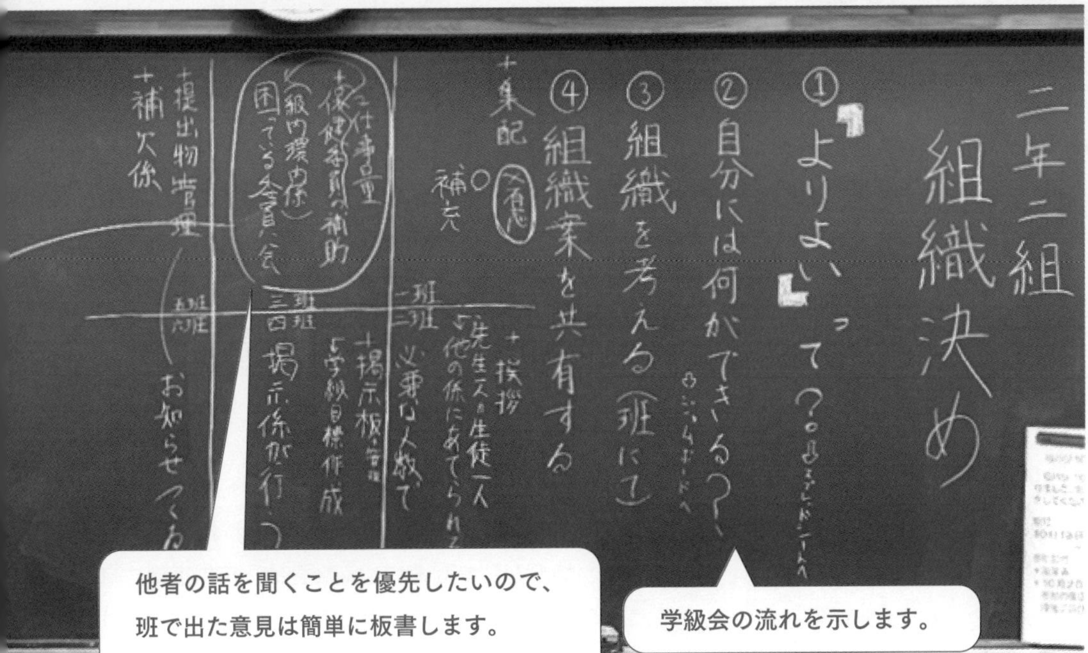

二年二組
組織決め
①「よりよい」って？
②自分には何ができる？
③組織を考える（班に）
④組織案を共有する

学級会の流れを示します。

他者の話を聞くことを優先したいので、班で出た意見は簡単に板書します。ここからクラス全体の話し合いにもっていき、合意形成を目指しましょう。

班長や学級委員との打ち合わせができたら、当日の進行は生徒に任せます。

03 役割を決める

組織が決まったら、具体的に誰が何をするのかを決めます。大切なのは、「係だからやる」のではなく、「気がついたらみんなでやる」という思いを生徒がもつことです。「係は○○さんだけど、手伝うから頼ってね」と声をかけ合えるのが理想だと伝えましょう。

04 動かしてみる

すべてが決まったら、生徒が決めた組織で動かしてみましょう。うまくいかないことも出てきますが、そのたびに何をどうしたらいいのか考えさせ、リトライさせます。どんどん改良してよいことを示し、その改良ごとに認め、評価すると、生徒はどんどん自分たちで動くようになります。

学習に関する面談

ねらい

三者面談や教育相談とは別に、学習面での悩みを聞く面談を行う学校もあります。生徒の「できない」という悩みを「頑張ってみようかな」に変えるチャンスにしましょう。

指導のポイント

生徒の多くは、学習にコンプレックスを抱えています。頑張っているのに人よりできない、成績に反映されない等、様々な思いを聞き、諦めないことの大切さを伝えられるとよいです。通知表を見ながら話ができる場合は、客観的に分析し、今後何をどう頑張ればよいかを明確にしてあげてもよいでしょう。「教科の先生に相談してみたことはある？」等と問いかけ、なかなか質問に行けない生徒の背中を押してあげるのもよいです。

中学生はどんな悩みを抱えている？

中学生は、学習に関して一体どのような悩みを抱えているのでしょうか。よくある相談は以下の通りです。

・やる気が出ない
・何がわからないかがわからない
・行きたい高校がない
・どうしても●●（教科）が嫌い
・将来使わないのになぜ勉強しなければいけないのかわからない
・自分だけ置いていかれている気がする
・親に勉強のことをうるさく言われる

悩みとして訴えてくる場合は、その裏側に自分の理想があることがほとんどです。言葉だけを捉えるのではなく、生徒が表現しない部分、例えば、「(やる気を出したいのに) やる気が出ない」の（　）の中身をくみ取り、言語化してあげるのが効果的です。右の例を参考にしてみてください。

準備と心構え

01 面談の前に

面談の前には、生徒の現状を把握しましょう。教科の先生から特に頑張っている生徒や、頑張っているのに力が伸びない生徒、反対に意欲の面で気になる生徒などを聞いておき、テストの点数や成績と照らし合わせながら、どんなアドバイスをするか考えておきましょう。

02 生徒の努力を認める

面談の最初には、学習面で最近頑張っていることを生徒に聞きましょう。その際、結果にとらわれず、挑戦してみたこと、頑張ってみたことを聞いてください。「実はこんなことをやってみたのだけど」と、話し始めたら、その挑戦する姿勢を認め、褒めましょう。

生徒があっと驚く意表を突いたお返事集

「やる気が出ない」
やる気を出したいと思っている証拠だね。でも、簡単にやる気は出ないから、やる気がなくても取り組む方法を考えよう。

「親に勉強のことをうるさく言われる」
思い切って将来の理想を語って、テスト前に本気を出してみたらどうなるか試してみよう！　勉強している姿が見られなかったら、言われるのは必然だよ。

「どうしても●●が嫌い」
何で嫌いなのか、考えてみたことはある？　わからないからであれば、嫌いなのではなくてわからないことが嫌なだけだよ。わかるようになる方法を一緒に考えよう。

「何がわからないかがわからない」
「わかっていないな」ということがわかっているだけで未来は明るいよ。1教科ずつ確認するのは時間がかかるけれど、先生も手伝うから一緒に頑張らない？

03 悩みを聞く

応援されているとわかると、生徒は「本当はこうなりたい」と話し始めます。その場合は、大人の視点で生徒にアドバイスできるとよいです。

例えば、「集中力が長時間続かない」という悩みであれば、「長いからいいわけではない」と言うと、生徒は驚いた表情で耳を傾けます。何分くらいなら続くのか、それを何回も繰り返すことはできそうなのかと、様々な案を出しながら、集中力が続かないことをプラスに捉えられるような言葉をかけましょう。

生徒が、「これならできるかも！」と思えたら、「できなくても失敗してもいいから挑戦してみよう」と促してみてください。

04 これからの展望を聞く

「後悔してもこれまでの日々は戻ってこないよ」と言うと、生徒はハッとした表情をします。そこで「今後はどのように取り組みたい？」と聞くと、生徒は理想の自分の姿を話します。面談では、できるだけマイナスをプラスにできるような問いかけをしてください。

10月 年度の折り返し！　まいた種を少しずつ開花させたい10月

▶10月の目標

これまでの振り返りをしっかりと行いつつ、２年生後半に向けて「３年生になる」ということを意識して過ごせるような月にしたいです。振り返りは学習をはじめとして、行事、日常生活、学校外での活躍に至るまで、生徒が歩んできた道をしっかりと記録させましょう。また、生徒会役員選挙などを通して学校の中心が３年生から２年生に移行することを意識できる声かけを行いましょう。

10月の学級経営を充実させるために

「成長ポイントを見極める」

どのような場面で、どのような行動が見られるようになったのか、なるべく具体的に伝えられるよう生徒の様子をよく見極めましょう。例えば、「協力的で優しい生徒が増えた」ではなく、「学級委員が学年集会の企画について協力を仰いだ時に、多くの生徒が意見を言ったり、手伝いをしたいと申し出たりしていた。積極性があり、他者を大切に考えられる心優しい生徒が増えてきた」と場面や出来事、それに対する先生のコメントがあると、生徒も目指すべき理想が明確になります。

「行事で心を成長させる」

10月には多くの行事が行われます。文化祭や合唱コンクール（合唱祭）、地域によっては校外学習や宿泊行事を行う学校もあるかもしれません。それぞれの行事で生徒のどのようなところを育てたいのか、明確にしましょう。例えば文化祭だったら「他者の努力をたたえる心」、合唱コンクールだったら、「集団の在り方を一人一人が考え、理想の自分を目指す」、校外学習や宿泊行事であれば、「先を予測して計画を立てたり行動したりすること」等、その行事の特性を生かして「目指す生徒の姿」を明確にするとよいです。

注意事項

理想を高くもつことはとても大切ですが、「生徒がついてきているか」はよく見極めるべきです。クラスの成長具合によってもさじ加減は異なりますが、理想を語る場面と、これまでの成長を認め先生は安心していると伝える場面を５対５くらいで伝えるイメージがよいでしょう。

振り返りをしっかり行うコツ

ねらい：生徒が書きやすく、教員も点検しやすい振り返りシートを作成しよう

振り返りシートには、生徒が実際に行ってきたこと（頑張ってきたこと）を書けるような欄を多く設けましょう。大きさも、Ｂ４サイズ１枚程度に、書くことが好きな生徒はたくさん、苦手な生徒には少しでもハードルが下がるような文量の指定をしてあげると、ねらい通りの回答が返ってきます。

２年生前半を振り返るためのワークシート

4～9月　活動の記録

2年（　）組（　）番 氏名（　　　　　）

【生活面】

	自分の役割	どのような活動をしましたか　どのように頑張りましたか	自己評価
体育祭			A・B・C
文化祭			A・B・C
各種委員会			A・B・C
教科係			A・B・C
クラス・班の係			A・B・C
部活動			A・B・C

【学習面】　特に力を入れた教科、努力した教科を３つ選んで書きましょう。（最低でも１つ。）

	教科名	どのように頑張りましたか　どんな成果が出ましたか	自己評価
1			A・B・C
2			A・B・C
3			A・B・C

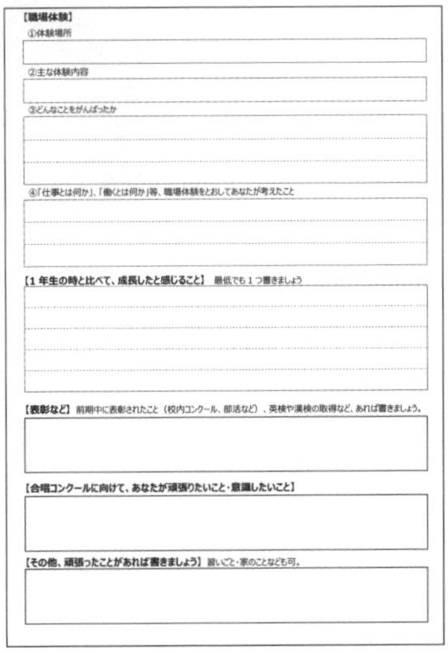

【職場体験】

①体験場所

②主な体験内容

③どんなことをがんばったか

④「仕事とは何か」、「働くとは何か」等、職場体験をとおしてあなたが考えたこと

【１年生の時と比べて、成長したと感じること】　最低でも１つ書きましょう

【表彰など】　前期中に表彰されたこと（校内コンクール、部活など）、英検や漢検の取得など、あれば書きましょう。

【合唱コンクールに向けて、あなたが頑張りたいこと・意識したいこと】

【その他、頑張ったことがあれば書きましょう】　習いごと・家のことなども可。

全学年に共通している行事や学習、生徒会活動や学級活動についての振り返りを左側のページに、２年生だからこそ書ける振り返りを右側に配置しています。左側は他学年でも使える汎用性のある内容ですので、学年が変わったら右側をその学年に合ったものに作り替えていくとよいです。

また、左ページ下に３枠設けていても「最低一つ」と指示し、このシートを全部埋めることが目的でないことも示すことで、書くのが苦手な生徒にも取り組みやすくします。右側には、２年生にしか聞けないことや学校生活以外で頑張ったこと等を書かせましょう。このシートのように、「１年生の時と比べて成長したと感じること」や、職場体験の振り返り、校外学習が行われた場合は校外学習のことなどを話題にするとよいでしょう。書かれたシートはキャリア・パスポートとして保管するほか、コピーやスキャンをして手元に残し、すぐ見られるようにすると、この後通知表所見を書く際にとても便利です。

活動後のポイント

学習面の自己評価で「Ａ」を付けている教科は、生徒がその教科の力を伸ばしたいと思って努力したということを示してくれています。その気持ちを読み取り、教科の授業の時に様子を見に行ったり「頑張っているね」と認める言葉をかけたりすると、生徒はさらにやる気になります。

合唱コンクール

ねらい

合唱団を育てるための行事ではありません。本気で取り組み、やりきった後のすがすがしさや、「このクラスで歌えてよかった」という想いを生徒が抱けるよう仕かけましょう。

指導のポイント

体育祭と同じく、生徒によって好き嫌いがはっきりし、クラス全体を同じ方向に向かせるのがとても難しいのが、合唱コンクールです。賞を目指して突き進むのは一つの手段ですが、担任は賞の先を目指すべきです。一緒に賞をねらっているよう装いながら、生徒が本番で歌いきった後に「あんなにいい歌が歌えたのだから、もう賞はいらない！」と思えるのがベストです。担任の関わり方で、生徒の取り組み方も変わります。

表紙の工夫

表紙はクラスで募集してみましょう。

美術部の生徒に頼むと、こだわりをもった作品を仕上げてくれることが多いです。

裏表紙は集合写真や生徒の名前を入れると、生徒は大切に扱ってくれます。

指導の留意点

01 リーダーたちへ

合唱コンクールのリーダーは、音楽科の教員と相談して決めます。歌が好きだったり、楽符が読めたりするなど、音楽に詳しい生徒を各パートに１名（三部合唱だったらソプラノ・アルト・男声でそれぞれ１名）選出するとよいです。リーダーが決まったら、リーダーと一緒に合唱の冊子や歌詞を書いた模造紙を作る、練習の計画を立てるなどして、学級全体が合唱コンクールに向けて取り組めるような準備をします。歌詞の模造紙には、音楽の授業で習ってきたことをリーダーたちに記入させましょう。練習計画は音楽科の教員と作戦を立てた旨を伝え、担任も協力する姿勢を見せましょう。

02 いいところを見る

練習が始まると、参加せず逃げる生徒や、ただ立っているだけの生徒、リーダーたちの話を聞かない生徒などがおり、前途多難だと感じる先生も多いでしょう。

リーダーたちも、不満を漏らし始めます。そういう時こそ、一生懸命頑張っている人に目を向けましょう。リーダーに「今日も頑張ってくれる人がいてうれしかった、ありがとう」と感謝を伝えさせてみてください。不思議なことに、次の日には少し練習の雰囲気がよくなります。頑張っている人が、認められたことによってさらに頑張るのです。先生も「今日の雰囲気はよかった！」と褒めると、さらに雰囲気がよくなります。

見やすい楽符をつくる

半ページずつＡ４で印刷すると、クリアファイルに収まります、書き込みができるよう、楽譜はきれいなものを使いましょう。

合唱祭、卒業式などの特別活動も、「授業」として著作権の制限が適用されます。ただし、著作権者の利益を不当に害する場合は著作権侵害となるので、使用する楽譜等の規約をよく確認しましょう。

03 次の一手

リーダーがクラスに感謝を伝えられるようになったら、今度は雰囲気についていけない生徒と話をします。「本当は一緒にやりたいけれど気持ちが追いついていない状態である」と客観的に伝えたあとに、「苦手や嫌いを克服できるあなたをサポートしたい」と伝えましょう。その生徒に少しでも変化があったらすかさず頑張ったことを評価するとともに、リーダーにもその事実を伝え、「練習に来てくれて嬉しい」「みんなで歌えることが一番」等とリーダーが声をかければ、そこからクラスの絆が少しずつ深まります。きっかけは先生から、その後はクラスの温かさで、生徒のコンプレックスを少しずつ解消しましょう。

04 一緒に歌う・楽しむ

歌える時は、一緒に歌いましょう。「ここ、音取りづらいね……」「ここまでブレスせずに歌うには腹筋を使う！」と、生徒が難しいと感じそうなポイントを歌いながら確認すると、「ここをもっと練習しよう」と生徒から提案が出始めます。

そして、本番は思い切り生徒の歌声と表情を堪能してください。緊張しながらも舞台を楽しんでいる生徒の様子をよく見て、戻ってきた生徒に何を話そうかと想いを馳せてください。うまく歌えた生徒も、悔しさが残る生徒も、すべて包み込むような優しさ溢れる言葉を探しましょう。賞状よりも、トロフィーよりも、教師の言葉が心に残ると最高です。

2年前半の振り返り

ねらい

2年生も折り返し地点です。2学期の途中ではありますが、これまでの自分たちを振り返る時間を取りましょう。3年生に向けて気持ちを新たにするきっかけを作ります。

指導のポイント

3学期制の学校だと2学期の途中ですが、10月は2年生にとって大切な時期です。学校の中心を担うのが3年生から2年生へ、少しずつ移行します。生徒会役員選挙が目前、という学校もあるかもしれません。「自分たちのクラスをどうしていくか」から、「自分たちの学校（委員会・部活動）をどうしていくか」に、視点を変化させましょう。生徒が3年生になった時に大きく羽ばたけるよう、今のうちから種をまいておきます。

振り返りシート

生活面と学習面の2観点は、必ず振り返りの中に盛り込みましょう。「最低一つ」と指示することで、書くのが苦手な生徒も書きやすくなります。

書かせる時は、「いつ」「何をしたことで」「どんなことができるようになったか・何を考えたか・何を学んだか」に当てはめて書くよう促すと、客観的かつ具体的な振り返りを書けるようになります。また、誰かと比較するのではなく、過去の自分（1年前の今頃等）と比較するよう促すと、マイナスなことを書く生徒が減ります。

【学習面】 特に力を入れた教科、努力した教科を３つ選んで書きましょう。（最低でも１つ。）

教科名		どのように頑張りましたか　どんな成果が出ましたか	自己評価
1			A・B・C
2			A・B・C
3			A・B・C

指導の留意点

01 これまでを振り返る

生徒は、体育祭、合唱コンクール等多くの行事を乗り越えてきました。日常でも、１年生の時とは異なる期待をかけられ、多くのことを悩みながらここまで進んできました。自分の気付かないうちに全員が成長していることを、先生から伝えてあげてください。その上で、１年生の時と比べて成長したと感じることや、考え方が変わったこと等を書かせましょう。自分を客観的に捉えさせることで、今後はどうしていきたい、どのような自分でありたいという思いが出てきやすくなります。うまく表現できず困っている生徒には、担任が成長ポイントを伝えてあげるとよいです。

02 ３年生の今を話す

今、３年生がどのような時期なのかを話します。これは、生徒自身ではなかなかわからないことだと思いますので、なるべく時系列に従って丁寧に話をするとよいです。３年のこの時期はどのような気持ちなのか、自分が中学３年生の時のことや、３年の担任をもったことがある先生はその時の生徒がどのような様子だったかを話してください。自分の道を自分で決められる３年生に、悔いなく中学校を卒業するみんなになってほしいと伝えた後、自分はどんな３年生になりたいかを考えさせてみましょう。あっという間に来年が来ることも、併せて伝えてください。

振り返りシート

【生活面】

	自分の役割	どのような活動をしましたか　どのように頑張りましたか	自己評価
体育祭			A・B・C
文化祭			A・B・C
各種委員会			A・B・C
教科係			A・B・C
クラス・班の係			A・B・C
部活動			A・B・C

項目はなるべく細かく、
書く欄は少なめにすると書きやすいです。

自分でAを付けたところは、本当に頑張ったと感じているところです。今からでもいいので、「あの時頑張っていたよね」と声をかけてあげてください。

クラスの実情に応じて、生活面は聞くことを変えても構いません。時間意識に課題を感じる場合は、余裕をもって学校に登校できているか、休み時間の過ごし方（授業準備はしっかりしているか)、忘れ物の頻度など、もっと日々の生活に迫った振り返りを書かせてもよいでしょう。

生徒ができなかったことや課題としていることばかりを書かせるのではなく、できるようになったこと、成長できたことなど、前向きに取り組めたことが書けるような振り返りシートにしましょう。上の例を参考にしてください。

制服の着方

ねらい

10月は、気候が不安定です。このような中途半端な時期に、制服の着方は乱れます。「ブラック校則」という言葉もありますが、改めて制服の意義を考えましょう。

指導のポイント

極論を言うと、制服などなくても学校生活は成立します。現に制服がない学校もたくさんありますし、学校によって制服に関するルールは様々です。生徒が「○○中学校はこんなルールないのに」と言ってくるのも無理はありません。でもあるのならきちんと着るべきだということは伝えていきたいです。制服は文化であること、身を守るためにあることの２点を生徒に話してみましょう。

制服が必要かどうか、生徒と考える

教師から一方的に「正しく着こなしなさい」と言われても、なかなかそう思えないのが中学２年生です。02、03の内容を伝える前に、制服の必要性について生徒と一緒に考える時間があってもよいでしょう。国語の先生と相談して思考・判断・表現の授業の中に議論を取り入れてもらってもよいですし、担任の裁量で学級活動を行える場合は学活に話合い活動を取り入れても構いません。

話合いを行う時は、制服についての情報を多角的に示したり、生徒に調べさせたりすると生徒はより深く考えられます。ただ闇雲に着こなすことを命じるのではなく、生徒の反発心をきっかけにたくさん考えて判断する力を育てましょう。調べたり提示したりする観点は、以下を参考にしてください。

指導の留意点

01 本当にだらしない？

「制服を着崩してはいけない理由は」と聞かれると、教師はとっさに「だらしがないから」と答えてしまいますが、本当はどうなのでしょうか。

例えば、「ネクタイを締めるときにはワイシャツの第１ボタンをとめないといけない」というルールの場合、ネクタイを上まできちんとしていればわかりませんし、第１ボタンを開けてネクタイを締めている社会人はたくさんいます。最近はスーツではなくカジュアルな服装で出社を求める企業も多いです。「制服を着崩す」イコール「だらしがない」ではないことを、生徒は感じ取っています。だから「大人はそのようなルールで動いていないではないか」と反発するのです。

02 制服は文化

制服は何のためにあるのか、それは「着方が決まった服をきちんと着る勉強のため」です。日本は昔から、冠婚葬祭をはじめとしてTPOに合わせて服装を選ぶ文化があります。世界に目を向けても、ドレスコードがあるレストランがあったり、民族衣装があったりするなど、決められた服装を求められることは多々あります。制服はその文化の一つです。まず、決められていることによる息苦しさを感じることは当たり前の感覚であることを伝えましょう。その上で、中学生にふさわしいと定められたルールのもとで制服を着こなすことと、決められたことを決められた通りに行えることの大切さを教えましょう。

着こなしの印象

このように、同じ制服でも着こなし方によってイメージが大きく変わります。堅苦しいのが嫌なのは皆一緒です。ただ制服をまとうのではなく、正しく着ることそのものが勉強なのだと伝えて下さい。

[知ると得する観点]

・制服の起源（レファンス共同データベース等）
・制服を採用している学校の数や制服の種類（公正取引委員会、実態に関する調査等）
・制服は必要かどうかを聞いたアンケートの結果と、そう思う理由について（菅公学生服、調査等）

03 制服は自分を守る

第一印象は見た目で判断されます。例えば、初めての土地で道を尋ねる相手を探す時は、その地元のスーパーの買い物袋を下げていたり、表情が穏やかだったりと、見た目で決めることがほとんどです。中学生に声をかける場合、その判断基準の一つが制服となります。悪いことに巻き込みたい時、多くの場合は制服を着崩している（不真面目に見え、話に乗ってくれそうな）生徒に声をかけるでしょう。「真面目だと思われたくない」と感じている生徒は多々いますが、「事件に巻き込まれたい」と思う生徒はあまりいません。制服を着こなすことは、思いもよらぬ怖い思いをすることから身を守ることにもなるのだと伝えましょう。

04 ジェンダーにも対応を

昨今、ジェンダーレスという言葉をよく耳にするようになりました。心と身体の性別が異なる生徒が一定数存在し、その生徒の多くが制服に違和感を覚え、悩んでいます。ジェンダーレス制服は全国に普及し始めています。特にスラックスに関しては男女どちらも用意されている学校が増えてきました。一方で、そのような制度がない学校の場合は、柔軟な対応が必要です。制服への違和感は、学校への行き渋り等で表に出てくることもあります。「制服を見ると嫌になる」と生徒が言ったり「小学生の時から服にこだわりがあった」等の話を保護者から聞いたりしたら、生徒に寄り添って詳しく話を聞きましょう。

校外学習・宿泊学習

ねらい

「修学旅行の練習」という形で校外学習を行ったり、学校によっては２年生で宿泊学習に出かけたりすることもあるでしょう。担任としての心構えや準備について考えます。

指導のポイント

①生徒へ心構えを伝えること　②生徒の身の安全を守ること　の２点が主な仕事です。生徒は、平日に学校以外のところへ行くという事実でソワソワしますし、とことん楽しもうとします。場所が変わっただけであくまでも学校生活の一部であることを必ず伝えましょう。また、校外へ行くときは保護者の連絡先や健康保険証など、生徒の身の安全を守るためには多くの書類が必要となります。余裕をもって準備しましょう。

公衆道徳について

特に公共交通機関を使用する際のマナーについては、校外学習直前の事前指導で指導しましょう。交通局などが作っているマナー啓発ポスターを使ってクイズ形式にしてもよいです。

「大声で話さない」「出入り口を塞がない」「リュックサックは前に抱える」等は必ず抑えておきたいところです。ただ「いけないことだ」と教えるのでなく、「どれくらいだと大声だと感じるのか」を、二人、三人、六人と人数を変えてクラスで実演したり、出入り口を塞ぐことで誰がどのように困るのかを教室のドアで実演したりすると、説得力が増します。

教師の心構え

01 校外学習の意義

学校では学べないこと・体験できないことは実に多いです。だからこそ、実際に社会に出てみて感じたり体験したりします。校外学習や宿泊学習は思う存分楽しんでほしいですが、友達同士のお出かけでできることは校外学習の目的ではないということを明確に伝えましょう。そして、事前学習の充実を図りましょう。校外学習であれば、計画を立てること、計画通りに行動すること、課題に合った施設を調べたり訪問したりすることが目的となりますし、宿泊行事であれば集団で生活する上で必要な力を養うこと、学習テーマを決めて達成を目指すことが目的となります。計画についての必要なアドバイスは担任が行います。

02 生徒を守る

校外学習や宿泊学習では、班長を中心に班で活動することが多いです。何かあったときのために、担任は保護者にすぐ連絡が取れるようにしておきましょう。参加承諾と一緒に緊急連絡先を提出することがほとんどですので、それを持ち歩いていれば間違いありません。宿泊行事の際は保険証のコピーも持ち歩きます。

アレルギーのある生徒がいる場合は、昼食の場所に配慮が必要です。班員がアレルギーのことを知らない場合は、どのように班員に伝えるかなども生徒や保護者とよく確認しましょう。

[校外学習のスケジュールシート]

当日のスケジュール

行き

到着時間	出発時間	場所
	：	自宅
⇩ 徒歩・バス・電車（　　　）円		
：	：	川崎
⇩ 東海道線・京浜東北線（　　　）円		
：	：	有楽町
⇩ 東京メトロ有楽町線（　　　）円		
：	：	豊洲
⇩ 徒歩		
：		ららぽーと豊洲

帰り

到着時間	出発時間	場所
	：	ららぽーと豊洲
⇩ 徒歩		
：	：	豊洲
⇩ 東京メトロ有楽町線（　　　）円		
：	：	有楽町
⇩ 東海道線・京浜東北線（　　　）円		
：	：	川崎
⇩ 徒歩・バス・電車（　　　）円		
：		自宅

体験したいパビリオン

パビリオン名	仕事内容など当日知っておくべきこと
①	
②	
③	
④	
⑤	
⑥	
⑦	
⑧	
⑨	
⑩	

出発時間や交通費などは事前に調べる時間を設け、必要に応じて保護者にチェックしてもらいましょう。

校外学習で何を行うのかはハッキリとさせておきましょう。
公共交通機関のみで移動する場合は、左の表のように行き先を追加したものをつくるとよいです。

[マナー啓発資料]

こんな人、どう思う？

街で見かけるあんな人、こんな人…

・電車の優先席に座って居眠りしている

・バスの乗り降り口をふさいで固まっている

・電車の中で大声で通話している

公共交通機関の利用マナーは、カバンの持ち方や話す声の大きさ、優先席の考え方など、中学生に身近な話題に多く触れましょう。
スライドでシチュエーションを提示したり、交通機関のマナー啓発のポスターを見せるのも効果的です。

生徒会役員選挙

ねらい

２年生から３年生へ本格的に代替わりをする大きなきっかけとなるのが、生徒会役員選挙です。「自分の学年から生徒会長が出る」ということの重みを、クラス全体で共有します。

指導のポイント

自分のクラスから立候補者が出るのかどうかで、クラスの雰囲気をどうもっていくかが少し異なります。立候補者がいる場合は、悔いなく選挙に臨めるように一緒に準備し、クラス全体が立候補者を応援する気持ちをもてるよう雰囲気づくりをします。立候補者がいない場合は、自分の学年から会長が出ることの意味、本部役員だけでは学校は創れないこと、２年生全体で学校を創りたいという教師の思いを伝えましょう。

立候補者を育てる

立候補の際は、必ず担任に相談させましょう。①なぜ立候補しようと思ったのか　②保護者には相談したか　③もし万が一当選しなかった時のことを考えているか　の３点を必ず聞きましょう。特に③の観点はとても重要です。当選できなかったという事実は、どんなに強い生徒でも深く心に刻まれます。「立候補するということは受け入れたくない事実も受け入れることである」と伝えましょう。その上で頑張りたいという生徒には、クラス全体に対して立候補する意向とどのような学校にしたいかを述べさせます。いずれは学校のリーダーとなるかもしれない生徒です。より高い理想を求めましょう。

演説の原稿は、何度も目を通して何度も添削してあげてください。準備が大変なこと、そして、「これだけ準備したのだから、結果がどうなっても大丈夫」と生徒が思えるよう育てましょう。

指導の留意点

01 クラスに立候補者がいる場合

クラスに立候補者がいる場合は、クラスの代表として立候補することをクラス全体で称える雰囲気をつくりましょう。選挙活動がある場合は積極的な参加を促したり、応援のポスターや立候補者がかけるタスキなどを分担作成したりして、全員が何かしらの選挙活動に参加できるとよいです。ただし、他のクラスからも立候補者が出ている場合は、争う姿勢ばかり見せるのはNGです。どちらも学校のことを考えて立候補するのですから、「本当はどちらも応援したいのだけど……」という思いをクラスの生徒がもてるように、立候補者も互いを尊重し合えるように声をかけましょう。

02 クラスに立候補者がいない場合

クラスに立候補者がいない場合は、ポスターや公示が貼り出された時に、それらをしっかり見ること、選挙公報を見てから演説を聴くことを促しましょう。役員選挙当日は、どれだけ本気で立候補者が選挙に臨み、今日まで準備を進めてきたのか。たった１票差だとしても、票の多い人が当選することの残酷さ。それを受け入れなければならない立候補者の気持ち。これらのことを伝え、立候補者それぞれのスローガンや学校のために何をするのかきちんと理解させてからの投票を促しましょう。自分の１票によってこの学校の運命が決まる重さを、感じさせてください。

［立候補者への指導］

担任が立候補者にできるサポート

1．演説原稿のチェック
2．選挙活動の参加を促す（生徒と曜日を決めてもよい）
3．話し方の指導

原稿をチェックする時のポイント

1．学校のために何をしたいのかが明確か
2．その活動で学校がどうよくなるのかが明確か

話し方指導のポイント

1．原稿を見ずに話せているか
2．原稿を思い出しながら話すのではなく、自分の言葉になっているか
3．身振り手振りを使って全校生徒に伝えようという意思が伝わってくるか

［有権者への指導］

投票前の確認事項

1．どのような学校になってほしいか
2．自分のイメージと一番近い立候補者は誰か
3．あなたの１票は大きな大きな１票だということ
4．選挙のルール（無効票を減らすために）

投票後に確認すること

1．誰になっても応援、協力する気持ちをもつこと
2．選挙管理委員が時間をかけて開票作業を行うこと
3．立候補者へのねぎらいをクラス全体で行うこと

11月

学級の雰囲気が決まってくるからこそ、個に目を向けたい11月

▶11月の目標

11月にもなると、クラスの雰囲気も定まってきます。今の雰囲気が、この先大きく変わることはあまりありません。４月に思い描いた理想とは異なる現状かもしれませんが、かけ離れていても幻滅する必要はありません。11月は、クラス全体の雰囲気で善し悪しを決めるのではなく、頑張っている個人に目を向けて、その努力を受け入れられる生徒を少しずつ増やすことを目標としましょう。

11月の学級経営を充実させるために

「１対１の関わりを大切に」

クラス全員を相手にしていると、集団は個人の集まりでできていることをつい忘れてしまいます。意識して個人に目を向けると、たとえクラスの雰囲気が理想とは違っていても、ひたむきに一生懸命頑張っている生徒は必ずいます。そして、そのような生徒は大抵精神的に自立しているので、先生のところへ積極的にやってくることはありません。目立つ生徒やよく話しかけてくる生徒ではなく、１人でも頑張れてしまう生徒とたくさん話をすると、その生徒が何を大切にしたくて今頑張れているのかを知ることができます。

「文化的行事でよいところ見つけ」

学校行事は、生徒の意外な一面を見ることができます。特に文化祭は、体育祭と異なり教科や委員会、部活動など、担任が管理していないところでの活躍を見ることができ、担任としても驚きの連続です。芸術作品には、その生徒が努力してきた過程が見えます。どれだけ丁寧に作ってきたのか、どれだけ時間をかけて準備してきたのか、作品の素晴らしさとともに、その作品から感じられる努力の過程を褒めましょう。

注意事項

１対１での関わりには、多くの時間が必要です。その時間をまとめて取ろうとすると、どう考えても不可能だと気づきます。授業の合間の休み時間、出欠確認までの朝の時間、帰りの清掃の時間、部活動後に下校する際など、できるだけ毎日少しずつ、隙間時間を見つけて声をかけましょう。

互いのよさを認め合うコツ

▶ねらい：多くの生徒が活躍する文化祭で、それぞれの生徒の素晴らしさを感じさせる

文化祭は、教科や委員会、部活動等で多くの生徒が活躍します。また、大きな舞台はなくても、授業で取り組んだ作品が飾られますので、必ず「個人の努力」を見て取ることができます。文化祭は、生徒同士が他者のよさに気付ける、絶好の機会です。生徒同士で気付けるような指導をしましょう。

▶事前指導と振り返りの一貫性でよりねらいを明確にする

文化祭を振り返ろう（10日の朝と帰りを使って記入しよう）

（　）年（　）組（　）番 氏名（　　　　　　　）

【準備期間について】

係・委員会・部活動・演示名等	誰かに見てもらうために意識したこと、こだわったこと

【文化祭当日について】

★９日午前中の全校鑑賞について振り返りましょう。

●午前中の演示で印象に残った団体に○をつけましょう

１．３年修学旅行発表　２．３年修学旅行発表 English Ver.　３．保健委員会

４．図書委員会　５．理科

●なぜその団体が印象に残ったのですか。理由を書きましょう。

★９日午後・１０日の校内鑑賞について振り返りましょう。

●中学生エリアで美しいな、素敵だな、すごいなと感じたことを書きましょう。

●中学エリアで美しいな、素敵だなと思ったブースや演示について振り返りましょう。（最低１つ）

ブース名または演示名	選んだ理由

●高校生エリアで美しいな、素敵だな、すごいなと感じたことを書きましょう。

●高校生エリアで美しいな、素敵だなと思ったブースや演示について振り返りましょう。（最低１つ）

ブース名または演示名	選んだ理由

【文化祭期間をとおして】

●準備期間から当日まで、自分が頑張ったことを書きましょう。

●神無祭を終えて、思ったこと、感じたこと、考えたことを書きましょう。

【来年に向けて　】　＊１，２年生と３年生で書くことが異なります

●中学１，２年生：来年、教科・委員会・部活動・クラス・有志などでどんな活動を行いたいですか。

●中学３年生：来年、高校１年生としてクラスでどんな企画を行いたいですか。

「互いのよさを認め合う」という言葉はよく聞きますが、具体的にどのような行動が認め合う姿なのかは、あまり説明されません。「こんなことを言葉で伝えるとよい」「こんな着眼点で物事を見るとよい」と、視点や考え方をわかりやすく示しましょう。また、振り返りで文化祭を通して感動したこと、素晴らしいと思ったことを書かせると「よさ」に気づけた生徒を褒めることができます。

▶活動後のポイント

行事だけでなく、日常から個人に目を向けましょう。文化祭で意外な活躍を見せる生徒もいますが、それは教室で大胆に表出するタイミングがないだけです。行事は生徒の新たな面を見られるきっかけに過ぎません。日常の中で見せる生徒のよさに気づける努力が大切です。

進路指導

ねらい

1年後は進路希望選択の時期です。これまでの進路学習を振り返り、職場体験学習で考えた「なりたい自分」をもう一度話題にしましょう。

指導のポイント

2年生前半でも少し触れていると思いますが、まずは3年生の現状を伝えましょう。いつから進路面談なのか、進路面談では何を話すのか、公立高校に進学するためにはどのような情報が必要なのか、「私立は？就職する場合は？」等、3年生が今頑張っていることと、中学卒業後には多くの選択肢があることを知らせます。また、自分の進路は自分で決めること、自分の強みや弱みを今のうちからしっかりと把握してほしいことを伝えましょう。

マンダラチャートで将来設計

マンダラチャートは、メジャーリーグで活躍している大谷翔平選手が高校生の時に実践していたことで有名になりました。これは進路指導でも有効です。真ん中に「なりたい自分」、その周りに「そのために何をしなければならないか」、さらにその周りに、今の自分ができることを書いていきます。今の自分の行動が将来につながると実感させてくれるシートです。

日記を書く	自分の行動を振り返る	相手の行動を尊重する	介護士以外の福祉の仕事を知る	ボランティアで老人ホームに行く	介護士の親戚に話を聞く	家の手伝いを積極的にする	係の仕事を一生懸命行う	妹の面倒を見る
友だちの話をよく聞く	自己中心的な考え方を変える	相手の考えを尊重する	高校に入れるよう勉強する	福祉の仕事に就く	福祉の勉強ができる高校を探す	後輩の面倒を見る	身近な人を助ける	先輩の言うことを聞く
先生の話をよく聞く	親の話をよく聞く	意見かわがままか考えて発言	ユニバーサルデザインの勉強をする	車椅子の体験をする	祖父母の話を聞く	部活動で準備と片付けを率先して行う	友だちが困っていたら声をかける	親の買い物について行く
友だちの行動をよく見る	何を言われるか想像する	1つ先を考えて行動する	自己中心的な考え方を変える	福祉の仕事に就く	身近な人を助ける	自分のことは自分で行う	当たり前のことを当たり前に行う	こんな自分でありたいという姿をつくる
常に周りを見る	言われる前に動く	先輩の行動をよく見る	言われる前に動く	人のために働ける人になりたい	求められていることを知る	感謝されることを求めない	求められていることを知る	よいと思ったことはしてみる
いつでも助ける準備をしている	言われることを恐れない	言われたら次言われないように動く	視野を広げる	人のためとは何かを考える	お手本となる大人を見つける	楽しそうなことには自分から	人に優しくする	自分に厳しくする
休みの日は積極的に出かける	部活動で新しい技にチャレンジする	読書をする	クラスメイトに声をかける	ゴミが落ちていたら拾う	係活動以外のことも行う	ピアノの先生とたくさん話す	塾の先生とたくさん話す	顧問の先生とたくさん話す
今の趣味をもっと楽しむ	視野を広げる	新しい趣味を見つける	人のためになったと感じることを記録する	人のためとは何かを考える	自分のすべきことをきちんと行う	職場体験で出会った人を思い出す	お手本となる大人を見つける	担任の先生とたくさん話す
苦手な教科をちゃんと勉強する	自分の考えをノートに書く	あまり話したことのない人と話す	自分のためになることも行う	されて嬉しかったことは自分もする	人の優しさに気づく	偉人の言葉を調べる	好きな芸能人のことを調べる	教科の先生とたくさん話す

この時期に伝えること

01 3年生の現状

3年生時の進路面談では、中学卒業後にはどのような環境で何をしたいのかを明確にした上で、具体的な進学先や就職先を決めます。希望進路を実現するためにはどのような努力が必要なのかも明確にします。今のうちに、なりたい自分を思い描くように伝えましょう。

02 2年生の成績は

多くの場合、2年生の3学期（後期）の成績から内申点の材料になります。2年生の3学期は1年間の総決算ですので、2年生の学習の仕方も、高校の先生は見るのだということを伝えてください。7月の、学習面談で決意したことが継続できているか、考えさせましょう。

［「なりたい自分を思い描く」きっかけは？］

・興味のある職業を書き出す
・インターネットで「職業適性検査」を試してみる
・地元の高校がどのような教育課程なのか調べてみる

［進学先情報誌］

前年度に３年生を担任していた先生から借りたもので構わないので、公立高校の過去問や、県の教育委員会が発行している高校案内などを教室に置くのも効果的です。興味のある生徒は、本をパラパラとめくって情報を集め始めます。

［卒業生講話］

現在高校生や大学生の卒業生を招いたり、動画でメッセージをもらったりして、中学生の時のことを語ってもらうことも大変効果的です。中学生にとって、高校生や大学生は、苦難を乗り越えた「勇者」のように見えています。そんな先輩方でも悩んでいたり、苦労していたりすること、その過程があるから高校生や大学生になれていることを知るのは、中学生にとっても大きな励みとなります。専門学科に進学した生徒や中学生の時に少しやんちゃだった生徒など、様々な個性の卒業生を招くとよいでしょう。

03 自分で決める難しさ

自分の人生に関わることを自分で決めた経験のある２年生は多くありません。自分で決めたことだから最後まで頑張れるという励ましとともに、決める時には迷いや苦しみが生まれること、決めたことに向かって進んでいく強さが必要だということを伝えてください。

04 弱みを強さに変える

進路を自分で決めて、自分の力で進んでいくということは、苦手や嫌いを克服する大きなチャンスであるということを伝えましょう。担任にできることは弱みを強みに変える手伝い、つまり、弱みと強みをその生徒以上に理解し、伝えることです。

学ぶことの意義

ねらい

「将来使わないのになぜ学ぶの？」と生徒に聞かれたら、どう答えますか。本当に学ぶことと試験対策をすることは違います。この違いを生徒に伝えられるようにしましょう。

指導のポイント

多くの生徒は、学ぶことと試験の対策を混ぜて考えています。覚えたくもないものを覚えさせられ、考えたくもないことを考えさせられている感覚があるから、勉強が嫌いになります。でも本来、学ぶことの先にあるのは試験ではなく、人生の豊かさです。知っていた方が楽しい、知ることが楽しいからもっと知りたくなる、極めたくなるという経験が、「学ぶこと」なのです。この経験をさせてあげられる授業を目指したいものです。

学ぶ意欲を高める

[大学の研究を使おう]

少し古い資料になりますが、慶應大学が2009年に出している「Learning Patterns」という資料が、「学ぶとは」を考える際に使いやすいです。学習に対して意欲が下がっているなと感じる時に、この資料の中から現状に合いそうなものをピックアップして、朝の会や帰りの会の話題にしましょう。

[話が弾むのはどんな人]

「話していて楽しい人はどんな人か」を生徒に問うと、「自分が楽しく話すことに対してさらに話題を広げてくれる人」という返事が返ってきます。そこで、特に人と関わる仕事をする人は、様々なお客様と会話が弾むよう、いろいろなことを知っているということを伝えましょう。「知識として知っていたら使うタイミングはたくさんあること」が伝わるとよいです。

生徒に伝えたいこと

01 「学ぶ」とは

論語の中に、「子曰く、これを知る者はこれを好む者に如かず。これを好む者はこれを楽しむ者に如かず」という言葉があります。いわゆる「好きこそものの上手なれ」です。試験対策は、「知る」で精一杯になっています。ひょっとすると「知る」ではなく「覚える」で止まっているかもしれません。学ぶことは、「知る」の先にある「(知ったから) 好きになる」、そしてさらにその先にある「(好きだから) 楽しい」という世界の話です。将来必要か不必要かという損得ではなく、「好きだから」「楽しいから」学ぶのだという感覚を生徒に伝えられるとよいです。

02 中学生でも「学」べる

１の話をしたところで、ポカンとなる生徒がほとんどだと思います。「じゃあ私には無理だわ！」となる生徒も出るでしょう。ただ、こだわりをもって楽しそうに学習を進める生徒も出てきます。「最初は試験のためにやっていたけど、できるようになったら少し好きになった！」は、学ぶことの入り口です。習ったことだけでは物足りなくて、関連することを調べることも学ぶことの入り口です。その瞬間を見逃さずに「学ぶ入り口に立ったね！」と声をかけると、生徒は少しずつ「学ぶ＝楽しい」と実感します。実感し始めた生徒が１人でもいれば、少しずつクラスに広まります。

学び方をみんなで考える

「学び」の入口は学校の授業です。まずは授業がわかるようにならないと、学びの本当の楽しさはわかりません。学ぶことが少しでも楽しくなるような案を出す学級会が開けるとよいです。

楽しい学び方を考える

「私も困っているんだ！」という共感を得ることで、学級会以降も悩み相談がしやすくなります。多くの人が今日から試せる案を募集しましょう。

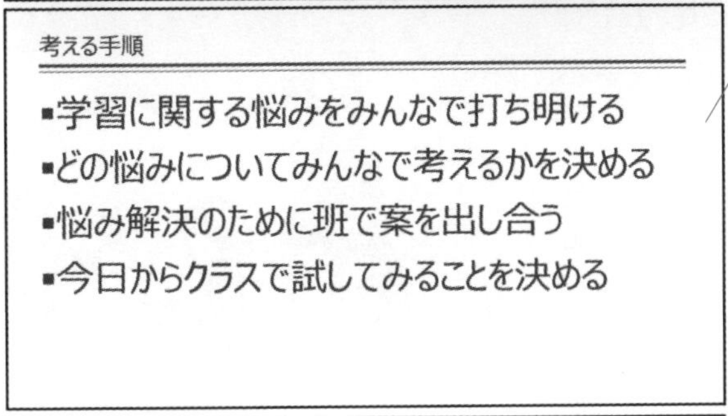
考える手順
▪学習に関する悩みをみんなで打ち明ける
▪どの悩みについてみんなで考えるかを決める
▪悩み解決のために班で案を出し合う
▪今日からクラスで試してみることを決める

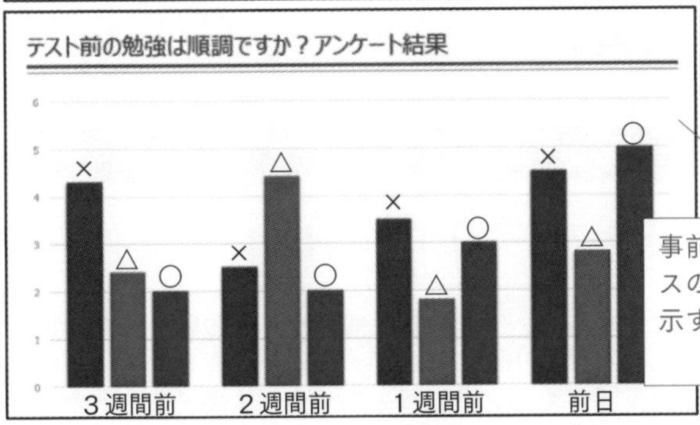

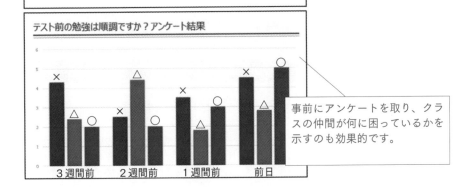

事前にアンケートを取り、クラスの仲間が何に困っているかを示すのも効果的です。

知らないからこそどっぷりとつかってみること、教師や仲間の勉強の仕方を真似すること、まずは広げてその後に深めることなど、中学生にとって「目からうろこ」となるような情報を、教員からたくさん提供できるとよいです。

文化祭

ねらい

文化的行事の中で、最も時間をかけて準備するのが文化祭です。芸術からは、言葉で表せない美しさが感じられます。その美しさを堪能する素晴らしさを生徒に伝えましょう。

指導のポイント

文化祭を行うための準備、当日の鑑賞、片付けと、どの段階でも楽しめるのが文化祭です。展示や演示は、部活動や教科、委員会等、参加方法が多岐にわたります。一生懸命練習してきたこと、一生懸命作ってきたものが一度に味わえるとても素敵な時間だということを、生徒に伝えましょう。また、「素敵だった」という思いをきちんと言葉で伝えられるよう指導しましょう。ポイントを伝えれば、生徒もその視点でものを見るようになります。

しおりの工夫

文化祭で皆さんに感じてほしいこと

①美しいもの、優れたものに対して「最高だ！」「素敵だ！」と素直に感じる。

文化祭には、皆さんがこれまで頑張ってきた成果がたくさん詰まっています。じっくり「仲間が何をしてきたか」を見つめてください。展示物、発表、講堂での演示、あちらこちらに、生徒の皆さんの「美しさ」がちりばめられています。じっくり見て、たくさんの驚きや感動を感じてきてください。

②美しいもの、優れたものを作った人に気持ちを伝える。

「素敵だな」、「感動した」、「今日を迎えるまでの過程が知りたい」…じっくり見れば見るほど、もっと知りたい、もっと見たいという気持ちがあふれてきます。その気持ち、その感動を、ぜひ伝えてください。その言葉を支えにして生きていく人が、この中にきっといるはずです。

③先輩方の活躍＝将来の自分たちの姿を目に焼き付ける。

３年生の先輩方は、画用紙１枚、段ボール１個から、自分たちで調達します。費用も自分たちで管理します。とてつもなく時間がかかるので、夏休み中にも集まって準備をします。先輩方の力は偉大です。でもこれは、皆さんの数年後の姿です。先輩方はどんな表情で、どんな工夫で私たち後輩をどのように楽しませようとしてくれているか、しっかり見てきてください。

２年（　　）組（　　）番　氏名（　　　　　　　　）

生徒が持ち歩くパンフレットに、文化祭を通して育てたい生徒像を記載しましょう。

振り返りシートの例は11月の概論ページに載せましたので、参考にしてください。

指導の留意点

01 準備

自分が携わったことがあると、生徒はうれしい気持ちになります。「これ、俺が配置考えたんだ」「これ飾ったの、私」等の会話があちこちで聞こえてくるとよいです。教科や委員会など全員が何かしらの準備に携われるよう、誰がどの準備を行うのかを把握し、一覧で掲示します。係活動のない生徒には、教室を丁寧に清掃させたり、教室で黒板アートに挑戦させたりすると、「参加した」という気持ちが増します。

演示に携わる生徒には、舞台を楽しみにしている旨を伝えてあげてください。いつもと違う自分を見せることを恥ずかしがりつつ、格好いい姿を見せたくて練習を頑張るはずです。

02 当日

前日の帰りや当日の朝に少し時間を取り、文化祭に向けて準備をしてきた団体に所属する生徒から宣伝をさせるとよいです。どのような思いで、どれくらい時間をかけて取り組んできたのか、見てほしい・聴いてほしいポイントはどこかなどを話してもらいましょう。その思いに触れることで、作品を見たり聴いたりした時に、「これを作るのにあれだけ時間をかけたのか」という感動が生まれます。

また、帰りの会には１人１つ、感動したポイントやすごいと思ったところを伝える時間をつくりましょう。振り返りシートにそのようなことを書ける欄を設けてもよいです。

文化祭のプログラムの工夫

1．9日の動き

時間	1年生の動き	2年生の動き	3年生の動き	持ち物・注意事項など
9：00	出欠確認、朝の学活（1日の動きの確認など）			・8：30～教室に入れます ・講堂にはしおりを持参しよう
9：10	お手洗い休憩	講堂へ移動	講堂へ移動	
9：20	教室着席完了	講堂着席完了	講堂着席完了	
9：30	全校鑑賞①開始			
10：30頃	講堂へ移動	教室へ移動	休憩	・休憩になったら移動開始 ・休憩中にお手洗いを済ませよう
10：45頃	全校鑑賞②開始			
11：40頃	全校鑑賞終了 展示エリア（2階、3階）の見学			
12：15	自分の教室へ移動開始（お手洗い等も済ませる）			・貴重品、水筒、アリーナ履き、文化祭の歩き方、高校が作ったパンフレットは持ち歩こう。1つの袋にまとめて持ち歩くとよい。
12：25	自分の教室に集合完了、教室で昼食			
12：45	見学開始　アリーナ・講堂すべて見学可。			
15：00	放送「蛍の光」→お手洗い等を済ませて教室に戻る			
15：15	各クラスに集合完了、帰りの学活			
15：25	下校 係生徒や翌日発表がある生徒は、16：00まで打合わせや練習をしても構いません。			

自由に見てまわる時間が多い場合は、時間を細かく設定しましょう。

9月9日（金）神無祭1日目　講堂プログラム

AM：各教科や委員会の日頃の成果を発表【全校鑑賞】
PM：神無祭実行委員企画の参加者の発表【自由鑑賞】

時間	発表者	内容
9:30		開会式 1．はじめの言葉 2．校長先生の話 3．神無祭実行委員長の話 4．高校実行委員長からの言葉
9:45	3年生代表者	長崎修学旅行のまとめプレゼンテーション
10:00	3年生代表者	長崎修学旅行のまとめプレゼンテーション English Version
10:15	保健委員会	ケンコウジャーの劇、動画放映
10:25	休憩	
10:45	図書委員会	「スイミー」の朗読
11:20	理科自由研究代表者	自由研究優秀者発表・ガサガサ体験発表
12:25	昼食	
13:15	吹奏楽部木管アンサンブル	特技発表　器楽演奏
13:50	IPPONグランプリ出演者	あの有名なIPPONグランプリを市川で？ 初代王者は誰だ！！
14:10		
14:20		
14:30		

演示プログラムは、「素敵だった」と伝えやすいです。誰がいつ出るのか、詳細を渡すとよいです。

電話対応

▶ねらい

教員養成の大学を出ていても、電話の仕方や出方などは習いません。毎日保護者から多くの電話がかかってきますが、何を大切にして電話対応をすべきか、考えましょう。

▶ポイント

保護者は「面談の時に伝えよう」「明日子どもに言ってもらえばいいか」と思うことがほとんどですが、「どうしても今、直接先生と話したい」と思ってかけてくるのが電話です。どのような内容であれ、保護者のこの思いは心にとどめておく必要があります。私たち教員にも、とにかく話を聞いてもらいたい時はあると思います。電話をかけてきた保護者は今その状態なのだと思って、とにかく傾聴に努めましょう。

▶メモの取り方

電話対応用のノートを１冊用意しましょう。１回の電話につき見開き２ページを使用し、下を５行程度あけた状態で４分割します。すると、まとめるべき５点（右ページ下に掲載）を整理して書くことができます。

・ノートの分割例

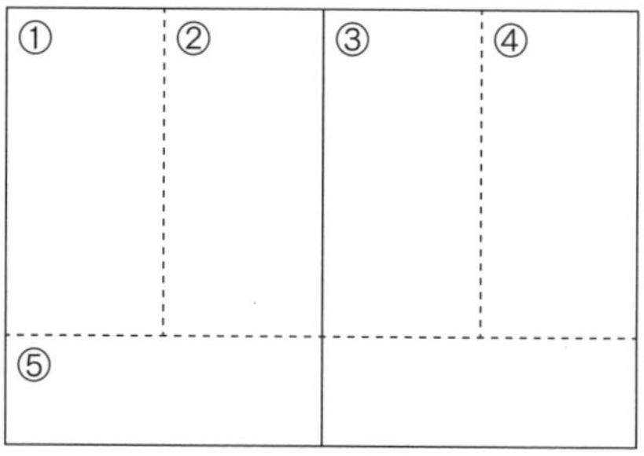

指導の留意点

01 聞く・聴く・訊く

ポイントにも書いたとおり、「先生、ちょっと聞いてよ！」という心理状態で電話をかけてくる保護者がほとんどです。中にはクレームもあり、聞いているうちに涙が出そうになる時もありますが、話は後で学年主任が聞いてくれることを信じて、とにかく傾聴です。教育相談のイメージで、聞きながら相槌を打ち、必要に応じて保護者の話を整理します。そして、寄り添いましょう。今すぐ担任に話さないと気が済まないほど保護者が苦しんでいるのは事実なので、「大変な思いをさせてしまって申し訳なかった」「心配をかけてしまって申し訳なかった」と伝えましょう。話を理解してもらえると、保護者は安心します。

02 相槌のレパートリー

電話では顔が見えないので、相槌のタイミングが意外と難しいと感じる人もいるでしょう。あまりにも相槌を打たないと「聞いているの？」となり、余計に相槌を打っても「真面目に聞いているの？」となってしまいます。周りの先生方を見ても、相槌は「はい」派、「うんうん」派、「なるほど」派と様々です。どれをどう使えば正解というものはありませんが、一般的に考えて他人に「うん」は使わないな、何でも「なるほど」で返したら不自然だな等、目の前に相手がいたらどのような反応をするだろうかということを考えて相槌を打つとよいです。メリットとデメリットを記しておくので、参考にしてください。

相槌のレパートリー

「はい」

メリット

丁寧に聞こえる、当たり障りがない。

デメリット

一本調子になりがちなので、「本当に聞いている？」と思われる。

「うん」

メリット

「はい」より親近感が増す、時折挟むことでよく聞いている感じが出る。

デメリット

若手の先生だと自分より年上の保護者に「うん」は失礼。

「なるほど」

メリット

保護者が自分の思いを話す時には理解を示しているという思いが伝えられて効果的。

デメリット

全て肯定していると思われる。場合によって、「そのような考え方もありますね。」等の他の言葉を補うことが必要。

03 メモを忘れずに

保護者とどのような話をしたか、メモを必ず取っておきましょう。生徒指導や保護者対応を１冊のノートにまとめておくのがよいです。メモを取るポイントは、①保護者の訴え　②担任として伝えたこと　③伝えたことに対する保護者の反応　④電話の最初と最後の保護者の雰囲気の違い　⑤今後の展望として何を伝えたか　の５点です。学年主任や管理職にも報告をしますので、その時にポイントを絞って電話の内容を伝えられるようなメモがよいです。思いのままに話す保護者も多いので、箇条書きや矢印、記号などを用いて、「自分がわかる」メモで構いません。報告書はあとでメモをもとに作りましょう。

04 抱え込まなくてよい

電話の内容をすべて抱え込まなくてよいです。話の内容は学年主任にきちんと伝えましょう。また、担任だけでは処理しきれないこともたくさんあります。そのようなときに頼りにしてよいのが管理職です。担任として保護者の思いを受け止め、誠心誠意対応することを大前提とした時に受け止めきれない要望や内容であれば、すぐにヘルプを出してください。多くの先生で対応することによって、保護者の雰囲気も少しずつ柔らかになることがあります。また、電話対応をした保護者の子である生徒のことが気になりますが、フラットに接しましょう。保護者が電話をしていることを生徒が知らない場合も多いです。

不登校生徒の対応

ねらい

不登校の程度によっても対応は様々です。最も大切にしたいのは、その生徒が大人になった時に豊かな人生を送るために、どのような対応が望ましいかを考えることです。

指導のポイント

不登校の生徒は、一見休んでいるように見えますが、頭や心は決して休めていません。仕事を残して土日を迎えると何となくソワソワして仕事をしてしまう先生もいるかとも思いますが、不登校生徒は毎日あのソワソワ状態です。平日は皆のように学校に行けない罪悪感にさいなまれています。身体は休んでいるのにいつまでたっても気持ちが晴れない焦りと戦っています。それを真っ先に理解してあげられるのが、担任です。

つながりは切らない

一言で不登校と言っても、いろいろな種類があります。

［担任が生徒と会える・話せる］

学校に来ることができなくても生徒と電話で話せたり、家庭訪問をしたら玄関で会えたりする場合は、その時間を大切にしましょう。学校に来させようとせず、「やっほー、会いに来たよ」などと言って雑談を楽しむつもりでいましょう。

［担任が保護者と会える、話せる］

本人はかたくなに電話にも出ず担任に会おうともしなくても、保護者と話せる場合は、保護者の方と密に連絡を取りましょう。ただ、生徒も「今」その気分になれないだけで、見捨ててほしいとは思っていません。授業のプリントと一緒に一言メモを添えて保護者に託すなど、一方的でもよいのでその生徒と関わる努力をしましょう。

本時の展開

01 不登校は悪でない

心が限界だから本能的にストレスを物理的に排除しようとした結果が「不登校」です。熱があったら休むのと一緒で、心がつらかったら休むべきです。まずはこのことを、不登校生徒と保護者に伝えましょう。学校に通わないことは悪ではありません。

02 理由があったら

不登校の原因が明らかであれば、その原因を取り除く努力をします。

人間関係のもつれは担任が間に入って話を聞きます。当人同士で話ができるよう場を設定したり、互いの思いを担任から伝えたりしましょう。

学習に関する悩みであれば、その生徒と少し頑張れそうなことを相談します。例えば、放課後30分だけ登校して苦手教科を補う、担任の空き時間に別室でその生徒の行いたい勉強を行えるよう設定する等が効果的です。

いずれの場合も、家庭訪問や放課後登校でサポートをしましょう。

[保護者と連絡できないとき]

3日以上保護者とも本人とも連絡が取れない場合は、すぐに家庭訪問を行いましょう。

家庭訪問で生徒の無事が確認できた場合は、連絡が取れなくて心配した旨を伝え、今後の連絡の頻度を保護者と相談しましょう。会えなかった場合は、郵便受けが溢れていないか、電気のメーターは動いているか等、生活している様子があるかどうかを見ます。明らかに様子がおかしいと感じる場合は、すぐに学年主任と管理職に報告し、必要に応じて外部機関にも協力を依頼しましょう。生活している様子がある場合は、郵便受けにメッセージを入れて様子を見ます。それでも連絡が取れない場合は、学年主任にも付き添ってもらい、もう一度家庭訪問をして、今後の対応を考えます。

[学習への不安がありそうなとき]

生徒が学習に対して不安を抱いているようなら、教科担任とも連携し、学習の保障をしましょう。生徒の実情に合わせた方法を模索する必要がありますが、方法としては①家庭訪問をして一緒に学習する　②生徒が全員帰った後に登校させて一緒に学習する　③オンラインで対応できるか検討する　④学習アプリを紹介する　等が挙げられます。

03 理由がなかったら

「理由がわからないけれど行けない」という場合もあります。むしろ、明確な理由がなく不登校になる生徒の方が多いです。理由を探したりつくったりせず、担任とのつながりが切れないように連絡を取りながら、01で述べた「悪でない」ことを伝え続けてください。連絡は堅苦しいものでなく、新しいゲーム、テレビ番組、好きなアイドルのこと等、話している相手が学校の先生ということを忘れてしまうくらいの雑談で構いません。「まずは、お家で元気ならそれでいい」という先生の思いが伝わるよう、よい話し相手になるつもりで接してください。

04 保護者のサポート

生徒だけでなく、保護者のサポートも欠かせません。多くの保護者が、「まさか自分の子が……」と悩みます。保護者の「早く学校へ行ってほしい」という気持ちが子どもへ向かないよう、どのように生徒をサポートするかという学年の方針を丁寧に伝えましょう。

配慮を要する生徒の対応

ねらい

極論を言うと、すべての生徒に配慮は必要です。そのことを念頭においた上で、特に他の教員とチームになって対応すべき生徒について考えましょう。

指導のポイント

クラス全員を一人で抱えるには、限界があります。学年の先生、部活動の顧問の先生、養護の先生、スクールカウンセラー、そして保護者。多くの大人の目で生徒を見ることによって、多くの視点からの配慮ができるようになります。今回は、アレルギーをもつ生徒、心と身体の性が一致しない生徒、発達障害などの生徒、ヤングケアラー等家庭の状況が不安定な生徒の４例に絞り、生徒の気持ちと困り感に寄り添うという視点で考えます。

アレルギー対応

アレルギー対応は、職員室の黒板やホワイトボードに掲示すると、誰でも対応できます。養護の先生が管理してくれていると、さらに安心です。

また、当該生徒と保護者の許可がおりたら、クラスの生徒にもアレルギー情報は伝えておきましょう。生徒同士で、「今日は○○が出るから△△さんの配膳に気をつけなければ」と会話ができるようになります。

指導の留意点

01 アレルギー対応

中学生になると自分で管理できる生徒がほとんどになりますが、学校で事故が起きないように担任として細心の注意を払いましょう。①アレルギーの原因となる食べ物　②食べることによってどのような症状が現れるのか　③万が一症状が現れた時の対処法　④生徒自身でどこまで管理できるか　の４点は、必ず保護者と確認しておきましょう。特に給食がある学校は、養護や給食主任の先生との連携が必要不可欠です。担任がいつもいるわけではないので、副担任の先生方でも対応ができるよう、職員室の学年職員が見る黒板やホワイトボードに、掲示物を作るのもよいです。

02 ジェンダーの悩み

ジェンダーレスが活発に言われるようになり、多様性を認める動きも顕著になっています。しかし、成長途中の生徒にとっては「同性との会話に興味がもてない」、「制服に著しい嫌悪感がある」等の「何となく」の違和感でしかないこともあります。性自認に関する相談をされた場合は、相当な勇気をもち、先生を信頼している証拠です。ありのままを受け入れる「最初の大人」になってあげてください。また、生徒の様子から私たちが気づくこともできます。前述の例以外に、宿泊行事に行きたがらない、学校でトイレに行くのが嫌、しきりに鏡を見るなどの行動は、悩んでいるサインかもしれません。

連携しての対応

困ったら抱え込まず、迷わず主任や管理職を通して外部機関との連携を図りましょう。
どのように連絡をするか、以下のように図式化しておくとよいです。

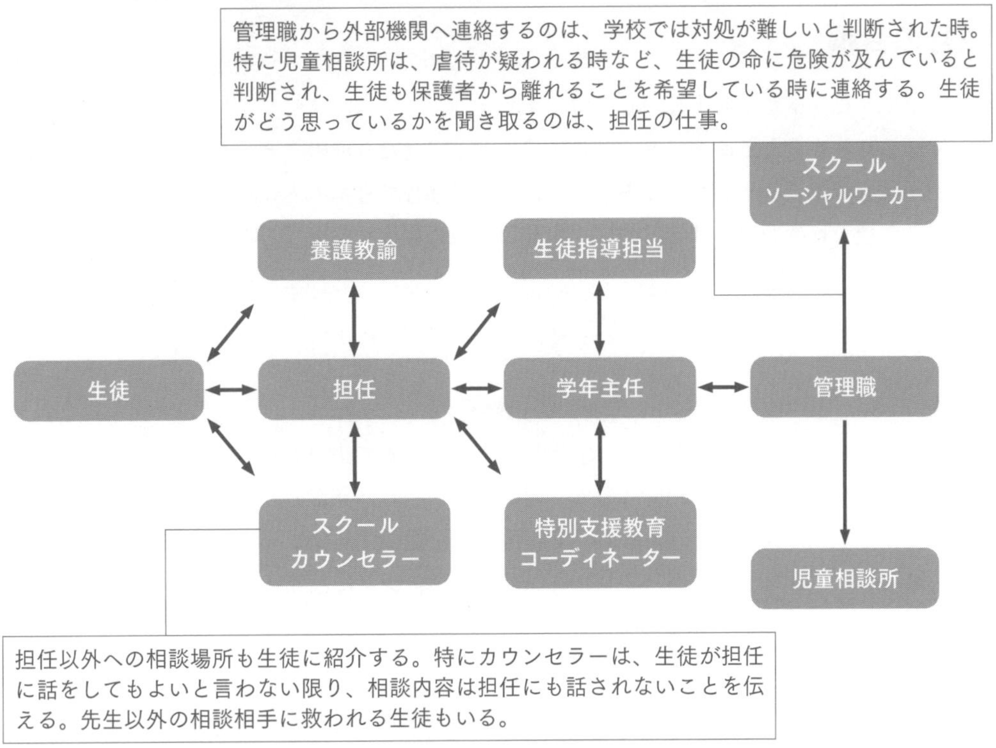
管理職から外部機関へ連絡するのは、学校では対処が難しいと判断された時。特に児童相談所は、虐待が疑われる時など、生徒の命に危険が及んでいると判断され、生徒も保護者から離れることを希望している時に連絡する。生徒がどう思っているかを聞き取るのは、担任の仕事。
スクールソーシャルワーカー
養護教諭
生徒指導担当
生徒
担任
学年主任
管理職
スクールカウンセラー
特別支援教育コーディネーター
児童相談所
担任以外への相談場所も生徒に紹介する。特にカウンセラーは、生徒が担任に話をしてもよいと言わない限り、相談内容は担任にも話されないことを伝える。先生以外の相談相手に救われる生徒もいる。

03 特性と個性

文部科学省の調査によると、公立小中学校の8.8%の児童・生徒が、人間関係の構築に悩んでいたり、授業中に座っていられなかったり、著しく学習ができなかったりすると言われています。私たちは医者ではありませんので、気になる生徒がいたとしても、心理検査等を保護者に勧めるのはタブーです。担任としてできるのは、「その生徒の受け皿の容量を知る」ということです。どこまでなら抱えられるのか、何がつらいのかを聞き、その子が過ごしやすい環境をできる限り整えてあげながら、保護者に学校での現状を伝え、一緒に育てていきたいという思いを伝えることが大切です。

04 ヤングケアラー

私たちは生徒を通して多くの家族の在り方を見ていますが、生徒にとっては今一緒に過ごす家族が「普通」であり「すべて」です。保護者の気持ちが不安定で常に心配している、親が大病を患っている等、生徒にとっての「当たり前」が、生徒の知らないうちに大きなストレスになっていることもあります。相談をされなくても、制服が汚れていたり、給食にとても執着があったり、面談で保護者が来なかったり等、接していて違和感を覚える場合があります。見逃さずに、家庭での状況を生徒に聞きましょう。同時に、生徒指導担当などから管理職を介し外部機関に相談できるようにしておきましょう。

12月 日本の伝統と文化で生徒の気持ちを育てる12月

▶12月の目標

季節行事や文化を生かして生徒の心を育てましょう。クリスマスにワイワイと楽しんだり、年末に大掃除をしたりすることは、ほとんどの生徒にとって当たり前のことかもしれませんが、中には年末年始が稼ぎ時でご家族が不在であったり、家庭の都合で日本の文化を取り入れていない家庭もあります。学校で意識的に学ばせるのは、生徒の将来の選択肢を広げる有効な手段です。

12月の学級経営を充実させるために

「学級レク（お楽しみ会・クリスマス会）の企画」

季節を感じさせる手段の一つとして、学級レクを企画する方法があります。クラス内の交流を増やすことももちろんですが、単純に「その時間を楽しむ」ということを目的にしても構いません。クリスマス会のように教室を飾り付けしたり、生徒と一緒にミニプレゼントを用意したり、準備の過程から楽しめるような会を企画しましょう。普段の学級レクにはない、年末、クリスマスだからこその「特別感」を演出できるとよいです。

「大掃除もノリノリに楽しく」

冬休み前の大掃除は、特に念入りに、かつ楽しく行えるとよいです。日常の掃除に加え、扇風機等の掃除、カーテンを外しての窓拭き、掃除ロッカーの中の整頓、掃除用具そのものをきれいにする……とにかく先生が思いつくだけ、ありとあらゆるところを清掃しましょう。「普段できないところ」というところがポイントです。「こんなところを掃除したい」と一覧にして示しておくと、生徒は自分たちで担当したい清掃場所を話し始めます。

注意事項

先ほども述べたとおり、家庭の経済状況や宗教の事情が最も色濃く出るのが冬休みの過ごし方です。どのような過ごし方がよい、悪いということはありません。教育という立場から、生徒が心から楽しいと思える企画、大切だと思える考え方を伝えるために、クリスマス会や大掃除を行ってください。

楽しく大掃除を行うコツ

ねらい：適材適所で掃除も楽しめる仕掛けをしよう

多くの生徒にとって、掃除は楽しいことではありません。無理矢理やらせても何となく雑巾がけをしたり、何となくほうきを持ってうろついて清掃の時間を終えてしまったりする生徒も出てきます。テーマをつくり、適材適所を割り当てて清掃をさせましょう。ロッカーの整理もこだわりましょう。

時間と目的をハッキリさせて、素早く丁寧な大掃除を！

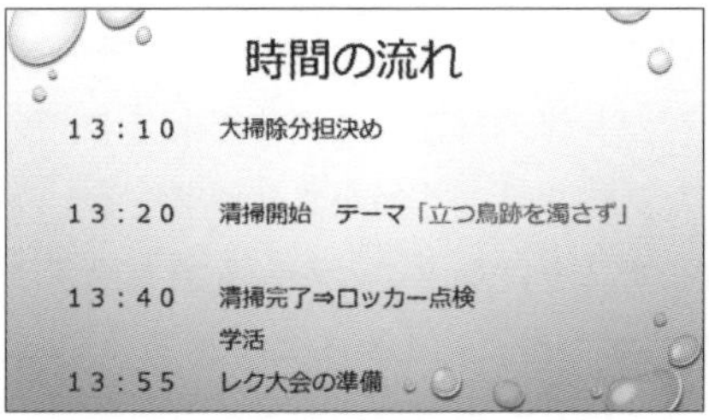
時間の流れ
13：10　大掃除分担決め
13：20　清掃開始　テーマ「立つ鳥跡を濁さず」
13：40　清掃完了⇒ロッカー点検
学活
13：55　レク大会の準備

限られた時間の中でできることを全部やりたいと伝えると、生徒たちはがぜんやる気になります。力自慢の生徒には机運びを、メカ系が得意な生徒には加湿器を分解しての掃除を割り当てるなど、適材適所を考えてあげるとよいでしょう。ロッカーの整理は、特に工夫していたり整頓できていたりする生徒のロッカーを写真に撮らせてもらい、真似をさせると、片付け方がわからない生徒も整頓することができます。

●工夫ポイント
① つっかい棒を使って棚を増やしている！（上にファイルを入れるルールのようですね）
② マグネットを利用して横や扉に収納スペースを増やし、デッドスペースを少なくしている！
③ ファイル整理用の箱を使って、教科書が倒れないようにしている！

●ロッカー使い上手は、常に美しく使いやすいロッカーを保っている！
→教科の準備をささっと行えるため、自分の時間をつくるのも上手になる！

いろいろなアイデア募集！よいことはみんなで共有しましょう♪

活動後のポイント

普段掃除をしないところを担当した生徒に「汚れ具合はどうだった？」と聞くと、どれくらい汚れていたか、どれくらい頑張ってきれいにしたかを語ってくれることが多いです。みんなで教室を見渡し、「これで安心して冬休みには入れるね！」と笑顔を見せてあげてください。

教科の行事

ねらい

弁論大会、英語スピーチ大会等、教科の行事も行われます。普段見られないクラスの様子が見られるよいチャンスです。

指導のポイント

教科の行事に関しては、学校ではなく学年規模で行われることが多いです。クラス単位で１つの出し物を用意したり、クラスから代表数名が発表したりします。特にクラス単位で何かを発表する場合は、担任が生徒同士の潤滑油の役割を担い、授業の様子を把握しながら生徒と会話をしましょう。また、教科に特化しているので、普段見られない生徒の様子を見ることもできます。担任として行事そのものを楽しみましょう。

クラス対抗の行事では？

教科の行事は、クラス対抗になるものもあります。例えば百人一首大会は、国語科主催の行事ではありますが、朝の会の前の自由時間や休み時間を使って各クラスで練習する場合が多いです。「得意でないから」と一歩引くのではなく、生徒の相手になったり、読み手になったりして生徒の本気を支えましょう。

なお、勝敗にこだわりすぎて生徒が他クラスを敵視しすぎてしまうことがあります。「○組がズルをした」等の言葉は日常茶飯事です。勝ちたかった気持ちはよくわかると理解を示した上で、他クラスをけなすことから意識を遠ざける工夫が必要です。「他クラスを悪く言うより、自分たちの行動や練習の取り組みで誇れることを増やそう」と伝えることで、クラスの魅力を見つけようとする生徒が表れます。

担任としてできること

01 準備・練習

教科担任の先生に許可を取り、その授業を見に行きましょう。練習風景や準備の様子を見ておくことで、行事が終わったときにその過程から価値付けをすることができます。また、教科の先生がどんな思いで準備に臨んでいるのかを知っておくとよいです。雑談程度で構いませんので、担当の先生からその行事にかける思いをきちんと聞いておいてください。担当の先生の思いや考えをくみながら、生徒に「みんなのこんな姿が素敵だった」「これは○○先生がみんなに感じてほしかったことなんだよ」と伝えると、生徒の行事に対する思いもさらに強まります。

02 本番・振り返り

体育祭や合唱コンクールは、練習の過程からすべてを見ているので、「これまでの練習の成果を出してほしい」という担任の思いが強く作用して冷静でいられない場合があるのですが、教科の行事は比較的冷静に見守ることができます。教科の先生が生徒の力を伸ばしてくれたことに対して感謝の気持ちをもちながら、生徒と一緒に本番を楽しみましょう。終了後は個別に声をかけてあげるのが効果的です。「あの場面のあなたが素敵だった」「この言葉に感動した」等、先生としてではなく、人としてその生徒へ感じたことを伝えてください。生徒との距離がぐっと縮まります。

［教科で主催する行事例］

イベントカレンダー

国語科
弁論大会(10月頃)
書き初め大会(1月頃)
百人一首大会(3月頃)

体育科
体育祭(5月～6月・10月頃)
水泳大会(7月～8月頃)
マラソン大会(10月頃)

音楽科
合唱コンクール(10月頃)
※合唱祭、合唱発表会など、勝敗がない場合もあります。

英語科
英語スピーチ大会
英語劇大会
※スピーチと英語劇が一緒に行われることもあります。

理科
自由研究発表会(9月頃)

［弁論大会の審査用紙例］

生徒用

2学年弁論大会　審査用紙

2年　組　番（　　　　　　　）

学年代表	発表者氏名と演題	メモおよび感想	話し方	声量	主張	筋	合計
	1組 ■■ ■■ さん 「■■■■■■■■■■」						
	2組 ■■ ■■ さん 「■■■■■■■■■■」						
	2組 ■■ ■■ さん 「■■■■■■■■■■」						
	3組 ■■■■ さん 「■■■■■■■■■■」						
	1組 ■■ ■■ さん 「■■■■■■■■■■」						
	3組 ■■ ■■ さん 「■■■■■■■■■■」						

すべて5点満点で採点。

採点基準

- **話し方**：原稿を見ずに聞き取りやすいスピードで話そうとしているか。
- **声量**：聞き取りやすい声量か。
- **主張**：弁士の主張がしっかりと伝わるか。
- **筋**：内容が論理的に述べられているか。

学年代表にふさわしいと思う人を一人選び、「学年代表」の部分に○を付ける。

弁論大会などは、ぜひ教師も審査に参加しましょう。
緊張して臨んだ生徒は、教師からの温かな言葉を待っています。

冬休み前の三者面談

ねらい

夏休み前の面談と異なり、進路のことも話さなければならないのが２年生12月の面談です。７月よりも学習に重きを置いた面談にできるよう準備をしましょう。

指導のポイント

生徒が頑張っていることを伝えること、温かな雰囲気で進めることに変わりはありません。学習の話をしたい時は、「３年生も目前ですから、学習の話もしておきましょう」と切り出すとよいです。また、生徒に兄や姉がいる場合は、すでに高校受験を経験している保護者の方がほとんどなので、「お兄さん（お姉さん）のご経験があるとは思うのですが……」と言うと、その時に苦労したことや、今の心配事を聞くことができます。

三者面談までにやっておくことリスト

□クリアポケットファイル（40ポケット）を用意する

□インデックスシールを用意し、生徒の名前を書く

□インデックスシールをクリアポケットに貼る（１ポケット１人の生徒）

□クリアポケットに、「あるとよい物リスト」（右頁に記載）の物を入れる

準備と心構え

01 準備

日常の生徒の様子はもちろん、前回の面談と比較してどのような力がどれだけ伸びているかということを話せるようにしておきましょう。「こんな声かけができるようになりました」「友人に対してこんな配慮ができるようになりました」等、家では話さない、見られないであろう様子を伝えられるとよいです。また、学習に関して話すための資料（２学期までの成績や、テストの素点など）を確認して、生徒の強みと弱みを客観的に話せるようにしておきましょう。その際、「努力ができる子」「考えることが好き」「工夫して学習に励んでいる」等、結果だけでなく学習の過程も話せるよう準備をしてください。

02 ニーズに応える

「学習のことを話す」と言っても、ただ同じことを話すのでは面談の意味がありません。基本情報は落とさないようにしながら、保護者のニーズに応えられるようにしましょう。学習面において必ず伝えなければならないことは、その生徒の現状と、２年生の成績が進路にどのように関連するかの２点です。２年生の成績がどのように関わるかについては、その生徒の兄弟構成をよく確認して、兄、姉がいるならば確認程度に、いない場合は丁寧に話す等、配慮をしてください。また、現状に関しても、何をどうすれば伸びるのかを保護者と生徒と一緒に考えましょう。

面談事にあるとよい物リスト

特に学習面においては、きちんと資料を示して話す必要があります。
用意したクリアポケットファイルの中には、以下の3つの物を入れましょう。

[三者面談までに行われたテストの素点表すべて]

保護者にとって、自分の子どもの成績がわかる最も身近でわかりやすい資料は、テストの点数です。もちろんテストの点数がすべてではありませんが、点数の推移や苦手教科への取り組み方などはお話しできます。

[各教科の提出物の提出状況リスト]

出されているものに○が付いているだけのもので充分です。教科担任の先生の力も借りて作成しましょう。

提出物は、思考の過程を知る上で大切だということも伝えてください。

[1学期の成績と2学期の成績を比べられる資料]

評定だけでなく、評価に着目しましょう。3学期は1、2学期すべての結果が反映されることも伝えましょう。

03 書類の提出について

学校からの配布物がご家庭に届いているか、確認しましょう。生徒が提出物にルーズな場合がほとんどですが、まれに保護者の方が提出物にルーズな場合もあります。家庭の状況を確認し、期限内に提出できるような工夫を生徒、保護者と一緒に考えてください。手紙を置く場所を決める、保護者に見せる手紙は同じファイルに入れるなど、何でも構いません。3年生になると、学校からの進路情報を確実に生徒から保護者に伝えてもらわなければいけないこと、締め切り厳守の書類も増えることを伝えましょう。3年生になる前に、提出物に関することは徹底しておいた方が、進路決定の時期にとても楽になります。

04 親子関係をチェック

問いかけをした時に生徒に話をさせるのか、保護者がすべて話すのか、親子同士で冗談を言い合えたり会話をしたりできているか、保護者が生徒に対して何かを諭したときに素直に返事ができるか等、どのような親子関係なのかを面談をしながら確認しましょう。たとえ反抗的だったとしても、思春期の一過性のもので、保護者の方に困り感がないのであればよいのですが、自分の子をどう扱ってよいかわからず困り果てている保護者の方もいます。あまりにも学校での様子と異なることがあったら、後日電話をして率直に気になったことを伝えてみましょう。必要に応じて保護者に寄り添うことも大切です。

大掃除

ねらい

冬休み前の大掃除は年末の文化を伝えるためにも、「自分たちが使っているところは自分たちできれいにする」ということを伝えるためにも有効です。

指導のポイント

文化や考え方などを伝えることも大切ですが、年末でもう少しで冬休み！という時に真面目な話ばかりしてもあまり効果はありません。義務のように掃除をさせても生徒は進んで取り組まないので、生徒の適材適所を考えて役割分担からこだわるとよいです。また、清掃のテーマを決めて取り組んでも楽しく清掃ができます。ことわざや名言に少し手を加えたような、ウィットにとんだテーマにすると、生徒も面白がってくれます。

生徒の心をくすぐる清掃ポイント

[窓の清掃（カーテン外し込み）]

安全最優先で、高いところも手の届く範囲で窓拭きします。ピカピカに磨いて、窓があるかどうかわからないくらいきれいにすることを目指しましょう。

[ドアや窓の溝]

日常の清掃で、ドアや窓の溝まで掃除することはありません。割り箸の先端に布やガーゼを巻いたお掃除棒を作り、生徒に渡すと、驚くほど集中してその溝を磨いてくれます。

[加湿器や冷暖房のフィルター]

想像以上に汚れているので要注意ですが、掃除機を貸すと生徒は楽しそうに汚れを吸い取ります。

指導の留意点

01 適材適所でやる気もUP

適材適所を自分で選べるようにしてあげると、生徒のやる気もUPします。「足腰鍛えたい人はぜひ雑巾がけを！」「(上の方を指さして）窓のあの辺りまで掃除したい……」「黒板消しだけでどこまで黒板をきれいにできるか試したい人はいる？」等と声をかけ、生徒の気持ちをくすぐりましょう。また、分担を決める際には、少し大げさに、いかにも気合いが入っているような雰囲気で清掃のテーマを貼り出すと生徒の反応もよくなります。大掃除のたびにそのテーマを掲げていると、生徒から「先生、今回もあのテーマですか？」と聞いてくるようになります。

02 きれいになったら

大掃除が終わってきれいになった教室を見渡しながら、「教室が美しくなった！」と感動を表現してみてください。そして、「見渡してごらん」と言うと、いつもより床に光が反射していることに気がついたり、窓の上の方まで磨かれていることに気がついたり、学級文庫が整理されていたりすることに気がつく生徒が現れます。そんな言葉がつぶやかれたら、日常的に清掃をすることの意味を伝えましょう。自分たちが生活するところは、自分たちの手できれいにすることで心が晴れやかになるということは、実感を伴ってこそ伝わります。

スライドで掃除のテーマを提示

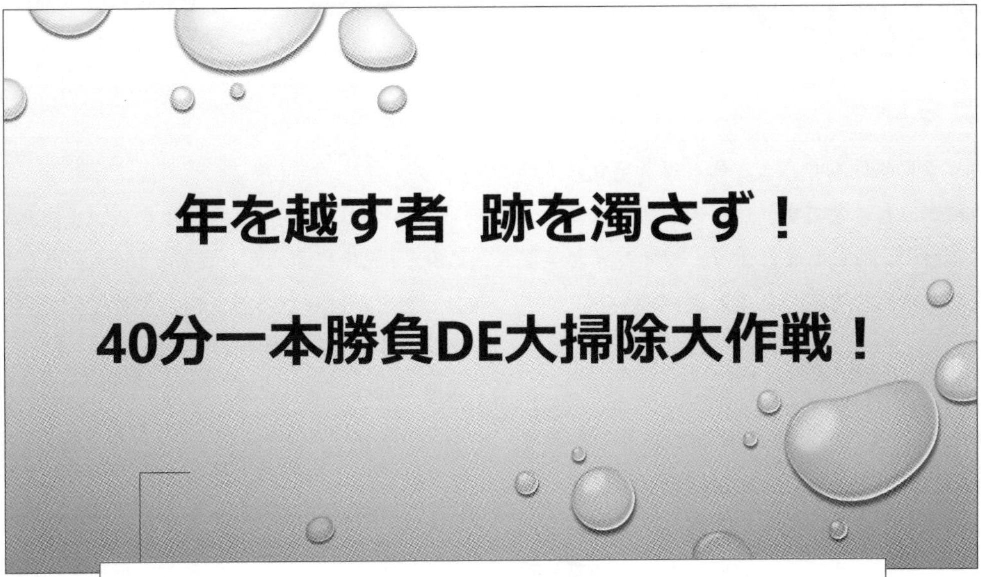

年を越す者　跡を濁さず！
40分一本勝負DE大掃除大作戦！

合言葉のようなテーマを設けると、大掃除を楽しむ生徒が増えます。

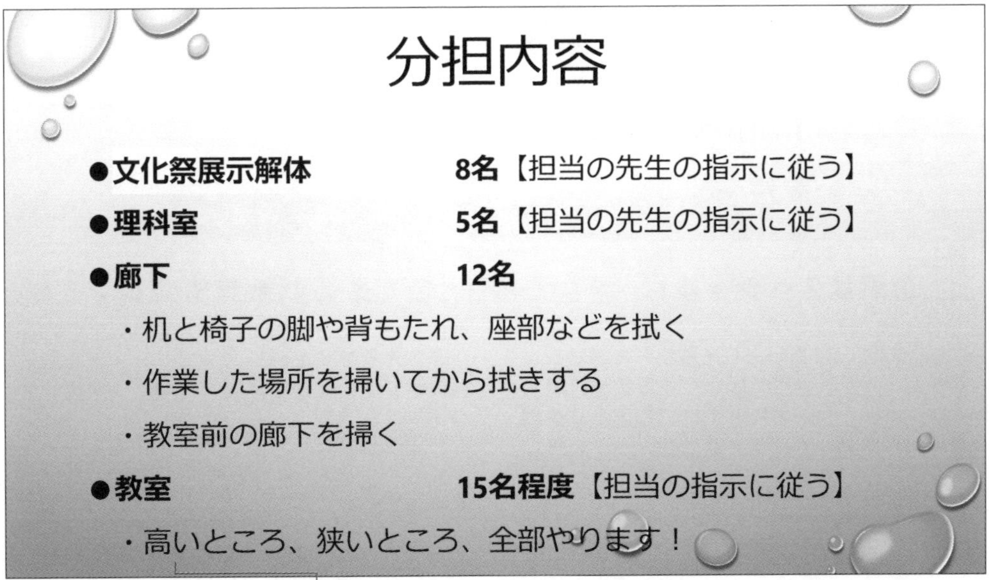

分担内容
●文化祭展示解体　8名【担当の先生の指示に従う】
●理科室　5名【担当の先生の指示に従う】
●廊下　12名
・机と椅子の脚や背もたれ、座部などを拭く
・作業した場所を掃いてから拭きする
・教室前の廊下を掃く
●教室　15名程度【担当の指示に従う】
・高いところ、狭いところ、全部やります！

清掃場所は、なるべく細かく指定してあげるとよいです。「この場所をきれいにするのは自分」という意識をもたせましょう。

冬休み前の学級レク

ねらい

もうすぐ冬休みで心も身体も浮き足立っている生徒がほとんどです。12月の学級レクは、お楽しみ会のようにしましょう。ワイワイと笑顔になれる企画を考えられるとよいです。

指導のポイント

ちょっとした特別感があると盛り上がります。例えば班対抗にして１位の班にはプレゼントを用意したり、クラスを装飾したりするだけで雰囲気が出せます。プレゼントと言っても特別お金をかける必要はありません。「給食のおかわり優先券」や、「先生にめちゃくちゃ褒めてもらえる券」等、班長会で話しながら決めましょう。「それをもらっても……」と思うようなものが入っていても面白いです。

お金のかからないプレゼント

景品にお金をかけることは望ましいことではありませんので、手作りでもらったら少しクスッとしてしまうプレゼントを考えるのも楽しいです。

○○券

「おかわり優先券」「昼休みの遊びを決められる券」「先生に褒められる券」「給食の時に好きな音楽をかけられる券」等、学校生活で生徒が喜びそうなものを作るのがよいです。また、「遊園地に行ってもいい券（費用は自腹）」「帰りの会でものまねできる券」等、「なんだこれ！」と笑ってしまうような内容の券があっても面白いでしょう。生徒にアドバイスを求めると面白いものをたくさん考えてくれます。ただし、誰かを傷つけるような内容の券や、「先生が１日生徒の言うことを聞く券」等、不適切な内容が作られないよう、プレゼントの中身は先生がしっかりと把握してください。

準備から当日まで

01 企画はスペシャルに

冬休み前は特に、「楽しさ」を重視して学級レクを行うとよいです。教室ではなく体育館や校庭で身体を動かすような企画でもよいでしょう。企画は11月頃から始め、アイデアは教師から、装飾はクラス全体で等、盛り上げるのは生徒の力に任せましょう。

02 生徒の発想で楽しく

クラスでやりたいレクリエーションを募集してもよいです。企画を募集する時は、学級レクの目的（とにかく楽しく、みんなでワイワイと過ごす等）をしっかりと説明した上でレクリエーションを考えるよう促すと、生徒の豊かな発想を見て取ることができます。

■教室の飾り付け例

[季節感のある飾り]

◀教室のドアにリースを飾ったり、小さなツリーを置いたりするだけで雰囲気が変わります。

[黒板アート]

◀絵の得意な生徒に頼むと、クオリティの高いものができあがります。

[輪飾りやガーランド]

◀いずれも、折り紙やスズランテープで簡単に作れます。朝登校した後やお昼休みなどに、工作が好きな生徒でちょっとずつ進めていくと、あっという間に完成します。

03 一緒に準備をする

学級レク当日も楽しいですが、準備をしている時の「徐々に完成に近づいている感覚」が最も楽しい時です。その楽しさを、生徒と一緒に味わいましょう。先生が一緒に準備してくれたという事実は、生徒にとってとてもうれしいことなのです。

04 振り返りも大切に

学級レクを行ったら、ただ「楽しかった」で終わらないように、みんなでワイワイと盛り上がる空間から何を感じたか、振り返りもきちんと行いましょう。また、3月にも学級レクを行うなら、どのようなことを行いたいかを聞いてもよいでしょう。

冬休み前の指導

ねらい

クリスマスやお正月が当たり前ではない家庭もあります。長期休みの中で、家庭の経済状況や宗教への考え方が顕著に出るのが冬休みです。すべての生徒への配慮を忘れずに。

指導のポイント

基本的な指導は夏休み前と同じですが、クリスマスやお正月等、生徒にとっては楽しい季節行事が盛りだくさんです。お金の使い方、遊びに出かけた先で身を守る方法などは、夏休み前よりも強調して話すとよいでしょう。なお、クリスマスプレゼントをもらえることは当たり前ではありませんし、お年玉がない家もあります。生徒に配慮して話をしましょう。

各国の年越しについて

冬休み前の指導で、お正月やクリスマスに全く触れないということは不自然です。一般論として話す方法の一つとして、日本以外の国ではお正月（年越し）をどのように過ごしているかという話をすることも効果的です。

例えばインドの新年は10月後半から11月で「ディワリ」と呼ばれます。中国の新年は１月下旬から２月上旬で「春節」と呼ばれます。このように、すべての国が必ずしも１月１日に新年を祝っているわけではないのです。

アメリカは、１月１日にお祝いをしますが、同じ国の中で時差があるため、地方によって年越しの時間が異なります。日本とは異なり、友人とワイワイ楽しみながら過ごすのが一般的です。スペインでは、12月31日から１月１日になる時にブドウを12粒食べる習慣があるそうです。

話題を「避ける」のではなく、新たなワクワクを生む材料にできるとよいです。

話すときの視点

01 季節行事は一般論で

その年に身内にご不幸があった場合は年賀状のやりとりはできませんし、クリスマスの捉え方も宗教によって様々です。「楽しみなことがたくさん待っている人もたくさんいるかもしれませんが」等、具体的な話は避け、生徒全員に当てはまる言葉を使いましょう。

02 お金の使い方

職場体験で、お金を稼ぐことの大変さは少し理解していると思います。経験を思い出させて計画的な使用を促してください。自身が中学生の時のこと（全部使っていた、半分は貯金していた等）を話したり、今どうお金を管理しているかを話したりすることも効果的です。

冬休みの過ごし方

（1）計画的な生活
○冬休みの計画をしっかり立てて、時間を有効に使いましょう。
○夜ふかし、朝寝坊などで、生活のリズムが崩れ、1月からの学校生活に影響が出ないようにしましょう。

（2）目標をもった学習
○学習時間を自分で決めて、計画的に取り組めるようにしましょう。
○学校で出された課題だけでなく、冬休み前の反省をふまえて、不得意な教科の復習をするなど、目標をもって学習をすすめましょう。

（3）家族の一員としての生活
○家族の一員としての役割を果たし、家の手伝いをするなど、家庭での生活のよき協力者になれるような習慣を身につけましょう。
○家庭での親子の会話を大切にしましょう。

（4）健康管理
○不規則な生活を送って、健康を害さないように注意しましょう。
○暴飲暴食などで、体調を崩さないようにしましょう。
○インフルエンザに対する予防等の健康管理（手洗い・うがい等）を心がけましょう。
○ご家庭で感染が判明した場合については学校に連絡をしてください。また、発熱などの風邪症状が見られるときは、速やかに医療機関で受診しましょう。
○外出した、マスクをするなどの感染防止対策を徹底してください。また、水分補給を適切に行ったり、マスクの着脱の工夫など健康管理に気をつけましょう。

夏休み前と同じく、生活指導（生徒指導）から「冬休みの過ごし方」というプリントが配られるでしょう。長期休み前の指導はこのプリントをもとに行います。特に、家族との時間の過ごし方、出かける時の家族との約束などはきちんと確認するよう伝えましょう。

03 意識して身を守る

お年玉をもらって、ちょっと気持ちがたかぶっている中学生のことを狙っている大人も、残念ながら存在します。そういう人が世の中にはいるのだ、ということを真剣な表情で伝えましょう。そして、何かあったらすぐに信頼できる大人に相談することを生徒と約束しましょう。

04 いよいよ3年生

冬休みが終わると、いよいよ3年生進級に向けてラストスパートです。冬休みを楽しむことと一緒に「３年生に向けての大切な１年が始まるね」と言い、新たな年が自分たちにとって大切な年なのだという意識を生徒の中でもてるような声をかけられるとよいです。

3年生進級に向けて準備を始める1月

1月の目標

このクラスで過ごすのも、残り3ヶ月となりました。進級に向けて、本格的に準備を始める時です。クラス、または2年生という閉鎖的な枠の中で楽しんでいたところから、3年生が努力する姿勢に目を向け、1年生がのびのびと学校生活を送れるよう配慮し、どのような学校をつくっていくかに目を向けられるような2年生に育てましょう。

1月の学級経営を充実させるために

「先輩の姿をたくさん話す」

3年生は、冬休みを終えていよいよ進路実現に向けて動き出しています。私立の推薦入試が始まるのも1月頃です。冬休み中に願書や調査書を送る場合もあります。冬休み中に3年生がどのような動きをしていたのか、入試日程はどうなっているのか等、3年生の「今」をたくさん話しましょう。話を聞いているうちに、「来年の冬休みは今年のようにのびのびできないのか！」と気づく生徒が現れます。受験と聞くと苦しくつらいもののように感じますが、本格的な受験シーズンを迎える前に、3年生は多くの行事を楽しみ、部活動に一生懸命になっていたはずです。楽しいことがたくさん待っているということを伝えましょう。

「雰囲気の違いをチェック」

冬休み明けは、夏休み明けの次に生徒の雰囲気が変わる時です。目に見えるところ（服装や髪型）はもちろん、生徒の目線や話し方、人間関係にも気を配り、どんなに些細な変化でも見逃さないようにしましょう。生徒対応に関して、「気にしすぎ」はありません。「なんだ、考えすぎだったか」と思えるくらい、生徒のことを気にかけておくとよいです。

注意事項

3年生になるという意識を強くもたせるには、「今の3年生が卒業してしまう」ということを感じさせることが効果的です。3年生を送る会の計画が始まるのもこの時期ですので、行事も利用しながら2年生の気持ちを来年度へ向けられるとよいです。

３年生の卒業を意識させるコツ

▶ねらい：３年生を送る会の企画を考える過程で、来年度の自分に思いを馳せる時間をつくる

３年生にどのような気持ちで卒業してもらいたいかを考える時間は、２年生の心を大きく成長させます。「３年生に○○と思ってもらいたいから、もっと△△ができるようにならなければならない」と、自分の成長を自分ごととして捉えるからです。

▶どのような思いを込めて３年生に何を贈るかを考える

３年生を送る会については、実行委員が中心となって企画することがほとんどです。どのような目的で、何を伝えるのかをはっきりさせるとよいです。

右の写真の例だと、目的のところに「３年生の想いを引き継ぎ、今後は自分たちが自校の文化や伝統を守っていくという思いを示す機会とする。また、今までお世話になった３年生に感謝の気持ちを表し、義務教育終了を祝福する機会とする」とあるので、３年生がどのような思いでこの学校を率いてきたのかを考える時間、これまで守られてきた伝統や文化（この学校のよいところ）を考える時間、感謝と祝福を表すにはどのような方法があるか、何をしたら３年生は喜んでくれるかを考える時間を取ります。時間が取れない場合は、このようなことを聞けるアンケートを取ってもよいです。

令和４年１月13日（木）

第２回送別会実行委員会資料【三継会準備 Ver.】

１．目 的　**３年生**
6 期生が 3 年間で築いた文化や伝統、学年で大切にしてきたことなどを惜しみなく 1，2 年生に披露し、自分たちの想いを「継ぐ」機会とする。また、義務教育終了の一区切りとして、3 年生自身も高校進学に向けてさらに気持ちを高める機会とする。
1，2 年生
3 年生の想いを引き「継ぎ」、今後は自分たちが附属中の文化や伝統を守っていくという想いを示す　機会とする。また、今までお世話になった 3 年生に感謝の気持ちを表し、義務教育終了を祝福する機会とする。

２．日 時　令和 4 年 3 月 23 日（水）　3 校時～4 校時（10：55～12：25）
＊40 分時程継続の時程です。今後変更になることもあります。
＊準備・退場・片付けを含んで 4 校時終了の予定です。

３．場 所　メインアリーナ

４．内 容
①３年生入場　＊情勢を鑑み、出来る範囲で華やかに　（３分）
②開会のことば　【送別会実行委員から１名】　（１分）
③校長先生のお話　（２分）
④生徒会長のことば　【2 年 ■■】　（１分）
⑤１年生からのメッセージ　（７分）
⑥２年生からのメッセージ　（７分）
⑦送別会実行委員企画　＊思案中　（10 分）
⑧３年間の思い出ムービー　＊3 年送別委員が中心に作成　（５分）
⑨３年生からのメッセージ　（７分）
⑩閉会のことば　【送別会実行委員から１名】　（１分）
⑪３年生退場　＊情勢を鑑み、出来る範囲で華やかに　（３分）

５．先生方の役割分担

役割	職員担当	生徒担当	内容
運営関係生徒指導	■■・■■	送別会実行委員 生徒会本部役員	全体の企画立案・準備及び当日の運営
各学年の メッセージ指導 (プログラム⑤・⑥・⑨)	1 年：■■ 他 2 年：■■ 他 3 年：■■ 他	学年委員ほか (三継会委員を作っても良い)	学年からのメッセージの内容を企画立案 学年練習の計画・運営 ＊学年職員全体で指導をお願いします
思い出ムービー作成	■■・■■	3 年文化委員 3 年送別会実行委員 3 年学年委員(三継会委員)	3 年間の思い出ムービーの作成
放送機器準備・記録	■■	放送部	リハーサル及び本番の放送機器準備 事前の動作チェック
歌唱指導	■■	各クラスパートリーダー	メッセージ内で歌う場合の歌唱指導 ＊情勢を鑑み、1 月に入ってから判断

６．決めること　①上記 4 の内容　②当日の役割分担（どんな役割が必要か？）
③当日のアリーナの配置　いずれも 1 月 18 日（火）までにめどを立てたい。

７．準備に関して
・裏の日程表を確認しながら進める。学年のメッセージについては職員会議で依頼済み。
・放課後使用出来る日がほとんどないので、朝や昼も有効活用する。
・メインアリーナでのリハーサルができるのは、当日の 1，2 時間目の予定。

目的が何かがわかると、生徒の想像力は途端に豊かになります。「想い」が必要な行事は、生徒の発想力で充実したものになりますので、丁寧に指導してください。

▶活動後のポイント

３年生への贈り物が決まると、生徒は生き生きと活動し始めます。ただ、そのままにしておくと「完成させること」や「間に合わせること」がゴールになりがちです。何を伝えたいのか、「気持ち」の面での目的の確認を怠らないようにしましょう。

人権教育

ねらい

教師として絶対に許してはならないのが「いじめ」です。いじめが起こらないようにするためにどうするか、実際に起きてしまったらどうするか、私たちにできることを挙げます。

指導のポイント

いじめは何よりも「未然防止」が必要不可欠です。未然防止のためには「いじめを許さない」という態度を先生が貫き通すこと、多様性を認める心を育てる学級活動を行うことが有効です。それでもいじめが起きてしまったら、学年の先生と保護者に協力を仰ぎ、いじめを受けた生徒の心のケアと、いじめてしまった生徒の教育に全力を注ぎます。いじめてしまった生徒には、「いじめてよい理由は何一つない」ということを伝え続けます。

相手を大切にするとは

[人権教育]

1948年12月10日に国連総会で「世界人権宣言」が採択されたことから、日本では毎年12月4日から10日を人権週間と定めています。毎年多くのリーフレットや人権教育用の教材が学校に届きますので、それを学活や道徳で利用し、他者も自分も大切な存在であるいうことを説きましょう。10個ほどの権利の優先度を考えていく、筑波大学の唐木清志教授の考案した「権利の熱気球ゲーム」は、人権を考えさせる上でとても効果的です。

[動画を利用]

文部科学省の動画教材「ともだち・かかわりづくりプログラム」がとてもわかりやすいです。小学校高学年向けで中学２年生に見せるには少し幼稚な印象はありますが、ただいじめをダメと言うのではなく、「これもいじめなの？」という事例を取り上げていることで、すべての生徒に無縁ではないことを伝えてくれます。

本時の展開

01 いじめの定義

いじめは「児童生徒に対して、当該児童生徒が在籍する学校に在籍している等当該児童生徒と一定の人的関係のある他の児童生徒が行う心理的又は物理的な影響を与える行為（インターネットを通じて行われるものも含む）であって、当該行為の対象となった児童生徒が心身の苦痛を感じているもの。」と定義されています。

相手が嫌な思いをして苦痛を感じたら、意図していなかったとしても「いじめ」なのです。教員はわかっていても生徒は見落としがちなので、これは意識して伝えていくべきであり、教員も生徒の思いを軽んじることなく、受け止め対処する必要があります。

02 多様性を認めるスキルトレーニング

相手のいいところをカードに書いてプレゼントする「あなたにプレゼント」というソーシャルスキルトレーニングが効果的です。詳しくは「ソーシャルスキルトレーニング」のページ（pp.70-71）をご参照ください。常日頃、他者を認め自分も認められる空気感をつくり続けましょう。

権利と行動を結びつける活動

私たちに与えられている権利と、実際の行動がどのように結びつくかを考える活動です。

権利は教師が提示し、いくつかの場面を書いたカードを用意して、どの権利に当てはまるかを考えます。

一人で考える時間を設けた後、班で組み合わせを考え、全体で答え合わせをします。生徒によって導く答えが変わり、楽しみながら権利学習を行うことができます。

●示す権利一覧（川崎市子どもの権利に関する条例より）

- 安心して生きる権利
- ありのままの自分でいる権利
- 自分を守り、守られる権利
- 自分を豊かにし、力づけられる権利
- 自分で決める権利
- 参加する権利
- 個別の必要に応じて支援を受ける権利

●関連する行動（例）

・自分に関する情報が自分の知らないところで利用されないこと
・自分に関することを自分で決めることができる
・秘密が侵されないこと
・命が守られ、尊重されること
・自分の意見を表明し、その意見が尊重されること

（参考：『「子どもの権利学習」資料』川崎市人権尊重教育推進会議）

03 いじめてよい理由はない

自分の感情を伝える手段として、相手が嫌がることをするのは間違っています。「だって〇〇が××だったから」と、さも当たり前のように理由を述べる生徒がいますが、「相手が嫌がることをやってよい理由など、どこにもない」と伝え続けましょう。

加害生徒も何かに傷ついて行動していることがありますので、何が嫌だったのか、つらかったのかをメッセージとして伝えられるよう、指導できるとよいです。「あなたにこう言われて悲しかった」「私はあなたの〇〇で傷ついた」等、「私はあの時こう思った」を、必要に応じて担任が間に入って伝えられるような場面を作りましょう。

04 生きていることは素晴らしい

私たちにどのような権利があるのかを知ると、生徒たちは「知らない間に自分が守られていること」に気がつきます。そして自分の行動を振り返り、意図せずとも誰かを傷つけた経験がある生徒は、他者の権利を侵したという事実にも気がつきます。そして、それがどれだけ罪深いのかを感じます。人権教育は、差別やいじめを他人事ではなく自分事として捉える機会として最適です。いじめだけを否定すると、03の例のようにいじめられる側へ責任転嫁をする生徒が出ますが、人権教育を行うことで「いじめ」ではなく「他者が生きる権利を侵害している」と考えられるようになります。

3年生に向けての意識付け

ねらい

最後にして最大の一押しです。３年生に対して、そして先生に対して、自信をもって「あとは私たちに任せて！」と言える２年生に育てましょう。３年生を送る会を意識してもよいです。

指導のポイント

委員会活動や部活動で携わった３年生から面接練習をお願いされる等、３年生が進路実現に向けて頑張っている姿を教師は目の当たりにしているでしょう。後輩に尽くした３年生が自分のために頑張っている姿を伝えることで、２年生の意識は変わります。「昨日面接練習をしたのだけど」「３年生の○○さんと話したのだけど」と、３年生が今思っていることを伝え、どのような２年生だったら３年生が安心するかを考える時間をつくりましょう。

3年生から聞きたいことリスト

３年生からこんな言葉を聞けたら、ぜひクラスに伝えてください。

・２年生のうちに○○をしておいてよかった
・職場体験（等、２年生の行事）でこんな体験をしたのが進路につながった
・数学（などの各教科）は２年生のうちに○○をやっておくといい
・３年生になってから○○を頑張ってよかった
・あと３ヶ月は○○な気持ちで過ごしてほしい
・こんな３年生になってほしい

なお、こういう言葉を聞くためには先生の問いかけ方も重要です。「２年生での活動が今につながっていると思うことはある？」と聞くと、上記のような話をしてくれる可能性が上がります。

本時の展開

01 3年生の今を伝える

３年生との面接練習で感じたこと、３年生と話していて印象に残った言葉など、「３年生の生の声」をクラスに届けられるとよいです。その際、「もっと勉強しておけばよかった」という言葉は、紹介程度でよいです。なぜかというと、ほとんどの３年生から聞かれる言葉だからであり、どれだけ努力している人でも抱く感情だからです。面接練習の後に、３年生に「２年生の時にしておいてよかったこと」を聞いてみるとよいです。「こんなことをしておいてよかった！」「こんな考え方をもててよかった」等の言葉が聞けたら、すかさずクラスの生徒に伝えましょう。２年生の生徒には、より年の近い３年生の言葉がよく響きます。

02 3ヶ月の見通しを

３学期最初の学級活動の時間に、１月から３月の予定を一覧にして生徒に見せ、残り３ヶ月の見通しを伝えましょう。その時に、２年生の予定だけでなく、３年生の動きにも軽く触れられるとよいです。①私立高校の推薦と一般・公立高校の受験日程　②３年生がいつから卒業期の特別時間割なのか　③３年生の卒業式はいつなのか　④３年生を送る会のためにいつまでにどのような準備をしなければならないのか　の４点を伝えると、生徒は、３年生がいかに時間のない中で過ごしているのか、そして自分たちもあっという間に３年生になってしまうということに気づけます。

■1～3月の行事一覧

進級カウントダウン！

日付	曜日	あと	担当	行事
1月24日	火	39	■■さん	各種委員会
1月25日	水	38	■■さん	職員会議
1月26日	木	37	■■さん	生徒評議会
1月27日	金	36	■■さん	
1月28日	土			
1月29日	日			
1月30日	月	35	■■さん	生徒集会
1月31日	火	34	■■さん	
2月1日	水	33	■■さん	学習会
2月2日	木	32	■■さん	4時間一斉下校
2月3日	金			
2月4日	土			
2月5日	日			
2月6日	月			
2月7日	火	31	■■さん	学力推移調査
2月8日	水	30	■■さん	一斉下校
2月9日	木	29	■■さん	
2月10日	金	28	■■さん	
2月11日	土			
2月12日	日			
2月13日	月	27	■■さん	
2月14日	火	26	■■さん	English camp
2月15日	水	25	■■さん	English camp
2月16日	木	24	■■さん	English camp
2月17日	金			
2月18日	土			
2月19日	日			
2月20日	月	23	■■さん	学習会
2月21日	火	22	■■さん	学習会
2月22日	水	21	■■さん	学習会
2月23日	木	20	■■さん	学年末テスト①
2月24日	金	19	■■さん	学年末テスト②

見通しを伝えるためには、１月から３月までの学校行事が一覧になっているものを用意するのが一番です。これには、１月中旬から２月にかけて行うと効果的な、クラス解散までのカウントダウン用の情報も兼ねると、見通しと一緒に「２年生もあとわずかだ」と思う気持ちを育てることができます。

修学旅行の準備

ねらい

本格的な行程を考えるのは3年生になってからですが、事前学習は2年生から行うこともあります。「学びを修める」ための事前学習は2年生の後半から充実させましょう。

指導のポイント

修学旅行は、生徒が中学校3年間のうちで最も思い出深いと感じる行事の一つです。行き先は地域によって異なりますが、修学旅行で何を感じてほしいのか、何を学んでほしいのかは、学年職員の会議ですでに明確になっているはずです。「非日常」を楽しもうとする生徒の気持ちにも理解を示しつつ、「なぜ3年生で修学旅行に行くのか」という根本的な理由を皆で考える時間を取ると、生徒が修学旅行の意義を考えるきっかけになります。

3年生で修学旅行へ行く理由

3年生で修学旅行へ行く理由など、中学生は考えません。中学生が自力ではもてないような視点を教員から与えると、生徒は考え始めます。理由は1つではありませんので、中学生なりに考えた正解が少しでも出れば「準備」の第一段階はクリアです。でも、考えさせて終わりでは、その時間に学びがありません。私たち教員からは、「修学」の意味について触れてあげるとよいでしょう。次のような内容を話してあげてください。

中学校を卒業すると、二度と「学校」という場所には所属しない生徒もいます。これまでの学びの集大成として、教室で教科書や黒板とにらめっこするのではなく、実際に現地に赴き、見て、触れて、聞いて、感じて、これまでの学習と結びつけて新たな考え方や生き方を導き出すために、修学旅行へ行くのです。

時前学習のパターン

01 テーマに沿って調べる

事前学習の行い方にもいろいろありますが、ここでは学年の規模や生徒のレベルに合わせた事前学習の例を2例ご紹介します。事前学習の目的に合わせて使い分けてください。中学2年生の事前学習は、「修学旅行の行き先に興味をもつ」くらいでもよいです。

1つ目は、事前学習のテーマをいくつか用意し、そのテーマに関して調べるやり方です。例えば行き先が京都・奈良の場合は、神社仏閣、食文化、歴史、方言、観光地としての工夫などをテーマとして掲げ、各自でレポートのようなものを作らせ、掲示すると、修学旅行に関しての情報量が一気に増えます。個人で作業ができるのもポイントです。

02 掲示物で意識UP

2つ目は、個人や班で1つ神社仏閣を担当させて、その班で掲示物を作る方法です。「班行動の時に行きたいと思えるような情報を入れよう」と言い、調べ学習で場所や歴史、入館料など、掲示物に必要な情報を整理します。必要な情報を整理したところで、「カラフルでわかりやすい掲示物を作ろう」と促します。例として旅行雑誌を見せると、生徒がイメージしやすくなります。画用紙やPC等、作りやすい手段を選択してください。右ページは、2つ目の例でPCを使用し生徒が作ったポスターです。拝観料などの基本情報の他に、歴史やキャッチコピーなども入っており、見る人を引きつける工夫ができています。

オリジナルポスターの例示

旅行雑誌やホームページを見せながらオリジナルのポスターをつくります。下のようにテンプレートを示すと、生徒も取り組みやすくなります。デザインはテンプレート通りでなくて構いません。生徒のセンスに任せてみましょう。PCを使うととてもきれいに仕上がります。

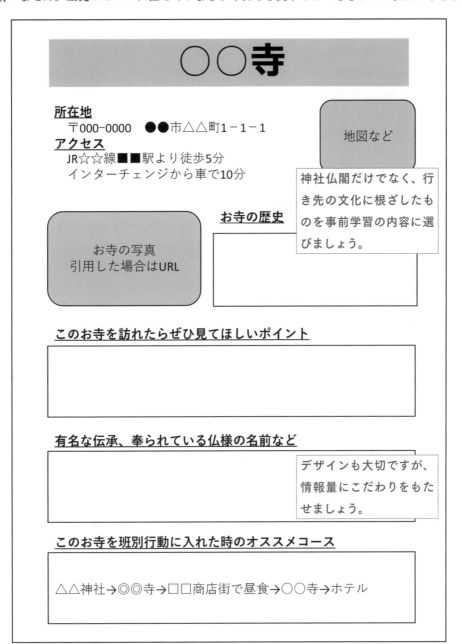

○○寺

所在地

〒000-0000　●●市△△町1－1－1

アクセス

JR☆☆線■■駅より徒歩5分

インターチェンジから車で10分

地図など

神社仏閣だけでなく、行き先の文化に根ざしたものを事前学習の内容に選びましょう。

お寺の写真
引用した場合はURL

お寺の歴史

このお寺を訪れたらぜひ見てほしいポイント

有名な伝承、奉られている仏様の名前など

デザインも大切ですが、情報量にこだわりをもたせましょう。

このお寺を班別行動に入れた時のオススメコース

△△神社→◎◎寺→□□商店街で昼食→○○寺→ホテル

2月 3年生へのカウントダウンスタート！ やり残したことがあったら今すぐ挑戦したい2月

▶2月の目標

3月は本当に慌ただしく過ぎていきます。学校行事も立て込み、生徒とゆっくり話したりじっくり考えたりする時間は皆無です。3月にクラスで取り組みたいこと、3月に生徒に感じてほしい想いは、すべて2月に「仕込む」つもりで計画を立てるとよいでしょう。最後の月を充実した月にするために、できる努力はすべて行いましょう。その教師の姿勢に生徒もついてきます。

2月の学級経営を充実させるために

「3月に何を行いたいか考える」

これまで、体育祭や合唱コンクール等多くの行事を通して、また何気ない日常の会話を通して、担任として様々なことを生徒に伝えてきたと思います。また、伝えてきた以上のことを生徒が先生に教えてくれたということもあるかもしれません。「私が担任として目指してきた理想のクラスはこれなのだ」「理想の人はこういう人なのだ」ということを伝えられるような3月にできるよう、クラスでどのような企画を行うのか、計画を立て、種まきをしましょう。

「クラスに語れるラストチャンス」

目標のところにも書いたとおり、3月はとにかくあっという間に過ぎていきます。また、3月は集大成であり、これまでに培ってきたクラスの雰囲気や個人の考え方をいきなり変えることはできません。生徒に伝えたいことは2月までに伝えましょう。4月に掲げた理想と一貫した内容になっているかどうか、今一度確かめてから語ってください。首尾一貫しているだけで、生徒は「この先生は話す度に話が変わらないから信用できる」と思ってくれます。

注意事項

3月に行いたいことを2月に準備し始めるのは、準備をする生徒のためでもあります。最後の学級レクなどを企画させる時は、生徒に準備の期間がたくさんある方が、よく考え、よく練られたレク大会を行えます。自分だけでなく生徒も満足できる3月になるよう、配慮しましょう。

生徒に少しずつ学年末を意識させるコツ

▶ねらい：カウントダウンで意識アップ

１月から３学期がスタートする学校も多いでしょう。少しずつ減っていく日数を見ると、生徒の多くが「あと少し……」と感じ始め、友だちとの日々の会話を大切にし始めたり、このクラスであったことを愛おしそうに話し始めたりして、自然に仲間意識を高め始めます。

▶クラス解散までのカウントダウン

よく行う方法ではありますが、クラス全員で１枚のカウントダウンシートを作るのはとても効果的です。「あと○日」の○には、自分の出席番号を記入し、クラスのみんなへの一言を記入するだけでできあがるので、多くの時間も必要ありません。また、数字は思い思いにデコレーションさせると、立派な掲示物になります。

カウントダウンを記入させるには、一緒に誰が何月何日担当で、その日に行われる学校行事を記したものを配るとよいでしょう。みんなへの一言の中に、その行事についての意気込みを盛り込むよう伝えると、「今日は今年度最後の委員会活動だね」「待ちに待った球技大会だ！」などといったコメントが書かれ、より温かみが増します。

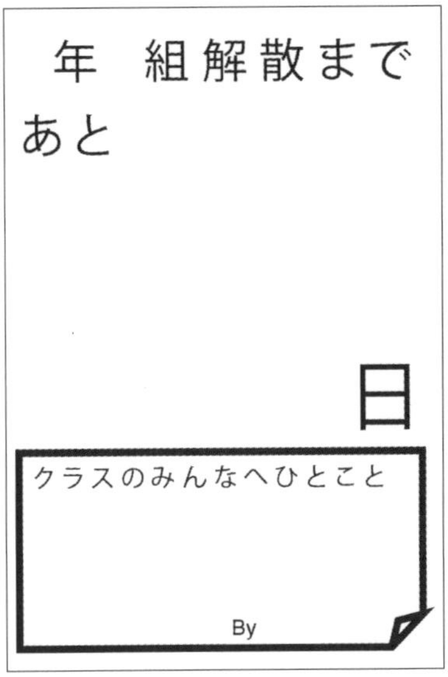

進級カウントダウン！

日付	曜日	あと	担当	行事
1月24日	火	39	■■さん	各種委員会
1月25日	水	38	■■さん	職員会議
1月26日	木	37	■■さん	生徒評議会
1月27日	金	36	■■さん	
1月28日	土			
1月29日	日			
1月30日	月	35	■■さん	生徒集会
1月31日	火	34	■■さん	
2月1日	水	33	■■さん	学習会
2月2日	木	32	■■さん	4時間一斉下校
2月3日	金			
2月4日	土			
2月5日	日			
2月6日	月			
2月7日	火	31	■■さん	学力推移調査
2月8日	水	30	■■さん	一斉下校
2月9日	木	29	■■さん	
2月10日	金	28	■■さん	
2月11日	土			
2月12日	日			
2月13日	月	27	■■さん	
2月14日	火	26	■■さん	English camp
2月15日	水	25	■■さん	English camp
2月16日	木	24	■■さん	English camp
2月17日	金			
2月18日	土			
2月19日	日			
2月20日	月	23	■■さん	学習会
2月21日	火	22	■■さん	学習会
2月22日	水	21	■■さん	学習会
2月23日	木	20	■■さん	学年末テスト①
2月24日	金	19	■■さん	学年末テスト②
2月25日	土			
2月26日	日			
2月27日	月	18	■■さん	学年末テスト③
2月28日	火	17	■■さん	生徒評議会
3月1日	水	16	■■さん	GTEC
3月2日	木	15	■■さん	
3月3日	金	14	■■さん	送別会

▶活動後のポイント

カウントダウンは、上部に穴を空けてリングを通してフック付きのマグネットや画鋲にかけておきましょう。また、日にちが過ぎてしまったカウントダウンは、教室の掲示板に貼っておきましょう。その掲示板が少しずつしいっぱいになることで、生徒の気持ちも少しずつクラス解散に向き始めます。

生徒への声のかけ方

ねらい

心地よい距離感は生徒によって異なります。「どの生徒とも楽しく雑談ができるか」を考えた時に、「できる！」と自信をもって答えられるようにします。

指導のポイント

つい、気になる生徒にばかり気持ちが向かってしまいますが、普段なかなか近寄ってこない生徒や、教員の力を借りずにそっと誰かの支えになってくれているような生徒に目を向けましょう。自立している生徒ほど、教師のところへはやってきません。しかし、そのような生徒でも困ったり悩んだりすることはあります。そういう生徒が力を借りたいと思えるのは、いつも自分のことを見てくれていて応援してくれると確信をもてる先生です。

少数で真剣な話をしたい時

教育相談などの改まった場でなくても、真剣な話はできます。「04」で簡単に触れましたが、生徒の表情を見て少しゆっくり話す必要があると感じるときは、２人で話す場所と時間を設けましょう。ほんの少しの時間でも構いません。

［朝や帰りに呼ぶ］

いきなり「今日の帰り、残れる？」と聞いたところで生徒は驚いてしまうので、「04」に書いたようにゴミ捨てのついで、掲示物貼りのついで等で話をし、その生徒の表情を見ながら気になっていることについて聞き出し、改めて時間を取るのがよいでしょう。

［昼休みに校庭で］

クラスがボール遊びに励んでいるところを、一人でぽつんと眺めている生徒もいます。「いつも一人だな」と眺めるのではなく、すっと隣に行って雑談をしてください。

声かけのタイミング

01 雑談力向上「～してみる」

生徒が読んでいる本と同じ本を読んでみる、生徒が話題にしている動画やテレビ番組を見てみる、生徒同士の会話に加わってみる、生徒と一緒に校庭で遊んでみる等、とにかく生徒の興味の向く先に一緒に行ってみるのが大きなきっかけの一つとなります。

02 「ながらしゃべり」は効果的

生徒に近づこうと頑張っている感じが出てしまうと、生徒は離れていきます。給食のお盆を手渡しながらテレビの話題を振る、何かを提出しに来た時に「部活動は順調？」と聞く、清掃しながらアイドルの話をする等、何かをしながらだと自然と会話に加われます。

［雑談のシチュエーション］

教室で授業前に

廊下ですれ違いざまに

正門前で登下校時に

［雑談の内容］

中学生の間で話題になっていること
- 書籍
- テレビ番組
- 動画配信サイトの動画
- アイドル

例「昨日の歌番組に出演していた○○さん、最近CMでもよく見るけど、何で有名になったの？」

学習方法
- 教科の豆知識
- 教師が中学生の頃の勉強方法

例「すいへーりーべー、私も覚えたよ！小テストはいつ？　覚えたらどっちがたくさん覚えているか勝負しよう！」

趣味のこと
- 生徒の趣味のこと
- 教師自身の趣味のこと

例「○○さん、私もその作家さん好きなんだ。△△は読んだ？」

2月

03 随所に思いや生き方を

「生徒の流行をよく知っている人」という印象だけにならないよう、自分の思いや生き方を少しずつ出していくとよいです。提出物を受け取るときに「その丁寧な出し方、私は好きだよ」等と言うことで生徒の自己肯定感は高まります。

04 真剣な話は少数で

気になる生徒がいて少しじっくり話を聞きたい場合は、自然と２人になれる時間をつくりましょう。掲示物を貼る手伝いを依頼して一緒に貼る、掃除の後のゴミ捨てに一緒に行く等、方法はいろいろあります。その数分が生徒の心を救う時もあります。

薬物乱用防止教室

ねらい

薬物乱用防止教室は、文部科学省において、年１回は必ず行わなければならないとされている教育です。担任として伝えることは、とにかく薬物は怖いということの１点です。

指導のポイント

生徒にとって薬物はとても遠い存在であることが多いですが、まずは身近であるということを認識させましょう。その後、違法ドラッグについて、身体はどうなっていくのか、誘われた時の断り方の順番で話しましょう。断り方は、ロールプレイのような形をとるとよいです。生徒同士だけでなく、先生が先輩を演じてすごみを出しながら生徒に薬物を使うよう責め寄るなど、「断りにくさ」も体験させるとよいです。

補足情報の伝え方

薬物乱用防止教室は、養護教諭や健康教育に関する分掌から指導案が提案され、その指導案に従って話をしたり、養護教諭が授業を行ったりする学校もあります。その場合、担任として特別長い時間をかけて準備をすることはほとんどありません。しかし、指導案からそれないように、生徒により深く理解されるように様々な資料を追加したりすることは可能です。

また、２年生全体に養護教諭が指導したとしても、クラスに戻ってきた後に補足して資料を提示することもできます。与えられたことをただこなすのではなく、担任の一工夫で生徒の印象も大きく変わります。こういうところでも、担任の色を出してください。右ページに使えそうな情報を示しています。

本時の展開

01 身近とは

多くの薬は、用法用量を守って正しく使用すれば私たちを助けてくれるものがほとんどです。しかし、普段は私たちを助けてくれる薬でも、間違った使い方をすると身体を脅かす怖いものになります。例えば、解熱鎮痛剤は頭痛を抑えてくれる一般的な薬ですが、用法用量を守らないと「薬物乱用頭痛」といった症状に陥ります。市販の風邪薬は、飲み過ぎると麻薬と同じような症状が表れます。身近な薬でも乱用することで身体に悪影響を及ぼすという知識を伝えると、生徒は薬物乱用を身近に感じます。違法ドラッグに手を出すことだけが薬物乱用ではありません。

02 違法ドラッグ

若者の間で乱用される薬物は、覚醒剤、大麻、コカイン、MDMAと様々です。いずれも神経を高揚させる効果があり、幸せな気持ちになったり、陽気になって口数が増えたり、身体が軽く感じられたりといった症状が出ます。普段、多くのことに悩んでいたり、理想の自分になれなくて苦しんでいたりする人がこのような薬物に出合うと、感じたことのないような幸福感が癖になり、その薬がないと自分を保っていられなくなります。だから「中毒性がある」と言われるのです。現代の若者の苦しみにつけ込み、言葉巧みに誘って違法ドラッグ地獄に陥れる現状は今も続いています。

[身体はどうなるか]

最初こそ高揚感につつまれますが、次第に身体をむしばみます。薬の効果が消えると倦怠感が増長し、幻聴や幻覚が見られるようになります。

[断り方]

どうしたら断れるか、生徒と一緒に考える時間を取りましょう。誘う役と断る役でロールプレイを行ってもよいでしょう。「興味がない」「薬などなくても大丈夫」「あまりにしつこいと大人に相談する」等の言葉が出てくるとよいです。

[ドラッグの見た目]

色がパステルカラーでかわいかったり、ハートや星、ニコニコのマークがかかれていたり、一見「ラムネ」と言われてもわかりません。生徒に見せるとイメージを覆され、驚きの声が上がりますので、身近に感じさせるのに効果的です。

[効果的な動画]

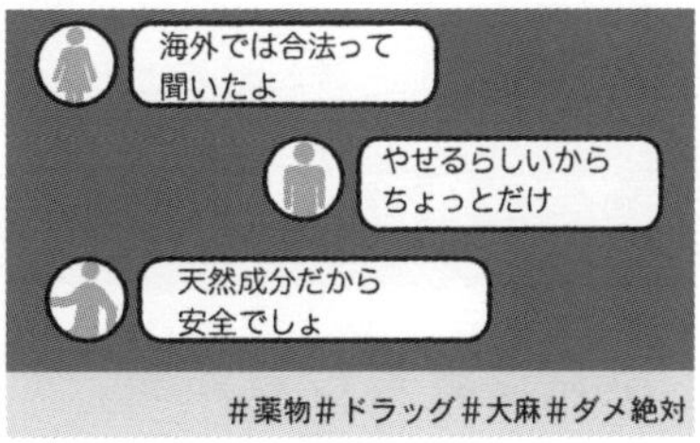

・厚生労働省「薬物乱用はダメ。ゼッタイ。」
・警視庁公式チャンネル「薬物乱用防止啓発映像【大麻の誘惑】」

上記の２つは、YouTubeで簡単に見ることができます。厚生労働省の動画は10分以内で短く手軽です。一方、警視庁公式チャンネルの動画は30分近くありますが、情報が比較的新しいです。

学年末の通知表作成

ねらい

1年間で生徒が大きく変わることと、変わらないことがあります。役割が変わったから変化したことだけでなく、人柄など変化が見えづらいところにある「変容」を保護者に伝えましょう。

指導のポイント

「係としてこんな活動をしました」という事実を書くのではなく、進級当初と比べてどのような変化が見られるか、エピソードを交えながらなるべく具体的に書けるとよいです。面談の中で、「毎回うちの子は穏やかと書かれます」「大人っぽいって、小学校の先生からも言われていました」等と保護者から言われることもあります。よい意味で「そんなふうに表現してくれた先生は初めて！」と言われるような言葉を見つけて書きたいものです。

Wordで誤字チェック、Excelで文字数チェック

所見を書くソフトは、文書作成ソフトでも表計算ソフトでもよいですが、どちらにもメリットとデメリットがあります。自分に合ったソフトを使いこなしてください。

例えばWordは、日本語として表現が適切でない場合や、誤字がある場合には青い波線や赤い波線で知らせてくれます。一方で、生徒一人一人の文字数をある程度そろえたいときは、ドラッグして選択しないと文字数が出てきません。

一方で、Excelは、誤字や日本語の間違いを指摘する機能はないですが、簡単な数式を打ち込むだけで文字数をカウントできたり、項目ごとにバラバラに打ち込んだものを規則性をもった文章に並べたりできます。

「文章を書くのが苦手な先生はWord」「同じ文量で書くのが苦手な先生はExcel」等、向き不向きがありますので、まずは試してみることが大切です。

書きやすくするために

01 所見は教員の通知表

所見は、「自分の見る目をジャッジされる材料」です。前回と同じことしか書けない生徒がいるとしたら、その生徒の変容を意識して見られなかった自分がいたということを受け入れなければなりません。だから、忘れないように記録をすることは大切なのです。

02 部活動が書きやすい

３学期の通知表を書く際は多くの２年生が部の中心で努力し始めています。部活動についての所見は書きやすくなっているはずです。部活動では普段家庭では見せない姿を見せる生徒も多いので、顧問の先生とどのような活躍をしているか話をするとよいです。

表計算ソフトを使った所見の入力例

前回書いた所見を見られるように配置

＝LEN（セル番号）で文字数をカウント

前期記述	後期所見	文字数	段落1マス	所見生活・性格	所見委員会係	所見行事	所見部活動	所見学習面	所見その他
探究心があり、何にでも興味をもち、自ら取り組もうという姿勢が見られます。保健委員会に所属し、活動自体が級友の健康につながるようにという思いをもって取り組みました。体育祭では、応援団を務めました。赤ブロックをまとめようと声かけを行い、競技にも一生懸命取り組みました。授業では、考えることを大切に取り組むとともに、問題を解いて満足するのではなく、解くための仕組みを考え、さらに理解を深めることができました。	責任感が強く、よく気がつき、丁寧に役割を全うしました。English Challengeでは、どうしたら皆をまとめ、楽しませられるかということを考えました。達成感にあふれた笑顔はとても印象的でした。学習面では、自分に合った学習計画表の使い方を見つけ、実践しました。また、数学を予習することにより、より授業内容の理解を深めました。3年生になっても、チャレンジする気持ちを忘れずにいてほしいと願っています。	202		責任感が強く、よく気がつき、丁寧に役割を全うしました。		English Challengeでは、どうしたら皆をまとめ、楽しませられるかということを考えました。達成感にあふれた笑顔はとても印象的でした。		学習面では、自分に合った学習計画表の使い方を見つけ、実践しました。また、数学を予習することにより、より授業内容の理解を深めました。	3年生になっても、チャレンジする気持ちを忘れずにいてほしいと願っています。

＝セル番号&セル番号……で項目ごとに書いたものが結合され文章になる。

どのような３年生になってほしいか、展望を書く。

通知表は個人情報です。できるだけ外へは持ち出さず、学校で作業しましょう。どうしても持ち帰りたい場合は、必ず管理職に報告し、持ち帰り専用のUSBメモリ等にデータを移し替え、データにパスワードをかける、不必要なデータを外に持ち出さないようにする、作業するパソコンはインターネットにつながらないようにするなど、細心の注意を払いましょう。

また、学年末は教員にとってまさに「繁忙期」です。文章を作るのが不得意だと感じている先生は、１月後半くらいから少しずつ進めておきましょう。

03 ビフォーアフター比較

よいところ見つけ（p.78「02」）を試してみた先生は、４月に書いていたことと最近記録に残したことを比較してみるとよいです。特に最近多く記している言葉があれば、それはその生徒の変容の一つです。エピソードとともに、ぜひ所見に書きましょう。

04 来年度への展望

今年度の活躍や成長を記すのが所見ですが、文字数に余裕がある場合は、「来年はこんな３年生になってほしい」という将来の展望を記すとよいです。今生徒がもっているよい面をさらに伸ばすような、「プラスをさらにプラスへ」のイメージで書きましょう。

3月 総決算！　来年度へ羽ばたかせる準備をする3月

▶3月の目標

3月は、1年間の集大成の月です。同時に、今のクラスで過ごす最後の1ヶ月であり、また、3年生になる1ヶ月前の月です。ただクラスとの別れを惜しむだけの1ヶ月にするのではなく、3年生になるという自覚、喜び、ワクワク感を一緒に育てて気持ちよく3年生に進級できる1ヶ月にしましょう。

3月の学級経営を充実させるために

「今からあれこれ押しつけない」

少し残酷な言い方になってしまいますが、3月からクラスを何とかしようと思っても、もうどうしようもできません。この時期に学級担任としてできることは、4月に思い描いた理想と現実が違っていたとしても、今のクラスの子たちが夢と希望をもって3年生へ進級できるよう環境を整えることだけです。3月こそ、クラスの悪いところに目を向けるのではなく、成長したところに目を向けましょう。

「3月を4つの期間に分ける」

3月を、①3年生に向けて自信を付ける期間　②3年生の背中をしっかりと見る期間　③クラスの別れを意識する期間　④最終日　の4つの期間に分けると、生徒との過ごし方が少し意識しやすくなります。①では3年生を送る会に向けて準備を進める姿を褒め、②では卒業式で3年生が見せるりりしさや、たくましさを意識させ、③ではクラスの最後に向けて生徒と一緒にレクの準備をし、④は離退任式等で感謝を伝え、来年度に想いを馳せる日とするとよいでしょう。

注意事項

あと少しで、クラスが解散だということに意識が向きがちですが、3月は3年生の卒業式という1年で最も大きな行事が控えています。まずは卒業式の成功に向けて、2年生をたくさん活躍させてください。

「最高」かつ「最幸」な最終日前日にするコツ

▶ねらい：ただの進級でなく、このクラスの卒業を意識させる

３年生の卒業式を終えた後は、いよいよ２年生が３年生に向けて動き出す時です。卒業式を見た２年生は、中学校の卒業式の雰囲気を知り、多くの生徒が「来年は自分たちがあの立場になるのか」と意識し始めます。来年度を迎える前に、クラスの卒業式「卒クラス式」の企画をご紹介します。

▶卒クラス式

１年間、様々な活動を通して大きく成長してきた生徒を称えましょう。そして、ただ「２年生は楽しかった」ではなく３年生へきちんとつなげるために、節目の行事をクラスで企画しましょう。

最終日の前日に「卒クラス式」を開催すると、生徒もクラス解散に気持ちが向きます。学校の代表として、３年生の卒業式に参加した２年生も多いはずですので、「私たちも１つ進級するのか」と実感を伴うことが多いです。

卒業生が胸元につけるお花の代わりに、ソーシャルスキルトレーニングで創った守り神を縮小して配り、胸元に貼らせると生徒は懐かしがります。また、校歌の代わりに合唱コンクールのクラス自由曲を久しぶりに歌ってみると、なんとも言えない温かな雰囲気になります。下のように卒クラス式の次第を書いた提示資料を作ったり、「卒クラス証書」をつくって一人一人に渡す時間を設けたりすると、より本格的になり生徒も驚きます。

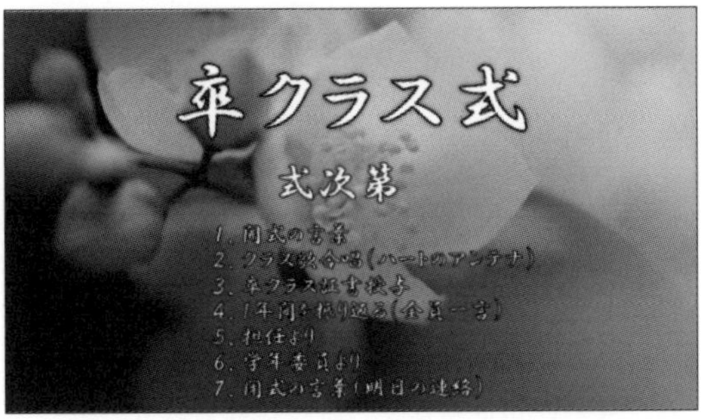

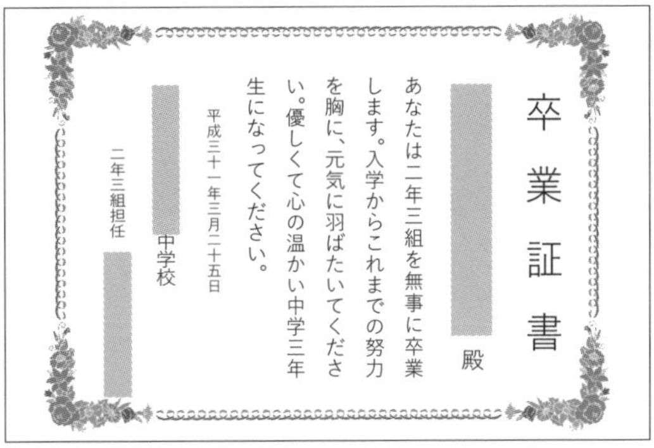

▶活動後のポイント

年度の最終日は、修了式や離退任式、通知表や来年度の連絡などで、クラスとの別れを惜しむ時間はほとんどありません。最終日は離退任の先生方への感謝を伝える日、そして新年度に向けて気持ちを切り替える日にしてください。

球技大会

ねらい

　勝ちたいが故に言動がきつくなったり、雰囲気についていけない生徒が出てきたりします。２年生も終わりなので、ぜひ言語的解決のスキルを学ばせましょう。

指導のポイント

　球技大会は年度末に学年で行うことが多いです。生徒会組織やクラスの係とは別に、実行委員会をつくることもあります。チーム決めの様子は、生徒がどれだけ言語的解決のスキルをもっているかを見る機会になります。また、大会当日のチームの雰囲気からも、誰がどのように主導してどのようなチームの雰囲気をつくろうとしているのか、よくわかります。誰もが参加してよかったと思えるチームをつくれる人を育てられるとよいでしょう。

勝つためのリフレーミング

　勝ちたくてつい言葉が荒くなってしまう生徒のために、いくつか魔法の言葉を教えておきましょう。「強い言葉はチームを萎縮させる」「勝ちたい時こそ冷静に」「勝ちたい時こそ、自分に厳しく、他者に優しく」と、語りかけてあげてください。

　また、楽しく穏やかに、でも真剣に競技を進めるために、誰かがミスをしたときの声かけを決めておくとよいです。

　ボールを落としたら「次は大丈夫！」、競った末に相手にボールを取られたら「ナイスガッツ！」、相手に点を取られたら「ドンマイ！　次は私たち！」等、前向きな言葉を教えましょう。そして、球技大会中にそのような言葉が聞こえてきたら「ナイスチームワーク！」と言ってあげましょう。

本時の展開

01 体育祭の練習？

　チームをつくるときにどのような雰囲気になるか、よく観察しましょう。実行委員を中心に、「勝つために」チームをつくることがほとんどです。その際、球技の得意な生徒と苦手な生徒がお互いに助け合えるようなチームをつくれていればよいですが、強い生徒だけで固めて、その１チームに勝利を託すような決め方も見受けられます。作戦の一部なので、真っ向から否定することはありませんが、「体育祭はその作戦では臨めないかな」と伝えると、生徒は驚いた表情をしてこちらに耳を傾けます。

　勝つために競技に臨むという形は、体育祭とよく似ています。そして、体育祭は勝つためだけに存在するのではないことは、すでに体育祭を終えたあとに生徒に伝えているはずです。

02 リーダーを育てるチャンス

　また、球技大会でリーダーシップを発揮するのは、運動部に所属する、身体を動かすのが好きな生徒が多いです。部活動のように、その競技が好きな生徒ばかりが集まっているわけではないということ、体育祭のように、運動が苦手な生徒でも楽しいと思えるような空間をつくりたいということを、リーダーたちに伝えてください。

　どうしたらみんながついてくるかを考えさせると、ただ勝つためだけでなく、リーダーにとっての「よいチーム」をつくろうという想いが生徒の中に芽生えます。

球技の作戦例

作戦を決めておくと、球技が苦手な生徒でも役割ができ、頑張ることができます。

[サッカー]

作戦例

「ゴール前を守るのは○○さん」「ボールを奪えるから○○さんがフォワード」等と適材適所を考えて決めておく。

[バスケットボール]

作戦例

「ボールをゴール下に持っていくのは○○さんに任せよう」等の適材適所を考える他、「リバウンドはとにかく取ろう」等、全員頑張れることを決める。

[バレーボール]

作戦例

「とにかく試合相手にボールを返そう」「ボールはみんなで取りに行こう」等、全員でプレイできる方法を考える。

03 人間関係を整える

試合中にうまく動けず、失点したりボールを相手チームに取られてしまったりするケースはよく見受けられます。そのような場面で、イラッとする生徒が声を荒げたり、強い口調で「ちゃんとして！」と声をかけたりするのは想定の範囲内です。これを「まあ、勝ちたいだろうから」と思いながら見逃してしまうと、それは生徒に指導するチャンスを逃したことになります。

大抵の場合、失敗した生徒を責めようと声を荒げる生徒はほとんどいません。生徒ではなく、「得点のチャンスをモノにできなかった」という事実に声を荒げることがほとんどです。声を荒げた生徒からしてみると、誰も責めていないし、悪気もありません。その「悪気がない」がポイントです。

04 失敗した生徒の気持ちに

失敗してしまった生徒からすると「自分が失敗しなければ」という罪悪感に駆られます。声を荒げた生徒には、「悪気がなくても、その表現で傷つく子はいるのだ」という事実を伝えましょう。勝ちにこだわっている時こそ、同じチームの生徒からはどう見られているのかを客観的に考えられる冷静さが大切だということを伝えられるとよいです。そのことを話した上で、「実は○○さん、自分のせいであなたが怒っているのではと心配しているよ」と伝え、自分の力で自分の状況を説明させ、この後も一緒に頑張りたいという想いを生徒同士で話をさせると、互いの理解が深まります。

3年生を送る会

ねらい

「3年生を送る会」は、2年生が主体となって行います。代替わりをしてから、2年生が主体となる学校行事は初めてです。学校を任せられる2年生に育てましょう。

指導のポイント

「3年生を送る会」の企画をしていく中で、生徒たちの思いに、「3年生に感謝の気持ちを伝える」だけでなく、「私たちにこの学校を任せて！」と伝える場であることを生徒に伝えましょう。2つの思いを生徒がもつことで、「感謝を伝えるための手段」として捉えるのではなく、「先輩方が心配しないように、自分たちでできる姿を見せよう」という生徒のこだわりや意識が見られるようになります。

形や表現方法は様々

「3年生を送る会」は、生徒会本部役員が中心となって生徒会活動の中で係や委員会が組織されることが多いです。「学級としてどうするか」よりも先に、「2年生として先輩方にどう感謝を伝えるか」「先輩方に安心して卒業してもらうために2年生としてどうするか」を考えることの方が重要です。クラスの生徒に話をするときには、3年生を送る会を主催する生徒会組織がどのような思いや考えで企画しているのかをよく知っておくことが大切です。クラスの中に生徒会本部役員や3年生を送る会の企画・運営に関わる生徒がいる場合は、どのように話し合いが行われたかを確認し、その生徒たち主体でクラスへ発信する機会を設けるとよいでしょう。担任としては、生徒から発信されたあとに、「想いをもって準備をし、立派に3年生を送り出す2年生の姿が見たい」等、生徒たちの想いを後押しするような言葉を伝えましょう。

準備から振り返りまで

01 意識付け

3年生を送る会の準備は、12月ごろからスタートすることが多いです。「指導のポイント」でも述べたとおり、2年生の担任として2年生に伝えることは、「この学校を任される時が来た」ことです。生徒だけでは気づけませんので、この言葉をそのまま生徒に伝えてください。

02 準備

会場や3年生の教室の飾り付けなども行います。2学年全体で動いているとは思いますが、その一端を担うのはクラスです。担当生徒とよく相談しながら、飾り付けのデザインを考える人や実際に飾り付ける人など、全員が何かに関われる機会をつくりましょう。

送る会の配置例

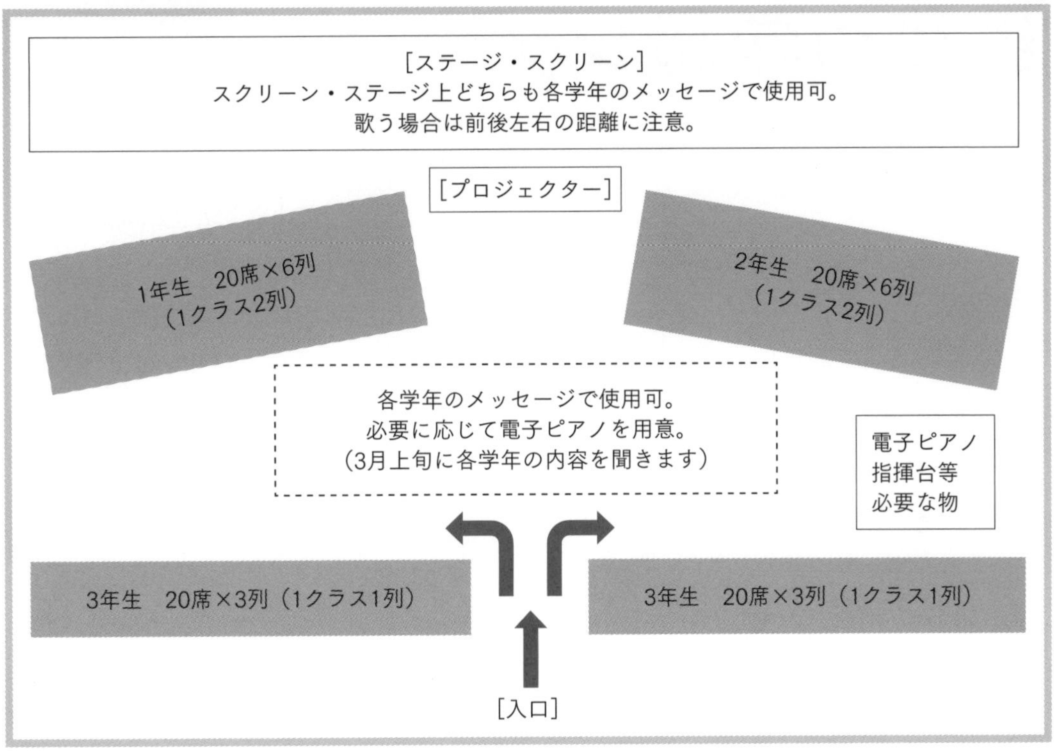

図のように、3年生と1・2年生が向き合い、間を空けると、舞台の上以外にもうひとつのステージができあがります。3年生はステージを正面にして座ってもらいましょう。そうすると、映像を見せたい時には舞台上のスクリーンを、合唱や演劇などの出し物をしたいときは1・2年生と3年生の間のフロアを、というように使い分けができます。

03 当日

準備してきたことを、堂々と伝えられるよう「大丈夫」と励ましましょう。また、３年生を送る会は、１・２年生からの感謝だけでなく、３年生からもメッセージを送られることが多いです。そのメッセージにもきちんと耳を傾けるよう、生徒に話しましょう。

04 「もう大丈夫」

会が終わったら、３年生の立派な姿を褒め称えるとともに、「君たちにこの学校を任せても安心だ」ということをしっかりと伝えましょう。安心の中身は何なのか、企画、準備、当日の３つの観点で良かったところを具体的に述べると、生徒にも自信がつきます。

最後の学級レク

ねらい

年度末にクラスで行う最後の学級レクを紹介します。企画する生徒とよく確認しながら、次のページの「学級じまい」とも関連させた時間にしましょう。

指導のポイント

1年間のクラスの軌跡をたどれるような企画があると、これまでの学級レクとは一線を画した内容になります。このような経験を2年生でさせておくと、3年生の卒業前にも同じような企画をするリーダーが現れ、先生の指示なしで卒業前に3年間に思いを馳せることのできる生徒に育ちます。レクの順番は、「楽しい、最高！」の雰囲気から、少しずつ穏やかな雰囲気にし、先生の語り（次ページ参照）にもっていけるとよいです。

■最後の学級レクに向けて、ど

1．企画会議

今回のレクがクラスで行う最後のレクだということと、「このクラスの1年間を振り返る」が目的であることを伝えましょう。

本時の展開

01 イメージの共有を

最後のレクは、生徒とのイメージの共有がとても大切です。クラスの最終日をどのような日にしたいかを、企画する学級委員や班長にもきちんと考えさせましょう。その際、教師が最後に話そうと思っていることを生徒に伝えておくのもよいです。担任の先生の思いを知った生徒は、思いをくみながら、レクの順番や、どう先生の話につなげるかを考えます。イメージが共有できたら、余計な口出しはしません。順調に進んでいるか、事前の準備を手伝えることはないか、当日の担任の動きなどを確認してあげるとよいです。「先生も一緒にレクを楽しんでください」と言えるようなリーダーに育っていたら、完璧です。

02 軌跡をたどる方法

今回のレクの大きな目的の一つに「1年間を振り返る」があります。生徒主体で「こんなこともあんなこともあった！」と懐かしがれるような企画が出るとよいです。突然リーダーに言ってもどう企画していいかわからないと思いますので、担任からいくつか案を出せるとよいでしょう。例えば、「担任の先生が撮ってきた写真を提供し、生徒がムービーを作る」、「1年間のクラスの出来事をクイズで出題する」、「合唱コンクールの自由曲をもう一度歌う」などの企画を提案すると、そこから生徒が考えを発展させ、自分たちのイメージに合わせて企画していきます。

う動くべき？

2．軌跡をたどる方法の検討

動画を作成する、写真を教室中に飾る、合唱曲を歌う等の案を出しましょう。

3．一緒に楽しむ

生徒と一緒に1年間を振り返りながら、何を話すか考えましょう。

4．レクそのものを振り返る

先生自身がクラスとの別れを惜しむような言葉を述べられるとよいです。先生が知っている限りの温かな言葉をたくさん述べてください。

03 楽しむ、そして見る

生徒と一緒に楽しむことは大切ですが、参加しながらリーダーたちの評価ポイントを探し、生徒の表情やコミュニケーションの取り方をよく見ておきましょう。そして、このクラスで行った最初の学級レクと比較して、何がどうよくなっているのか、考えながら参加しましょう。「仲良くなったね」「仕切りがうまくなった」というような表面的な評価ではなく、相手への思いやりや、クラス全体が楽しめるような声かけ、配慮などが伝わってくる場面を見つけ、「あの時の○○さんの言葉だけど……」等と具体的に提示して評価できるようにしておくのがよいです。

04「最後」の雰囲気づくり

振り返りの時には、左記のように場面を具体的に提示しながら、一緒に参加した感想とクラスのよいところをたくさん生徒に伝えましょう。そして、企画者の意図を伝え、改めて1年間の振り返りを生徒に述べさせると、「4月が懐かしい」「体育祭の時は若かった」「そういえば、あの時はこんなことで悩んでいた」「最初は苦しかったけど、今は楽しいと思えるようになった」等、生徒それぞれの思いが表れます。全員が述べ終わるころには、「もうこのクラスも解散なのか」という気持ちが生徒に芽生えます。この雰囲気を維持して、学級じまいにつなげましょう。

学級じまい

ねらい

いよいよ学級じまいの時がやってきました。前のページの「最後の学級レク」とうまくコラボレーションしながら、楽しい時間と「ゆったり思いを馳せる時間」をつくれるとよいです。

指導のポイント

担任としては、「ずっとこのクラスがいい」と言ってくれる生徒がたくさんいると「１年間頑張ってきてよかったな」と思うのですが、そのままクラスを解散してしまうと、進級した時に新しいクラスに馴染めず苦しむ生徒が多く出てきます。来年度、新しいクラスでも自分と周りを大切にする優しい生徒であってほしいという願いを込め、生徒がクラスから羽ばたくための準備となるような時間にできるとよいです。

手の込んだ演出を

右ページの証書を渡すこと以外にも、「卒業式」を意識した次第にすると、会そのものに少し緊張感が出ます。校歌斉唱ではなく合唱コンクールの自由曲を歌う、送辞や答辞の代わりに生徒全員から一言ずつクラスの思い出を語る時間をつくるなど、全生徒が参加できる最終日を目指しましょう。

なお、本当の最終日に終業式と離退任式が行われる場合は、以下のように翌日の気持ちの在り方を示すのもよいです。

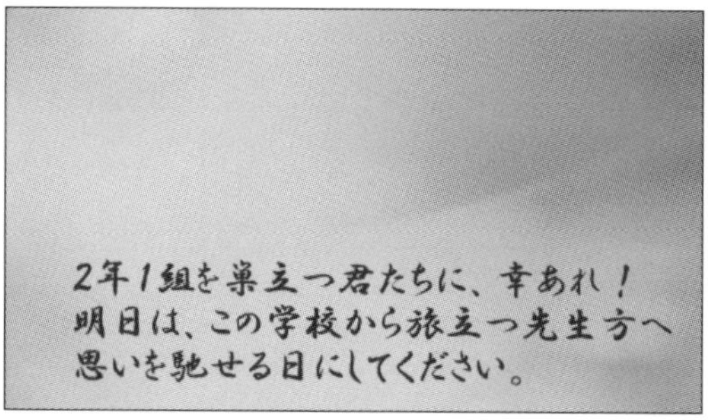
2年1組を巣立つ君たちに、幸あれ！
明日は、この学校から旅立つ先生方へ
思いを馳せる日にしてください。

本時の展開

01 学級レクと関連させる

３年生の卒業式が終わった頃から、本格的に「このクラスももう少しで終わる」という感覚が生まれてきます。学級レクを企画する生徒たちとよく相談しながら、思いっきり楽しむ時間と、積み重ねてきた日々に思いを馳せる時間をつくれるとよいです。

02 アップ？　ダウン？

カウントアップ・ダウンの掲示物が効果的です。カウントアップなら、「こんなに一緒に過ごしてきたのだね」という思いを、ダウンだと「あんなに一緒にいたのにもう０日なんだね」という思いを生徒に伝えられます。教師の最後の語りのきっかけにもつながります。

最後のプレゼント

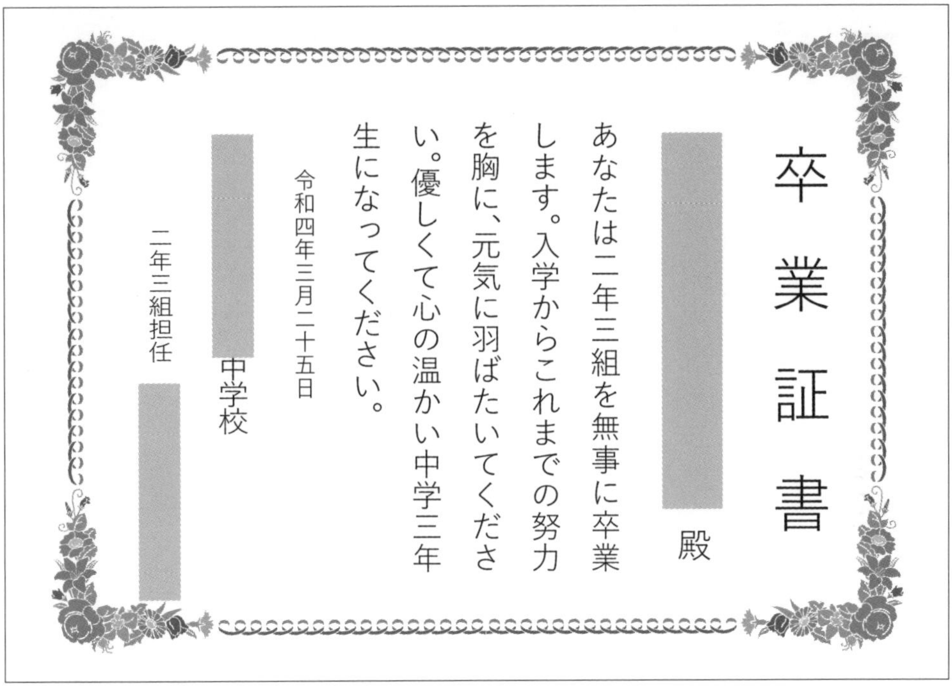

卒業証書

殿

あなたは二年三組を無事に卒業します。入学からこれまでの努力を胸に、元気に羽ばたいてください。優しくて心の温かい中学三年生になってください。

令和四年三月二十五日

中学校

二年三組担任

生徒への最後のプレゼントとして、このような証書を作って渡すと生徒は照れくさそうに受け取ります。

3月

03 喜びを語り尽くそう！

これからも付き合っていく生徒だとしても、「2年生の担任」として語りかけるのは、今日が最後です。４月に掲げた学級経営目標や学級目標について触れ、どのような姿が教師にとってうれしかったのか、どんな成長が見られたのか、過程を評価してください。

04 願いを語り尽くそう！

最後には、「今の私の願いは、新しいクラスでもみんながみんならしく過ごせること」、そして「形としては解散しても、私たちの人生の中にこのクラスはずっと残り続ける」ということを伝えましょう。クラス全員が、この出会いに感謝できる時間にしてください。

キャリア・パスポート

ねらい

最近始まった取り組みなので、教員間での認知度も異なるかもしれません。文部科学省が出している情報を確認し、生徒の生き方や在り方につながるよう丁寧に添削しましょう。

指導のポイント

キャリア・パスポートは、生徒自らが学習状況、自己の生き方や考え方を見通したり振り返ったりすることで、生徒自身が、過去と比べて自分がどのように成長してきたのか、考え方が変わってきたのかを自己評価できるように作られたポートフォリオのことです。2020年から普及し始めました。各自治体で工夫されたキャリア・パスポートが作られています。その生徒の小学校の記録が見られる貴重な資料ですので、ぜひ活用しましょう。

特別でなくても

各自治体で工夫を凝らしたキャリア・パスポートが作られていると思いますが、名前が異なっていただけで、これまでもキャリア・パスポートと似たようなことは行ってきているはずです。例えば、行事の振り返りや学期ごとの反省なども、キャリア・パスポートの一部となります。その時何を考えたのかを知ることのできる資料は全て生徒のキャリアの一端を担っており、特に行事の振り返りは、行事の直後で熱が冷めないうちに書かせるので、よりその時の想いが強く表れます。4月に書かせた自己紹介も、大切に取っておきましょう。貴重な資料です。

キャリアパスポートの価値

01 生徒の過去を見る

中学2年生の姿しか見られない中学担任にとって、キャリア・パスポートの存在は、小学校の時の様子がわかるという点ではとても貴重な資料です。小学校での記録と現在の記録を見比べた時に、「考え方が客観的になっている」「行事への充実感が増えている」等の違いが現れていれば、中学2年生で書かせた記録に、担任が、変容の見取れることを客観的にコメントしてあげましょう。生徒自身が気付けないことを、担任のコメントで知らせてあげることによって、キャリア・パスポートのねらいである「生徒自身が生き方や在り方を自己評価する」ことにつながります。

02 見通しと振り返り

見通しと振り返りのバランスはとても大切です。振り返りは学期末や行事の後に書かせることが多く、意識しなくても記録に残っていくことが多いので、学年の先生と相談しながら、「生徒が見通しをもてる」機会を増やしましょう。例えば、「この行事にどのような気持ちで取り組むのか」「3学期で達成したいことは何か」等、理想や在りたい自分の姿を思い描かせる機会を意識的にもつとよいです。キャリア・パスポートは、教師がねらいを理解した上でその内容をきちんと評価してあげることで、生徒の成長につながるということを忘れないようにしましょう。

キャリア・パスポートとして使えるもの

[学期ごとの振り返り]

10～3月　活動の記録

2年（　）組（　）番 氏名（　　　　　）

【生活面】

	自分の役割	どのような活動をしましたか どのように頑張りましたか	自己評価
体育祭			A・B・C
文化祭			A・B・C
各種委員会			A・B・C
教科係			A・B・C
クラス・班の係			A・B・C
部活動			A・B・C

【学習面】　特に力を入れた教科、努力した教科を３つ選んで書きましょう。（最低でも１つ。）

	教科名	どのように頑張りましたか どんな成果が出ましたか	自己評価
1			A・B・C
2			A・B・C
3			A・B・C

【職場体験】

①体験場所

②主な体験内容

③どんなことをがんばったか

④「仕事とは何か」、「働くとは何か」等、職場体験をとおしてあなたが考えたこと

【1 年生の時と比べて、成長したと感じること】　最低でも１つ書きましょう

【表彰など】　前期中に表彰されたこと（校内コンクール、部活など）、英検や漢検の取得など、あれば書きましょう。

【合唱コンクールに向けて、あなたが頑張りたいこと・意識したいこと】

【その他、頑張ったことがあれば書きましょう】　習いごと・家のことなども可。

[行事の振り返り]

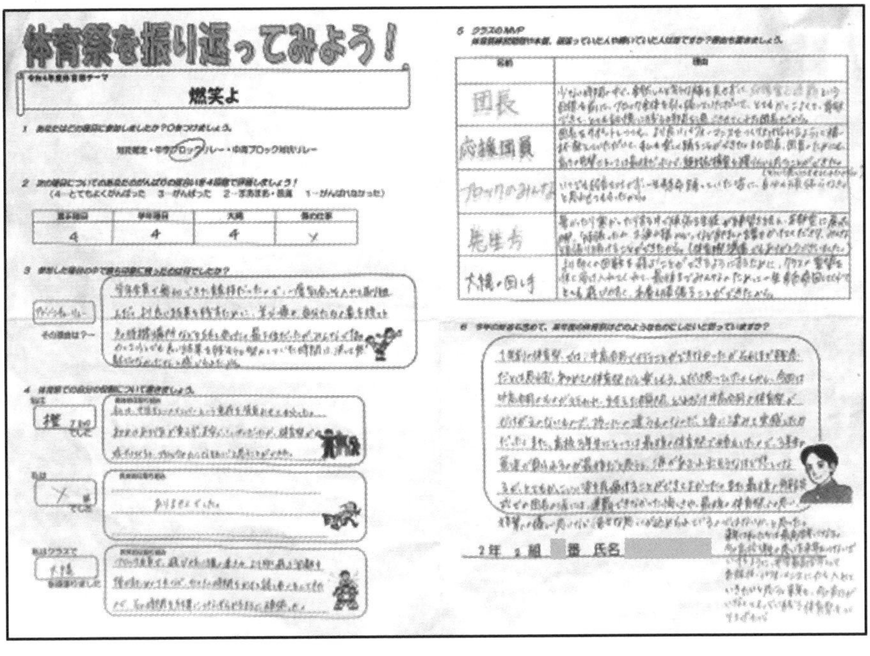

年度末の担任業務

ねらい

次の担任が生徒や保護者に発表されるまでは担任です。指導要録の記入や新しい担任への引き継ぎ、心配な家庭への連絡など、今年度のまとめと来年度の準備を行いましょう。

指導のポイント

年度末に行うことは多岐にわたります。生徒にとっては長期休みですが、私たちにとっては休みではありません。ここでは、①指導要録の記入　②教室の環境整備　③気になる保護者や生徒への配慮　④新しいクラスの準備　の４点について述べます。部活動での３年生のお別れ会や修学旅行の下見などが入ることもありますので、やるべきことを整理しながら、時間を上手に使って仕事を進めてください。

要録について

通知表の記載事項をもとにして作ることがほとんどです。道徳は、以下の２点を書きましょう。

・どのように授業を受けたか
・何の教材でどのようなことを考えたか

総合的な学習の時間は、以下の２点を書きましょう。

・探究する過程に見取れた努力
・どのようにまとめたか

総合所見は、その生徒の係活動や委員会活動での活躍、学習に取り組む態度を記載します。これも、通知表をもとに書けばよいです。公的文書なのでミスは許されませんが、事実を記すものなので通知表の所見から担任の思いや主観（こんなに頑張った、こんなふうに成長した等）を抜き、常体にすると指導要録の文章になります。

年度末で行うこともたくさんありますので、通知表を活用しながらなるべく短い時間での作成を目指してください。

新年度に向けて

01 指導要録の記入

指導要録とは、生徒の学籍、指導の過程とその成果の要約を記入する表簿です。通知表を作るためにいろいろなデータを保管していれば作成に苦労しません。なお、学籍に関しては卒業後20年間、指導と成果の記録に関しては５年間保存です。記載内容にミスは許されません。

02 教室環境整備

年末に大掃除を行っていることと思いますが、もう一度教室を点検し、忘れ物がないか、汚れているところはないかを確認しましょう。黒板消しクリーナーや掃除用ロッカーの中は見落としがちです。自分がこの教室でスタートした時のことをよく思い出しましょう。

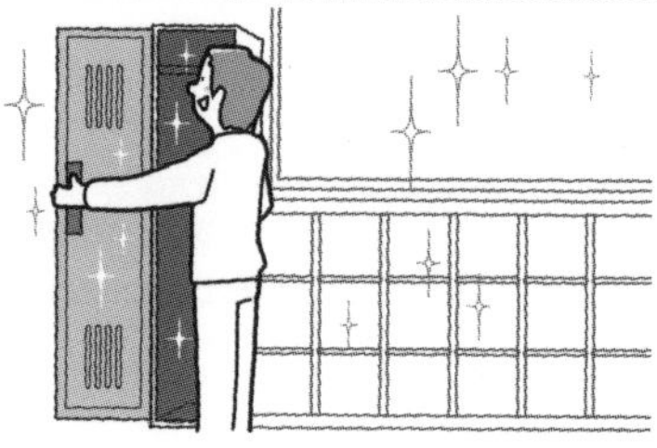

［指導要録の表面（例）］

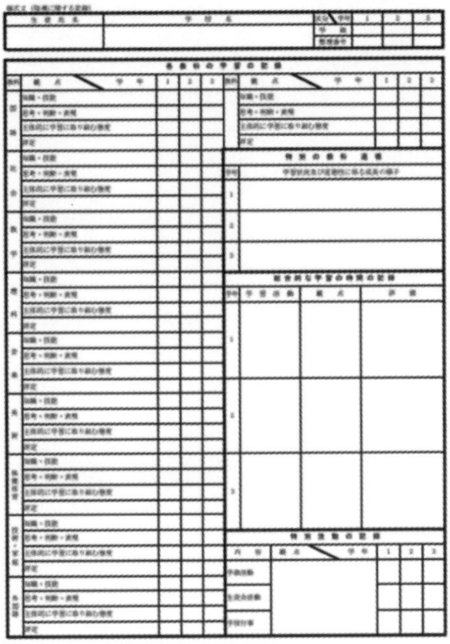

［指導要録の裏面（例）］

行動の記録は、１人２個程度印を付けることが多いです。その生徒に最もふさわしい文言に○を付けましょう。

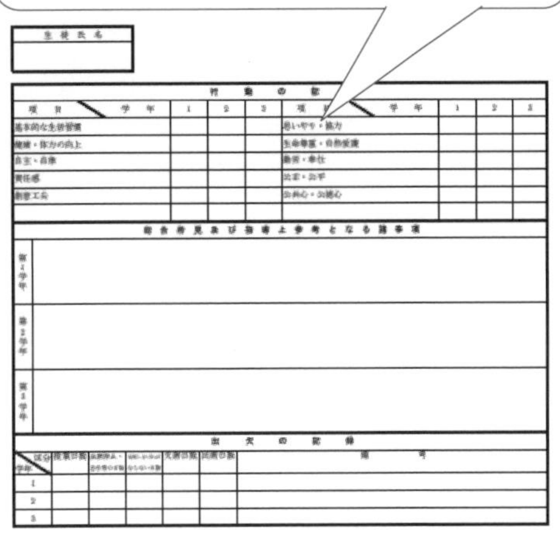

3月

03 家庭連絡

年度末、年度初めは、会議等も重なり部活動がないことも多いです。家庭環境が心配な生徒とは、連絡を取れるようにしておきましょう。また、クラス解散時に、「春休み中でも、何かあれば担任に連絡するように」と伝えると、生徒からも連絡しやすくなります。

04 新クラスへ、少しずつ

前のクラスが名残惜しいですが、次の年度が目前です。少しずつ、新しいクラスの生徒の情報を確認しましょう。次の学級経営目標は、今年度の反省を生かしたものがよいです。この本の最初に戻り、教師も新たな一歩を踏み出しましょう。

付録1．月間 学級経営計画

令和〇年度4月　2年〇組 学級経営計画

担任としての学級の目標や指導の重点事項を書き込む

今月の目標　：　①元気なあいさつと規律正しい生活を意識させ、安全で安心できるクラスの雰囲気をつくる　②聴く姿勢を大切にし、お互いの意見や思いを話しやすい温かい雰囲気をつくる

週	日	曜	主な行事	朝の会	1	2	3	4	5	6	放課後	学活	道徳	総合	学年事務・その他	日
第1週	1	金	辞令交付式													1
	2	土														2
	3	日														3
第2週	4	月	職員会議、教科部会、分掌部会												ゴム印仕分け、出席簿準備、学年名簿印刷、生徒手帳準備	4
	5	火	職員会議、学年会議、入学式準備												ラベル準備、教科書給与名簿作成、時間割表枠作成、学年だより印刷	5
	6	水	着任式、始業式、入学式	8：50着任式・始業式、9：20学活、9：50大掃除・入学式準備、11：40学活、11：50下校								6日：担任の話 提出物回収			自己紹介カード印刷	6
	7	木	新入生歓迎会、部活動見学	新入生歓迎会		学	学	学				7、8日：自己紹介 教科書配付 委員会決め 係決め 清掃分担 自己紹介カード 給食のルール確認 掲示物製作について 話し合いの進め方			諸調査票回収・整理	7
	8	金	1年内科検診、防災訓練	自己紹介カード掲示	学	学年集会	○	○	○	○	班長会				ICTセミナー資料準備	8
	9	土	授業参観・学級懇談会	班長会からの連絡、今月の予定等	学	○	○	懇談				9日：学級目標			PTA委員等選出	9
	10	日														10
第3週	11	月	10/9代休													11
	12	火	ICTセミナー	帰りの会のプログラムについて	○	○	○	○	ICTセミナー		掲示物製作				ICTセミナー感想等集約	12
	13	水	1年自然教室	学級レク	○	○	○	○	○		掲示物製作					13
	14	木	↕ 2、3年内科検診	e-ラーニング	○	○	○	道	○	○			14日：道徳の進め方 自作資料活用			14
	15	金		学級レク	○	○	○	○	○	○						15
	16	土														16
	17	日														17
第4週	18	月	朝会、各種委員会、尿検査	朝会	○	○	○	○	○	学	各種委員会	18日：体育祭目的・意義の話し合い 体育祭選手決め				18
	19	火	3年全国学力・学習状況調査	体育祭テーマ話し合い	○	○	○	○	総	総	応援リーダー打合せ			19日：学習の説明 探究の説明 年間計画 評価について		19
	20	水	職員会議	体育祭テーマ話し合い	○	○	○	○	○		一斉下校					20
	21	木	生徒集会	生徒集会	○	○	○	道	○	○	応援リーダー打合せ	・話し合いのルールの確認 ・運動嫌いの〇〇さんの表情等確認	21日：資料「〇〇〇」 礼儀			21
	22	金	生徒評議会	体育祭シンボルマーク	○	○	○	○	○	○	生徒評議会		・あいさつが苦手な〇〇さんの発言等確認 ・礼儀正しい〇〇さんの発言等確認		体育祭選手名簿提出	22
	23	土														23
	24	日														24
第5週	25	月	体育祭練習開始	応援リーダーより	練	練	練	練	水2	学	応援リーダー打合せ	25日：体育祭に向けた学級目標			学年だより印刷	25
	26	火	耳鼻科検診	応援練習	練	練	練	練	総	総	応援リーダー打合せ			26日：学習テーマ検討	学年会議資料印刷	26
	27	水	学年会議	応援練習	練	練	練	練	金1		一斉下校					27
	28	木		応援練習	練	練	練	練	金2	道	応援リーダー打合せ		28日：資料「〇〇〇」 思いやり、感謝			28
	29	金	昭和の日													29
	30	土														30

学活の内容等を書き込む

道徳の内容等を書き込む

総合的な学習の時間の内容を書き込む

朝の会の活動内容を書き込む

この活動の中で担任として活躍させたい生徒や考えさせたい事項なども記しておくとよい

この道徳教材を扱うときに担任として注目したい生徒や考えさせたい事項なども記しておくとよい

付録2．3カ年 学級指導構想

3年間の学級指導構想

学年		第1学年（令和〇年度）			第2学年（令和〇年度）			第3学年（令和〇年度）		
基本姿勢		【教師】生徒を知る・ていねいに教え育てる 知ろう・理解しよう → 【生徒】中学校生活を知る			【教師】成長著しい生徒個々の心情を的確にとらえ、生徒が主体的に取り組むようになるための働きかけを考える 考えよう・やってみよう（挑戦しよう） → 【生徒】1年生の模範となる・3年生に協力する・責任ある行動をとる			【教師】生徒一人一人がよりよいものを目指して自ら学び続けようとする姿勢を育てる 高めよう 【生徒】下級生の模範となる・正しく判断する・常に向上しようとする		
学年指導目標（重点項目）		・秩序ある生活（基本的生活習慣）の確立 ・協力し合える学年づくり ・基礎学力の定着と落ち着いた学習態度の育成			・自主的に取り組む態度の育成 ・責任ある行動をとれる生徒の育成 ・心温かい人間性の育成			・自ら正しく判断し、行動する態度の育成 ・互いを尊重し、協力し合う態度の育成 ・粘り強く学び続ける姿勢の育成		
学期指導目標（重点・キーワード）		第1学期	第2学期	第3学期	第1学期	第2学期	第3学期	第1学期	第2学期	第3学期
		・基本的生活習慣の確立	・協調性の育成 ・学習への意識の向上	・上級生になる心構え ・3年生への感謝の気持ちの醸成	・協調性と責任感の育成 ・自主性の育成	・望ましい勤労観の育成 ・学ぶことの意義の追求	・最上級生になる心構え ・思いやりと感謝の気持ちの醸成	・最上級生としての自覚と責任	・自己の在り方や生き方の追求	・向上心 ・自律自立
主な取組	生活	・生活調査 ・基本的生活習慣の確立 ・安全防災意識の向上 ・教育相談 ・家庭訪問 ・夏休みの過ごし方	・基本的生活習慣の定着 ・教育相談 ・安全防災意識の向上 ・冬休みの生活	・1年間のまとめ ・2年生になる準備	・生活調査 ・学校生活の在り方確認 ・安全防災意識の向上 ・教育相談 ・家庭訪問 ・夏休みの過ごし方	・自律した生活 ・教育相談 ・安全防災意識の向上 ・冬休みの生活	・1年間のまとめ ・最上級生になる準備	・生活調査 ・学校生活の在り方確認 ・安全防災意識の向上 ・教育相談 ・家庭訪問 ・夏休みの過ごし方	・自律した生活 ・教育相談 ・安全防災意識の向上 ・冬休みの生活	・受検（受験）期に備えた生活
	学習	・授業の受け方 ・定期テストの受け方 ・学習掲示	・落ち着いた学習態度の育成 ・学習面談	・1年間のまとめ	・授業規律の徹底	・学ぶことの意義 ・進んで学習に取り組む態度の育成 ・学習面談	・1年間のまとめ ・進んで学習に取り組む態度の育成	・進んで学習に取り組む態度の育成	・進路実現に向けて ・進路面談	・中学生の学びのまとめ ・今後の学びの在り方
	特活	・学級組織づくり ・プログラム委員会の定着 ・話し合い活動の推進 ・掲示物作製 ・自然教室に向けて ・体育祭に向けて	・学級組織の見直し ・プログラム委員会の推進 ・話し合い活動の推進 ・文化祭に向けて ・合唱コンクールに向けて ・生徒会への意識づくり	・学級組織の見直し ・プログラム員会の推進 ・話し合い活動の推進 ・三送会に向けて ・学級のまとめ	・学級組織づくり ・プログラム委員会の定着 ・話し合い活動の推進 ・掲示物作製 ・体育祭に向けて	・学級組織の見直し ・プログラム委員会の推進 ・話し合い活動の推進 ・文化祭に向けて ・合唱コンクールに向けて ・生徒会への意識づくり	・学級組織の見直し ・プログラム員会の推進 ・話し合い活動の推進 ・三送会に向けて ・学級のまとめ	・学級組織づくり ・プログラム委員会の定着 ・話し合い活動の推進 ・掲示物作製 ・体育祭に向けて ・修学旅行に向けて	・学級組織の見直し ・プログラム委員会の推進 ・話し合い活動の推進 ・文化祭に向けて ・合唱コンクールに向けて	・学級組織の見直し ・プログラム員会の推進 ・卒業に向けて
	総合的な学習の時間	農業体験プロジェクト →			生き生き商店街プロジェクト →			わが町みらいプロジェクト		
		・学習の進め方 ・研究の仕方 ・テーマ決め	・テーマに基づく探究学習 ・プレゼンスキル学習 ・中間発表	・テーマに基づく探究学習 ・学習発表会	・学習の進め方 ・テーマ決め ・テーマに基づく探究学習	・テーマに基づく探究学習 ・中間発表	・テーマに基づく探究学習 ・学習発表会	・学習の進め方 ・テーマ決め ・テーマに基づく探究学習	・テーマに基づく探究学習 ・中間発表	・テーマに基づく探究学習 ・学習発表会
	道徳	・礼儀 ・節度、節制	・よりよい学校生活 ・集団生活の充実	・友情、信頼 ・思いやり、感謝	・礼儀	・遵法精神 ・公正、公平、社会正義	・向上心、個性の伸長 ・社会参画、公共の精神	・自主、自立、自由と責任 ・遵法精神	・節度、節制 ・礼儀	・相互理解、寛容 ・生命の尊さ
	進路	・自分を知る	・働く人に学ぶ ・職業調べ	・生き方講話	・自己の適性を知る ・職業講話	・職場体験、企業訪問 ・学ぶことの意義	・生き方講話 ・上級学校を知る	・進路を考える ・卒業生講話	・進路選択	・卒業に向けて
	その他	・個人ノートの活用による生徒理解 ・生徒の活動等の記録	・個人ノートの活用による生徒理解 ・生徒の活動等の記録	・個人ノートの活用による生徒理解 ・生徒の活動等の記録	・個人ノートの活用による生徒理解 ・生徒の活動等の記録	・個人ノートの活用による生徒理解 ・生徒の活動等の記録	・個人ノートの活用による生徒理解 ・生徒の活動等の記録	・個人ノートの活用による生徒理解 ・生徒の活動等の記録	・個人ノートの活用による生徒理解 ・生徒の活動等の記録	・個人ノートの活用による生徒理解 ・生徒の活動等の記録
主な行事等		入学式 自然教室 体育祭 生徒総会	English Camp 文化祭 合唱コンクール 生徒会選挙 English Challenge	3年生を送る会 生徒総会	体育祭 生徒総会	職場体験学習 文化祭 合唱コンクール 生徒会選挙 English Camp English Challenge	3年生を送る会 生徒総会	体育祭 生徒総会 修学旅行	English Adventure 文化祭 合唱コンクール 生徒会選挙	English Challenge 3年生を送る会 卒業遠足 卒業式

■付録３．年間　学級活動指導計画

令和○年度　　第２学年 学級活動年間指導計画

学期	月	学級活動		観点			他の教育活動等との関連	
		題材	指導内容	内容			学校行事	その他
				（1）	（2）	（3）		
1	4	●２年生としての生活	●中堅学年としての自覚	◎	○		着任式・始業式・入学式	教科書等配付
		新しい仲間	自己紹介（スピーチ、文集、掲示物など）				新入生歓迎会	授業開始
		学級づくり	組織づくり、役割分担、掲示物製作				生徒会オリエンテーション	各種検診
		学級目標	学級への意識づくり				避難訓練	
		●学級活動年間計画	●学級自治の基礎づくり	◎			授業参観・学級懇談会	
		●生活環境・学習体制	●清掃・日直活動、授業・生活の約束、教科係の取組	◎	○		１年自然教室	
		●安全な学校生活	●緊急時の対応、避難経路の確認		◎			
	5	●体育祭に向けた取組	●体育祭の目的・意義、スローガン、目標、	◎	○		体育祭	教育相談
			準備・練習計画作成、応援組織づくり、選手選出、				家庭訪問	各種検診
			応援用具製作、練習、競技ルール等確認、諸注意				生徒総会	
		●体育祭の成果と反省	●成果と今後の課題	◎			教育課程説明会	
		●充実した学習を目指して	●学ぶことの意義、目標、学習計画、学習方法		◎	○	中間テスト	
		●よりよい学校・生徒会を目指して	●生徒会スローガン話し合い	◎			新体力テスト・身体計測	
	6	●充実した学習を目指して	●中間テストの振り返り、学習方法等の見直し		◎	○	３年修学旅行	衣替え
		●合唱コンクールに向けた取組	●合唱コンクールの目的・意義、テーマ話し合い	◎	○			中体連壮行会
		●働くことの意義	●適性と進路、働く目的			◎		中体連大会
		●中体連大会に向けて	●愛校心の醸成、壮行会	◎				
		●健康な生活	●熱中症、食中毒等の予防や対策		◎			
	7	●合唱コンクールに向けた取組	●活動計画作成、合唱曲選曲、練習	◎	○		期末テスト	学習面談
		●充実した学習を目指して	●朝学習の計画、目標、学習計画、学習方法	○	◎	○	三者面談	中体連大会
		●職業の内容と特色	●職業の種類や内容			◎	１年English Camp	
			●職場体験、事業所への感謝の気持ち		○	◎	２年職場体験学習	
		●１学期の成果と反省	●学習、生活、行事の学級としての成果と反省	◎	○		３年English Adventure	
			●学習、生活、行事の個人としての成果と反省	○	◎		終業式	
		●夏休みの過ごし方	●健康で安全な生活、個人の目標、計画的な生活		◎			
	8	●夏休みの生活振り返り	●反省と今後の抱負、生活点検、提出物チェック、		◎		夏季学習会	中体連大会
		●２学期の生活	●交友関係の把握等				始業式	
			●１学期の成果と反省を踏まえた学級の目標	◎	○			
			●１学期の成果と反省を踏まえた個人の目標	○	◎			
			●ルールづくり、組織づくり、役割分担、掲示物製作	◎	○			
		●健康な生活	●治療勧告者等の追跡調査、規則正しい生活		◎			
2	9	●安全な生活	●防災意識の向上、防災訓練		◎		防災訓練	教育相談
		●文化祭に向けた取組	●文化祭の目的、意義、スローガン、参加姿勢、	◎	○		授業参観・学級懇談会	
			学習内容・出し物検討					
		●合唱コンクールに向けた取組	●合唱練習、取組の見直し、異学年交流	◎	○			
	10	●文化祭に向けた取組	●準備、会場設営、参加姿勢・鑑賞態度、成果と反省	◎	○		文化祭	衣替え
		●合唱コンクールに向けた取組	●合唱練習、意識づくり、鑑賞態度、成果と反省	◎	○		合唱コンクール	
		●充実した学習を目指して	●朝学習の計画、目標、学習計画、学習方法	○	◎	○	中間テスト	
		●宿泊行事に向けて	●目的、意義、目標、班編成、係分担、バスレク計画、	◎	○		宿泊学習（English Camp）	
			学習・活動内容準備、集団生活ルール、健康管理					
	11	●学習の充実	●中間テストの振り返りを踏まえた学習への取組、		◎	○	授業公開週間	駅伝大会壮行会
			朝学習の計画				３年期末テスト	駅伝大会
		●学ぶための制度と機会	●上級学校の種類や制度、進路設計			◎		
		●生き方を考える	●悩みの共有、解決に向かう姿勢	○	◎	○		
		●理想の生徒会を目指して	●伝統の継承、生徒会役員選挙への意識づくり、	◎				
			候補者選定、選挙準備					
	12	●安全な学校生活	●避難訓練		◎		避難訓練	学習面談
		●充実した学習を目指して	●朝学習の計画、目標、学習計画、学習方法	○	◎	○	１，２年期末テスト	新生徒会役員任命式
		●生徒会役員選挙	●選挙の意義、投票の心構え、応援	◎			生徒会役員選挙	新生徒会役員研修会
		●学級への帰属意識の向上	●学級レクの企画・運営	◎			新入生保護者説明会	
		●２学期の成果と反省	●学習、生活、行事の学級としての成果と反省	◎	○		三者面談	
			●学習、生活、行事の個人としての成果と反省	○	◎		終業式	
		●冬休みの過ごし方	●健康で安全な生活、個人の目標、計画的な生活		◎			
3	1	●冬休みの生活振り返り	●反省と今後の抱負、生活点検、提出物チェック、		◎		始業式	校内書初め展
		●３学期の生活	交友関係の把握等				授業参観	各学年百人一首大会
			●１学期の成果と反省を踏まえた学級の目標	◎	○			
			●１学期の成果と反省を踏まえた個人の目標	○	◎			
			●ルールづくり、組織づくり、役割分担、掲示物製作	◎	○			
		●学校生活の中の日本文化	●校内書初め展、百人一首大会に向けて		○			
		●学習と進路	●入試、検査等の制度、資格等の意味		○	◎		
	2	●３年生を送る会に向けた取組	●３年生向けアンケート実施、３年生を送る会の目的、	◎			３年学年末テスト	
			意義、スローガン、活動計画、役割分担、練習、				１，２年学年末テスト	
			小道具・大道具づくり				２年校外学習	
		●充実した学習を目指して	●朝学習の計画、目標、学習計画、学習方法	○	◎	○		
		●校外学習に向けた取組	●３年修学旅行を視野に入れた校外学習の目的、	◎	○			
			意義、目標、班編成、係分担、見学コース検討、					
			公共のルールやマナー、成果と反省					
	3	●３年生を送る会に向けた取組	●準備、練習、会場設営、参加姿勢、鑑賞態度、	◎	○		３年生を送る会	生徒会リーダー研修会
			３年生への感謝の気持ち、成果と反省				卒業式	
		●卒業式への参加	●参加意識、姿勢、式練習への取組、	○	◎		修了式	
			最上級生になるにあたっての意識づけ				離任式	
		●個々の適性と進路	●自己理解、進路設計、在り方生き方			◎		
		●学級生活のまとめ	●学級イベント、文集作成等の取組	◎				
			●学習、生活、行事の学級としての成果と反省	◎	○			
			●学習、生活、行事の個人としての成果と反省	○	◎			
			●教室環境整備		◎			
		●最上級生への進級に向けて	●よい伝統の継承、愛校心の醸成、	○	◎			
			よりよい学校づくりを目指すリーダー意識の向上					

【学級活動の内容】

（1）学級や学校における生活づくりへの参画

（2）日常の生活や学習への適応と自己の成長及び健康安全

（3）一人一人のキャリア形成と自己実現

編著者・執筆者紹介

【編著者】

橋谷　由紀（はしたに　ゆき）

日本体育大学教授。川崎市小学校教諭、同市小学校校長、同市教育委員会を経て現職。全国特別活動研究会 顧問。主な研究テーマは、特別活動、キャリア教育。文部科学省中央教育審議会専門委員教育課程部会特別活動ワーキンググループ、「小学校学習指導要領解説特別活動編」「小学校特別活動映像資料作成に関する協力者会議」に係る協力者をはじめ、国立教育政策研究所 委員を歴任。共著書に『ミネルヴァ教職専門シリーズ12　特別活動』（ミネルヴァ書房、2021）、『「みんな」の学級経営』（東洋館出版社、2018）など。

植村　裕之（うえむら　ひろゆき）

川崎市立川崎高等学校附属中学校校長。川崎市立中学校教諭、同市立中学校教頭、同市教育委員会指導主事、担当課長などを経て2020年から現職。川崎市立中学校特別活動部会常任委員、川崎市教育委員会学校教育相談長期研究員を歴任。主な研究テーマは、教育相談的なかかわり、学び合い。分担著書に、『「探究型」学習をどう進めるか』（教育開発研究所、2008）など。

【執筆者】

大野　由希子（おおの　ゆきこ）

川崎市立川崎高等学校附属中学校教諭。2021年度より、同校特活推進部長。川崎市総合教育センター短期研究員を歴任。国語専科。専門は上代文学、日本文学。

イラストで見る
全活動・全行事の学級経営のすべて
中学校2年

2023年(令和5年)3月20日　初版第1刷発行

編著者：橋谷　由紀・植村　裕之
発行者：錦織　圭之介
発行所：株式会社東洋館出版社
〒101-0054　東京都千代田区神田錦町2丁目9番1号
コンフォール安田ビル2階
代　表　電話03-6778-4343　FAX03-5281-8091
営業部　電話03-6778-7278　FAX03-5281-8092
振　替　00180-7-96823
URL　https://www.toyokan.co.jp

装丁デザイン：小口翔平＋須貝美咲(tobufune)
本文デザイン・組版：株式会社明昌堂
イラスト：池田馨(株式会社オセロ)
印刷・製本：株式会社シナノ

ISBN978-4-491-05130-7　Printed in Japan